更生支援における「協働モデル」の実現に向けた試論

再犯防止をやめれば再犯は減る

吉間 慎一郎
Shinichiro Kichima

LABO

ボクのおとうさんは、桃太郎というやつに殺されました。

一方的な「めでたし、めでたし」を、生まないために。
広げよう、あなたがみている世界。

はじめに

　罪を犯した人の更生支援に関わっていたり、犯罪からの離脱について研究していたりしている方は、どうしたら当事者の立ち直りを支援していくことができるのか悩むことがあるであろう。本書は、そういう方々に向けて書かれたものである。
　このような悩みに対して本書が提案するのは、再犯防止を目指すことをやめようということである。しかも、罪を犯した当事者に変われと要求するのではなく、まずは支援者が自ら変わろうという提案をしたい。支援者が当事者を支配しようとする関係から脱し、当事者の主体的な自己決定を引き出していくために、支援者と当事者とが互助に基づいた協働関係を構築する必要があるからだ。罪を犯した人こそが変わるべきだ、罪を犯した人を社会に適応させることが支援者や周りにいる人の役割だという考えからすれば、非もない支援者や周りの人がまず変わろうとする必要などないはずだと思われるかもしれない。このような常識からすれば、本書の主張は一見非常識に思われるだろう。しかし、そのように感じた方こそ、序章から始まる支援に対する考え方の転換を体験していただきたい。著者も最初は上記の常識を信じていた一人であった。しかし、著者自身がホームレス支援に携わり、また数多くの更生支援に携わる方々や当事者へのインタビューを重ねるにしたがって、その常識を疑うようになったのである。それからさらにフィールドワークを重ね、支援者から変わろうとすること、再犯防止を目指さないことが更生支援においてもっとも必要とされていることだと考えるようになった。
　本書では、このような内容を含む更生支援のモデルを「協働モデル」と名付け、その内容を明らかにするとともに、それを理論的に説明しようと試みている。そして、本書の特徴は、協働モデルの提唱にとどまらず、それを実現するための持続可能なビジネスモデルも提案していることだろうと思う。投資家や企業経営者からのアドバイスをもとにビジネスモデルをブラッシュアップし、さらに現行の法制度との関係を整理したり、近年盛んに議論がなされている働き方改革との関係についても議論している。こ

のように、本書は更生支援理論の提唱にとどまらない実践的な提案も行っている。本書のタイトルが『「協働モデル」の実現に向けた試論』であるのはそのためである。

　著者は、大学生のときから、刑務所や更生保護施設、民間の支援施設等に見学に行き、更生支援に携わる人々にインタビューをするなど、全国各地でフィールドワークを続けてきた。また、山谷地域において路上生活者支援にも携わってきた。本書の主張は、こうした活動の中で著者が経験してきたことをベースに組み立てられている。本書で紹介したインタビューは、これまで著者が行ってきたインタビューの一部であり、本書の内容は本書で紹介したインタビューを含め多くの方から伺ったことに影響を受けている。したがって、「協働モデル」は、著者や多くの方の経験的知見の集合体であり、本書は、著者自身が経験した発想の転換の記録でもあるのである。

　本書の構成は、著者自身が経験した発想の転換の過程と同じようになっている。ホームレス支援の経験から感じ取ったこと、罪を犯した人の支援に関わる人へのインタビューから見出されたことをまとめ（第1部）、その経験を犯罪学にとどまらない広い分野の文献を参照しながら理論化していった（第2部）。そして、それを実現するための現状分析と新たな仕組みの提案を行っている（第3部）。本書を読み進めることで、著者が経験した発想の転換を読者の方々も経験できることと思う。

　本書は、著者が慶應義塾大学大学院法務研究科（法科大学院）のリサーチペーパーと同大学院の修了生リサーチペーパーで執筆した2本の論文を1つにまとめ、加筆・修正したものである。大学院在学中に執筆した「更生支援における協働モデルの実現に向けた試論」は、慶應法学第33号293頁以下に掲載されており、大学院修了後に執筆した「協働モデル再論──犯罪からの立ち直りに必要な3つのこと」は未公開である。

　本書を世に送り出すにあたって、私の活動を支えてくださった多くの方々、私に新たな発見と気づきを得る機会を提供してくださった方々に感謝

せずにはいられない。

　2本のリサーチペーパーの執筆にあたっては、慶應義塾大学大学院法務研究科客員教授の原田國男氏に指導していただいた。原田氏には論文のアイディア段階からたくさんのアドバイスと励ましをいただき、著者の問題意識を論文に反映できるように徹底してご指導くださった。論文の指導の際に聞かせてくださった刑事裁判官のご経験のお話は刺激に満ち溢れたものだった。また、原田氏は、2本目のリサーチペーパーを執筆した際に、論文の書籍化を勧めてくださり、出版社を紹介していただいた。

　また、慶應義塾大学大学院法務研究科教授の小池信太郎氏と両角道代氏にもリサーチペーパーのご指導をいただいた。ご両名にも、論文全体の統一性や主張の明確性など多くをご指摘くださり、また、多くの示唆をいただいた。

　このお三方との出会いがなければ、本書のもととなる論文すら存在しなかったかもしれない。

　また、前広島高等検察庁検事長で現在弁護士の酒井邦彦氏とは、法科大学院在学中にテニスをきっかけに出会い、それから様々な場面でお世話になった。2本のリサーチペーパーも本書の原稿も読んでくださり、多くのアドバイスをいただいた。それのみならず、著者が関心のある領域で活動する方々をご紹介くださり、さらに多くの経験をすることができた。さらに児童虐待防止のための多機関連携や薬物依存からの回復支援など、検察官時代からの取組みのお話からは非常に刺激を受け学ぶことも多かった。酒井氏との出会いは、それまでの検察官のイメージを大きく変え、著者のライフプランにも大きく影響を与えた。

　裁判官の安藤範樹氏も、リサーチペーパーと本書の原稿に目を通してくださり、たくさんのアドバイスをしてくださった。実は安藤氏は、著者が中学2年生の頃に法曹を目指すきっかけとなった人であり、10年以上経った平成29年に偶然の再会を果たしたのである（詳しくはあとがきを参照）。自分を法曹の道に導いてくれた人との再会には非常に感動し、また、その人に自分のこれまでの活動の成果としての論文と本書を読んでいただけたことは、この上ない喜びであった。

はじめに

　羽田智惠子氏は、原稿を隅々までチェックし、言葉使いや表現について指摘してくださった。そのおかげで本書が読みやすくなったように思う。それだけではなく、羽田氏は本書の広報を担当してくださり、著者の事情で様々な制約条件があるなかで広報を展開してくださった。リサーチペーパーを執筆する前から著者を応援してくださり、様々な相談に乗っていただいた。羽田氏が代表理事を務める一般社団法人途中塾の立ち上げ・運営・塾生としての活動の経験は、著者に夢を実現する力を与えてくれた。

　第70期司法修習生の鵜飼裕未氏、小椋智子氏、冨山京子氏には、本書の原稿を丹念にチェックしていただき、内容が不明確な部分や表現の分かりにくい箇所について指摘していただいた。さらに本書のタイトルや表紙デザインについても意見を寄せてくださり、悩む著者の力になってくれた。

　寺崎大志氏と横田直忠氏には、法科大学院時代から著者を勇気づけてもらった。本書を執筆するにあたっても、力を与えてくれた。

　そして、出版社LABOの渡邊豊氏には、本書の執筆全般にわたってサポートしていただいた。執筆方針や表現に悩む著者に明確に指針を示し、著者の背中を押してくださった。著者の数々のわがままを丹念に聴き出しながら、本書の内容が一貫したものとなるよう丁寧に原稿チェックをしてくださった。

　インタビューに応じてくださり本書への掲載を快く承諾いただいた弁護士の佐田英二氏、弁護士の黒岩英一氏、更生保護施設雲仙・虹の施設長である前田康弘氏、NPO法人再非行防止サポートセンター理事長の高坂朝人氏、NPO法人マザーハウス理事長の五十嵐弘志氏、公益社団法人日本駆け込み寺・一般社団法人再チャレンジ支援機構スタッフの千葉龍一氏に感謝申し上げたい。他にも、名前は紹介できないものの、多くの方のインタビューの結果も本書に反映することができた。そのほかにも、本書では個別には紹介していないものの、お話を聞かせてくださった方々や、論文や本書の原稿に対するご意見をくださった方々、すべての方々との議論が本書の内容に反映されている。このような方々と話すたびに新たな発見が得られ、本稿の完成に至った。重ねて御礼申し上げたい。

　最後に、これまでずっと著者を支えてきてくれた両親に感謝したい。時

には厳しく時には優しく著者を励まし、いつも背中を押してくれた。惜しみないサポートに感謝したい。

　著者を応援してくださるすべての方に本書を捧げたい。

　本書が提案する更生支援の原則は、いつの時代もどの場所でも決して変わることはない。本書のメッセージが、更生支援や立ち直りに関心のあるすべての方にとっての指針になると信じている。

吉間　慎一郎

目　　次

はじめに

推薦の辞

主要参考文献

序章　更生支援のパラダイムシフトの必要性　　　　　　　　　　　　1

第 1 部　協働モデルの誕生

第1章　パラダイムシフトの瞬間　　　　　　　　　　　　　　　　12
1　本章で扱う経験／12
2　更生保護施設雲仙・虹／12
　(1)　長崎モデル／12
　(2)　南高愛隣会の見学／15
　　　a　移行後を意識した支援／15
　　　b　地域との共生／17
　　　c　本人の可能性や能力に着目した支援／18
3　山谷地域での路上生活者支援ボランティア／19
　(1)　生活支援から始まるコミュニティづくり／19
　(2)　2つの発見／20
　(3)　支援から協働への転換／20
4　協働モデル／21

第2章　協働モデルの明確化
　　　　　――犯罪からの立ち直りに必要な3つのこと　　　　　　22
1　さらなるインタビュー調査／22
2　現場の声を聴く／22
　(1)　高坂朝人氏／23
　　　a　非行に至る経緯／23
　　　b　非行からの離脱／24
　　　c　サポートする上での困難／26
　　　d　サポートをする上での心構え／27
　(2)　五十嵐弘志氏／27
　　　a　立ち直りの経緯／27

　　　　b　サポートをするうえでの困難／29
　　　　c　サポートするうえでの心構え／30
　　(3)　千葉龍一氏／32
　　　　a　問題の解決に向けた支援／32
　　　　b　立ち直りの過程／34
　3　更生支援における3つの共通点／36
　　(1)　伴走者の存在／36
　　(2)　人間関係の改善／41
　　　　a　人間関係の重要性／41
　　　　b　少年の語りから見る人間関係の重要性／45
　　　　c　人間関係の広がりを生かす／49
　　(3)　相互変容／51
　　(4)　協働モデルの理論化に向けて／53

第2部　協働モデルの理論化

第3章　協働モデルと犯罪学・福祉学・社会学
　　　　・自殺の対人関係理論　　　　　　　　　　56
　1　長所基盤モデルの概要／56
　　(1)　支援の在り方／56
　　(2)　当事者と支援者との関係／59
　2　リスク・ニード・応答性モデル／60
　3　良き人生モデル／62
　4　アイデンティティ変容／64
　5　協働モデルと長所基盤モデルの類似点／65
　　(1)　伴走者の必要性／65
　　(2)　主体性の尊重／66
　　(3)　アイデンティティ変容／67
　6　協働モデルと長所基盤モデルの相違点／68
　　(1)　支援者と被支援者の区別の不可能性／69
　　(2)　能力の全方向性／77
　　(3)　人間関係の重要性／82
　　(4)　協働モデルの普遍性／85
　　(5)　再犯防止を目指さないこと／85
　　　　a　平井氏による薬物依存離脱指導の分析／85

　　　　b　協働モデルへの示唆／91
　　　　c　再犯防止を目指す支援の問題点／94
　　(6)　協働モデルを定義する／99

第4章　協働モデルに対する疑問と回答　　101
　1　相互変容と協働モデル／101
　2　なぜ伴走者が変わらなければならないのか／101
　3　「かりいほ」の取組み／105

第5章　相互変容の過程と回復の過程　　112
　1　相互変容の過程／112
　　(1)　プロセスに着目する／113
　　(2)　信頼の形成過程／117
　2　立ち直りの過程／119
　　(1)　なぜ問題点の認識が必要なのか／119
　　(2)　自立の意義／123
　　(3)　自立ができてこそ反省ができる／127
　　(4)　問題の解決に取り組むには／129
　　　　a　自分の心の痛みと直面する／129
　　　　b　引責と免責の境界線を引き直す／132
　3　立ち直りと相互変容過程／140

第3部　協働モデルの実現

第6章　刑事司法の現状　　148
　1　更生支援に対する法曹の無力感／148
　2　長崎モデルに対する法曹の認識／149
　3　法社会学的分析／151
　　(1)　法曹の意識／151
　　(2)　更生支援における法曹の役割の不明確性／153
　　(3)　司法と福祉の連携／155
　　　　a　福祉の司法に対する近づき難さ／155
　　　　b　司法の福祉に対する近づき難さ／157
　　　　c　連携の本質とは何か／158
　　　　d　アウトリーチの重要性／158
　　(4)　支援の実践からみた法曹／160
　　(5)　更生支援における法曹の不適格性／162

4　更生支援の担い手／165
第7章　更生エキスパート構想　　　　　　　　　　　166
　　1　更生のエキスパート／166
　　2　他の機関の立ち位置／169
第8章　更生エキスパート構想再論　　　　　　　　　173
　　1　更生のエキスパート構想再論／173
　　2　ドイツにおける「更生エキスパート」／176
　　3　民間協力者と更生エキスパート／177
第9章　ピア・コンサルティング　　　　　　　　　　179
　　1　ピア・コンサルティング／179
　　2　なぜ労働者派遣なのか／179
　　3　初期コンセプト／187
　　4　現在のコンセプト／188
　　　(1)　経営と支援の分離／189
　　　(2)　キャリアアップ措置の利用／191
　　　(3)　新たな仕組み／196
　　　　a　段階的な就労／196
　　　　b　ガイドラインの作成／197
　　　　c　協力雇用主制度／197
　　　(4)　残る問題点／198
　　　　a　安全配慮義務／198
　　　　　①　労働者に対する安全配慮義務／198
　　　　　②　派遣先に対する保護義務／201
　　　　b　派遣期間終了時の対応／202
　　　　c　前科・前歴に基づく雇用差別の成否／203
　　5　ピア・コンサルティングと協働モデル／203
　　6　これからの展望／205
終章　更生とは何か　　　　　　　　　　　　　　　　208

事項索引
あとがき

推薦の辞

慶應義塾大学法科大学院教授
原田　國男

　裁判官は、言渡しまでは、被告人の更生を真剣に考えるが、言い渡してしまうと、次の事件に関心が移り、その被告人が刑務所でどうしているのか、うまく更生しているのかを考えなくなるのが普通であろう。むしろ、裁判員のほうが被告人の行く末や更生に深い関心を示すという。また、弁護人も受刑した被告人の更生にコミットする人は少ないであろうし、そういう人であっても、本書が指摘するように、その無力感には深いものがあるだろう。更生に資するということは、どういうことなのか、どうあるべきかが問われている。

　司法と福祉の連携については、幸いなことに、現在多くのことが語られ、実現されようとしている。しかし、その本質について、本書ほど深い思索と提言を示すものは、少ないと思われる。しかも、それが単なる机上の空論ではなく、刑務所や保護観察所、更生保護施設、地域生活定着支援センター等へのフィールドワークや山谷地域での路上生活者支援のボランティアにより著者が経験し、感じとったことに基づいている。当時、一学生であり、司法試験のために勉学に励んでいる著者がどうしてこれだけのことができたのか、その人間としての能力の高さには驚かされる。しかも、余計なことかもしれないが、テニスの腕前は全日本クラスなのである。世の中にはすごい人がいるものだ。加えて、元非行少年であったが、妻の力により立ち直り、また、刑務所で約20年を過ごしたが、ある弁護士との出会いにより立ち直り、いずれも現在では、更生の支援者として活動されている方々のインタビューを経て、著者自身の考え方を形成していく過程が見事に文章化されている。

　著者が本書で提唱する協働モデルとは、その言葉によれば、「伴走者と当事者とのゆるやかな関係性を基礎として、お互いの『無力さ』や『弱さ』を受け入れて『自分から変わる』という実践を当事者の家族や友人、職場の人びと等の第三者を巻き込んで行っていく相互変容過程」である。

そして、協働モデルは、伴走者の存在、人間関係の改善、相互変容という3つの要素から構成されているという。ここでのポイントは、変容するのは、更生者の方だけではなく、更生支援者も変容しなければならないということだ。これまでの更生は、支援者が自分の正しいとする考え方やそれを支える社会の正義を更生者に押し付け、そこに「支配－服従の関係性」が生まれてきたのではないかと鋭く指摘する。支援者の側も変容しなければならないというのは、まさにパラダイムシフトだ。この思想は、冒頭の桃太郎に退治された鬼の子供が「ボクのおとうさんは、桃太郎というやつに殺されました。」という衝撃的なコピーに象徴される。正義と悪とを二分し、更生の支援をする側を正義に、される側を悪に位置づけていないかというのだ。このような考え方の基礎には、「人は人から必要とされることで生きていける」という人生観があるという。山谷を訪れたマザーテレサの「日本にもたくさんの貧しい人たちがいます。それは、自分なんて必要とされていないと思っている人たちのことです。」という意味深い言葉が引用されている。本書には、このほかにも、「自立とは、誰にも依存せずに一人で生きていけることではなく、その真逆の状態、つまり、より多くの人に依存できている状態である。」という素晴らしいフレーズもある。そして、希望の反対語は、絶望ではないという言葉を引用し、「絶望を共有したときに生まれる希望は、立ち直りの過程においても必要なのではないだろうか。このような希望があるからこそ辛いことも乗り越えられる。絶望を分かち合える仲間がいて、希望を持ち続けられる社会をつくっていこうではないか。」と述べて本書を終えている。

　私は、慶應義塾大学法科大学院で著者のクラスの授業を担当したが、リサーチペイパーの主査としてこの論稿を読んでまさに驚嘆した。このような優れた作品を審査することができたのは、私の生涯の自慢である。

推薦の辞

弁護士（前広島高等検察庁検事長）

酒井　邦彦

　本書は、弱冠26歳の青年が、限られた時間の中で、想像を超えるほど多くの、いろいろな人々に会い、話を聞き、自ら実践してきたことをベースに、著者の優れた共感力から、いわば直感的に導かれた考えを、最新の犯罪学、福祉学、社会学、精神医学等の知見とつぶさに照らし合わせた上で、更生支援の世界では半ば確立されたといってもよいこれまでの考え方からのパラダイムシフトを提言したものです。更生支援のためには、再犯防止を目指さないと言い切る著者は自信に満ちています。

　それが「協働モデル」です。それは、立ち直りに必要なセオリーは、伴走者が必要であること、人間関係を改善する必要があること、そして、コミュニケーションを通じての相互変容の必要性であり、変わるべきは当事者のみならず、伴走者、家族、社会も同様であり、相互変容を通じて人間関係が改善され、当事者は自分の可能性を発見することができるとします。

　これは何も新しい考えではありません。むしろ、人間は社会的動物であるといわれているように、本来、ヒトという動物は、ほかの動物と違い、子育てと食を共にすることで、家族とコミュニティという二つの集団を生み出したのであり、そこでは、共感力とコミュニケーションが何よりも大切で、見返りのない奉仕は人間が本来身に着けている普遍的な社会性だったはずです（「『サル化』する人間社会」山際寿一）。しかし、産業が興り、経済的な成長を追い求め、効率を重視するあまり、社会は分業化、分断化、ピラミッド化していく反面、コミュニティや家族の絆が衰退し、その結果、本来の人間性までも失いつつあるのが今私たちの生きている社会かもしれません。

　しかし、この情況に対し、新しい動きも出てきています。広島の「ばっちゃん」こと中本忠子さんは30年以上にわたって、居場所がなくお腹をすかせた子どもたちを受け入れ、ただひたすらご飯を食べさせてあげるだけで、何百人もの子どもたちの立ち直りを助けてきました。いつも一生懸

命に子どもたちの声に耳を澄ませ、「えらいねー」とほめることはあっても、怒ったところは見たことがありません。また、精神障害に対する治療的介入の技法としてフィンランドで開発された「オープンダイアローグ」が目覚ましい成果を挙げていますが、その治療法は、ただ患者や家族や関係者が車座になって対話を行うだけです。しかも、そこでは、結論は求めず、ひたすら活発な対話を重ねるうちに、患者や家族に変化が起きてきて、患者や家族が自分自身の人生に主体性を獲得するようになるのです(『オープンダイアローグ』ヤーコ・セイックラ/トム・エーリク・アーンキル、高木俊介/岡田愛訳)。また、「モノ」ではなく、「人と人のつながり」でまちを元気にすること(コミュニティデザイン)への関心が高まっています(『ふるさとを元気にする仕事』山崎亮)。

　本書の考えは、このような新しい潮流にあり、著者は、類まれな行動力と様々な分野の文献の綿密な検討により、更生支援の分野において、言葉と物語、人間と主体の復権を突き付けたのです。私たち司法や福祉に身を置く者としては、著者の投げかけた挑戦を受け止め、投げ返さなければなりません。そのようなキャッチボールこそが、著者のいう「相互変容」のプロセスなのです。逆に著者は、自ら投げかけた挑戦を自ら受け止めなければなりません。例えば、提唱する「協働モデル」という新しいパラダイムを、カントを源流とする応報刑論やフォイエルバッハを代表とする一般予防論などの刑罰理論とどのように関係付けるのか、人材育成、財源も含む「伴走者」の制度設計の問題、インクルーシブなコミュニティを実現するための具体的方策などなどです。著者は間もなく法律家になると聞いていますが、これから実践者としてどのように生きていくのか目が離せません。

推薦の辞

慶應義塾大学法学部教授
太田　達也

　本書は、著者が、更生保護施設や地域生活定着支援センター等でのフィールドワークと山谷地域での路上生活者に対する支援ボランティアを通じて得た着想を基に、犯罪者の更生支援に向けた「協働モデル」という名の新たなケースワーク体系を提唱しようとするものである。そこでは、一貫して、伴走者の必要性と犯罪者との人間関係の重要性が説かれ、当事者の語る「生きにくさ」に耳を傾け、その共感と信頼を得ながら、伴走者と当事者が相互変容していくことこそが更生支援の本質であり、不可欠なプロセスであることが強調されている。支援する者と支援される者という支配──従属的な関係でも、模範や「正解」を押しつけるような支援や指導でも、犯罪者の更生は決して達せられないとする。その立場から、対象者の主体性や自らの選択の可能性を否定し、裁く側や処遇する側が対象者との関係を通じて相互変容していくことが機能的に難しい従来の司法や更生保護に犯罪者の更生支援はできないと痛烈に批判する。政府が再犯防止対策に専心するなか、「再犯防止を目指すべきではない」とする主張は衝撃的でさえある。ボランティア体験だけでなく、様々な分野の知見を頼りに自己の理論を緻密に構築しようとする姿は、とても20代の、しかもロースクールを出たばかりの若者とは思えない。

　しかし、更生保護の歴史を振り返ってみると、まだ保護観察もなかった明治時代に民間の篤志家が刑余者保護に乗り出したとき、そこには伴走者としての想いと、刑余者を取り巻く人的環境を調整（変容）することで社会に復帰させるという伝統的な（筆者から見れば未分化だとされるかもしれない）協働モデルがあったと言えるのではないか。ところが、戦後、権力作用としての保護観察「制度」が導入され、拡充されていく中で、指導監督的な側面が整備・強化され、補導援護の作用も、ともすれば支援する側による一方的な価値の押しつけになっていったという側面があるのではないか。本書は、制度としての更生保護や刑事司法の在り方についての提言は

――司法は司法としてできる限りのことをすることと、伴走者として刑事手続の過程で一貫して支援に関わる更生エキスパートとの協働体制を作るべしとされているだけで――なされていないが、そうした既存の制度や処遇の在り方を見直す機会となり得るものである。そうした意味で、現在、「再犯防止の総合対策」に基づく制度改革や少年法適用年齢問題に端を発する刑罰および更生保護制度の見直しに関わる実務家や専門家に是非とも読んで頂きたい一冊である。ともすれば権利制約の大小や再犯防止効果の有無だけで制度の在り方を論じがちな議論の場に一石を投じることは間違いない。

　また、筆者は公務員には協働モデルに基づく更生支援はできないとするものの、筆者が提示する更生支援の協働モデルは、現行の処遇の枠内でも一定の成果を出しうる可能性は充分にあると言えよう。そのことは、筆者の提案とも共通点のある長所基盤モデルやグッドライブズモデルが支持され、一部試行されていることからも窺うことができる。そうであるとすれば、従来の処遇や支援を異なる視点から見直すうえでも、実際の処遇に関わる保護観察官、保護司、社会復帰調整官、地域生活定着支援センター職員、矯正職員等にも本書を薦めたい。そこには某かの新たな発見――パラダイムシフト――が待っているはずである。

推薦の辞

山口県立大学教授
水藤　昌彦

　はじめに、司法福祉学を研究し、実務に携わっている者の立場から、本書の刊行にあたって推薦の言葉を述べる機会をいただいたことに感謝したい。

　刑事司法と福祉の連携という言葉が生まれ、高齢や障がいのある犯罪行為者への釈放時支援が制度化されてから10年余りが経過した。近年では、被疑者・被告人段階での対応や支援も広がりをみせてきており、検察庁における取組みでは高齢者・障がい者以外にも対象が拡大してきている。

　これらの新たな試みは、刑事司法機関のみによる従来からの対応とは異なり、多機関連携によって犯罪行為者にかかわるという特徴がある。これにより、社会福祉をはじめとする対人援助領域の専門職が支援という視点をもって犯罪をした人に出会う機会が増えてきている。こうした連携が急速に進んできている時期に本書が執筆されたことの意義はたいへん大きい。なぜなら、近時の連携による支援においては、誰が、何を目的として、どのように犯罪をした当事者とかかわるのかについての理論的基盤が十分に整理・確立されているとは言い難く、本書が提唱する「協働モデル」は支援の理論的基盤構築のための大きな一歩となっているからである。

　本書の主張の核は、加害者を一方的に断罪するのではなく、当事者と支援者（本書では、支援者は当事者の周りにいる人たちと広く捉えられ、伴走者ともよばれるが、ここではそれらを含めて支援者という）が対話を通じて相互に変容する更生支援のパラダイムシフトが必要だという点にある。そして、対話による相互変容のあり方として、「協働モデル」が提唱されている。その具体的な内容は、①伴走者の存在、②人間関係の改善、③相互変容の3点に集約される。筆者の吉間氏は、当事者と支援者が具体的にどのようにすれば協働できるのかについて、関係者からの聞取りや関連文献の調査、プロジェクト学習などを通じて「更生エキスパート」「ピアコンサルティング」といった仕組みまで構想しており、理念を基盤とした上で具体的な

協働の方法論まで提案されている点が本書の大きな特徴であると言えるだろう。

これに加えて、支援者に求められる構えを示している点も本書の意義の一つである。協働するために支援者に求められることについての記述を読むと、当事者にかかわるにあたっての法曹や福祉関係の支援者に内在する万能性や無謬性に対する違和感が吉間氏の問題意識の根底にあるのではないかと思われた。それが「犯罪者として扱ってしまっている支援者側の問題」（51頁）に意識を向け、「支援者も『無力さ』や『弱さ』をもっていることに着目」（76頁）するという問題提起につながっており、当事者と支援者との互助と協働を目的して両者が互いに変容することの必要性の主張へと結実していると理解した。

ただ、本書では法曹三者、特に弁護士の立場からいかに協働し更生支援を実現するかという論点の充実度に比べて、長きにわたって更生保護の実務を支えてきた保護観察官や保護司に対して「協働モデル」のもとで何が求められるのか、従来からの機能に何が不足しているのかについては詳述されているとは言い難かったと思う。しかし、この点は「協働モデル」という新たな提案を受けて、これから議論を深めるべき課題であり、本書の価値をいささかなりとも減ずるものではないことを強調しておきたい。

更生支援に携わっている、あるいはこれから携わろうとする人にとって、本書にはたいへん多くの示唆が含まれており、刑事司法や福祉、専門職や非専門職といった属性を超えて、本書からは学ぶことのできる点が数多くあると確信している。

最後に、自らが変容していくための手がかりとなると私自身が感じている「平安の祈り」の一節をご紹介して、この短文を終えたい。

　　　　変えられないものを　受け入れる心の平安を
　　　　　変えられるものを　変える勇気を
　　　　　そして、その違いを　見極める知恵を

《参考文献》

[主要書籍]

法務省法務総合研究所編『平成 28 年版犯罪白書──再犯の現状と対策のいま──』

法務省法務総合研究所編『平成 19 年版犯罪白書──再犯者の実態と対策──』

佐々木俊尚『「当事者」の時代』（光文社新書、2012 年）

竹端寛『権利擁護が支援を変える　セルフアドボカシーから虐待防止まで』（現代書館、2013 年）

奈良弁護士会編『更生に資する弁護　高野嘉雄弁護士追悼集』（現代人文社、2012 年）

湯原悦子・再非行防止サポートセンター愛知『再非行防止社会内サポート CCNC study club 報告書 2015』（2016 年）

日本犯罪社会学会編『犯罪者の立ち直りと犯罪者処遇のパラダイムシフト』（現代人文社、2011 年）

D. A. Andrews, James Bonta, J. Stephen Wormith "THE RISK-NEED-RESPONSIVITY（RNR）MODEL Does Adding the Good Lives Model Contribute to Effective Crime Prevention?", Criminal Justice and Behavior, 38, 735-755. James Bonta "The RNR Model of Offender Treatment: Is There Value for Community Corrections in Japan?"染田惠監訳「日本の犯罪者の社会内処遇制度における RNR モデルの有効性」『更生保護学研究創刊号』（2012）

Tony Ward "The Rehabilitation of Offenders: Risk Management and Seeking Good Lives"小長井賀與監訳「犯罪者の更生：再犯危険性の管理と善い人生の追求」『更生保護学研究創刊号』（2012）

Shadd Maruna（津富宏・河野荘子監訳）『犯罪からの離脱と「人生のやり直し」──元犯罪者のナラティブから学ぶ』（明石書店、2013 年）

竹端寛『枠組み外しの旅──「個性化」が変える福祉社会』（青灯社、2012 年）

佐藤幹夫「続・『かりいほ』の支援論──利用者の『自分語り』に耳を傾ける」そだちの科学 22 号（2014 年）

佐藤幹夫監修、NPO 法人自立支援センターふるさとの会　的場由木編・著『「生きづらさ」を支える本』（言視舎、2014 年）

Thomas E. Joiner Jr., Kimberly A. Van Orden, Tracy K. Witte, M. David Rudd（北村俊則監訳）『自殺の対人関係理論：予防・治療の実践マニュアル』（日本評論社、2011 年）

平井秀幸『刑務所処遇の社会学──認知行動療法・新自由主義的規律・統治性』（世織書房、2015 年）

葛野尋之「検察官の訴追裁量権と再犯防止措置」法時 89 巻 4 号（2017 年）

佐藤元治「刑事司法の入口段階での再犯防止・社会復帰支援策における訴訟法上の問題について」龍谷大学矯正・保護総合センター研究年報 5 号（2015 年）

参考文献

水藤昌彦「社会福祉士等による刑事司法への関わり――入口支援としての福祉的支援の現状と課題」法時89巻4号（2017年）

Edgar H. Schein（金井壽宏監訳、金井真弓訳）『人を助けるとはどういうことか 本当の「協力関係」をつくる7つの原則〔第2版〕』（英知出版、2011年）

佐藤幹夫「続・『かりいほ』の支援論――利用者の『自分語り』に耳を傾ける」そだちの科学22号（2014年）

平井秀幸『いかにして「当事者」は「仲間（ピア）」になるのか？――少年院における「矯正教育プログラム（薬物非行）」の質的分析――』四天王大学紀要60号（2015年）

上岡陽江・大嶋栄子『その後の不自由――「嵐」のあとを生きる人たち』（医学書院、2010年）

平井秀幸「『自分のせい』と『人のため』から、『クスリのせい』と『自分のため』へ――少年院における『矯正教育プログラム（薬物非行）の質的分析』」四天王寺大学紀要第61号（2016年）

岡本茂樹『反省させると犯罪者になります』（新潮社、2013年）

熊谷晋一郎・綾屋紗月「共同研究・生き延びるための研究」三田社会学19号

綾屋紗月・熊谷晋一郎『つながりの作法 同じでもなく違うでもなく』（NHK出版、2010年）

法務省法務総合研究所編『平成28年版犯罪白書――再犯の現状と対策のいま――』

浜井浩一「厳罰から司法と福祉の連携による再犯防止へ――地域生活定着センターの誕生と課題」季刊刑事弁護79号

法務省法務総合研究所編『平成24年版犯罪白書――刑務所出所者等の社会復帰支援』

厚生労働省『「働き方の未来2035：一人ひとりが輝くために」懇談会 報告書』

角田邦重『労働者人格権の法理』（中央大学出版部、2014年）

諏訪康雄「キャリア権の構想をめぐる一試論」日本労働研究雑誌468号

参考文献

［**参考論文**］

Shadd Maruna（津富宏・河野荘子監訳）『犯罪からの離脱と「人生のやり直し」——元犯罪者のナラティブから学ぶ』（明石書店、2013年）

津富宏「犯罪者処遇のパラダイムシフト——長所基盤モデルに向けて」日本犯罪社会学会編『犯罪者の立ち直りと犯罪者処遇のパラダイムシフト』（現代人文社、2011年）

Bonita M. Veysey, Johnna Christian（上田光明訳、津富宏監訳）「変容の瞬間——リカバリーとアイデンティティ変容のナラティヴ」

Shadd Maruna, Thomas P. LeBel（平井秀幸訳、津富宏監訳）「再参入に向けた長所基盤のアプローチ——再統合と脱スティグマ化への更なるマイル」日本犯罪社会学会編

佐藤幹夫『「かりいほ」の支援論　「安心」の獲得と体験世界（感覚・知覚世界）の変容』佐藤幹夫／人間と発達を考える会編著『発達障害と感覚・知覚の世界』（日本評論社、2013年）

序章
更生支援のパラダイムシフトの必要性

　桃太郎という昔話を知らない人はいないだろう。桃から生まれた桃太郎が、犬、キジ、猿と共に鬼を退治し、平和を取り戻すという話である。これを現代に置き換えれば、刑事司法（＝桃太郎一行）において警察、検察、裁判所、刑務所等（＝桃太郎、犬、キジ、猿）がそれぞれの役割を果たすことによって犯罪者（＝鬼）を処罰するということになる。普段我々はこうして正義と悪を明確に区別し、正義が悪を処罰することで社会が平和になると考えている。そして、被害者の痛みや心情を想い、加害者を糾弾する。
　しかし、これは桃太郎側から見たストーリーに過ぎない。本書を開くとすぐに目に入る作品1をご覧いただきたい。

　この衝撃的な作品を生み出した山崎博司氏は、インタビューで次のように答えている。

　　桃太郎は正義であり、鬼を退治することでハッピーエンドというのが、『桃太郎』のお話。でも、「鬼は悪い奴だ」と言われても、お話は桃太郎の視点で描かれているので、本当に悪いヤツかどうかはわからないですよね。そして、桃太郎の視点で描かれたハッピーエンドは、退治された鬼の子どもにとってはとても悲しい結末。ある人にとっての正義や幸せといった価値観は、他の人の視点では全く違うかもしれない。それをこのコピーで表現したかったのです。
　　……限られた情報の中で、ものごとを一方的に決めつけてしまうことが本当に正しいのか。それを桃太郎の話に重ね合わせて世に問いたかった……。
　　……物語は、"めでたし、めでたし"で終わってはいけない。本当にそれが

1　山﨑博司、小畑茜「めでたし、めでたし？」2013年度新聞広告クリエーティブコンテスト最優秀賞作品（Ⓒ日本新聞協会）http://www.pressnet.or.jp/adarc/adc/2013.html

めでたいのかを考える必要があるはずだ……[2]。

　この作品によって、我々は上述したような正義と悪を二分する二項対立的図式が誤りだと気づかされる。著者はこの作品のことを知るまで、鬼の視点から描かれた桃太郎のストーリーを想像したことはなかった。もしかしたら人間は鬼にとって生活を脅かす存在だったのかもしれない。もしくは、人間が鬼の生活の手段を奪っていたのかもしれない。このときの鬼の姿は、人間によって生活基盤である森林を奪われて山から住宅街に下りてきて暴れまわるイノシシや熊と重なる。さらに、父親を殺された子どもの鬼は、その後どうするだろうか。桃太郎の第二次襲撃によって命を奪われるか、それとも桃太郎の復讐のために人間を襲うのだろうか。こうして想像をめぐらせると、鬼退治では何も解決しないことが分かってくる。鬼退治は、ともすれば人間自らの危機を招くきっかけにもなりかねない。

　桃太郎のおとぎ話の起源とされる「温羅退治伝説」は、朝廷から命を受けた吉備津彦命が吉備を支配下に治めようとした温羅（うら）を退治するというものである[3]。このような伝説の成り立ちを考えると、朝廷と吉備国の対立構造が浮かび上がる。もしかしたら、桃太郎と鬼の物語は古代の戦いの記録に過ぎなかったのかもしれない。それがいつしか桃太郎という正義が鬼という悪を退治する物語になっていたということになる。歴史が戦争の勝者によって記されることからすればこのことはむしろ当然のことなのかもしれない。しかし、現代でも、もともと同じ人間であるのに「鬼」というレッテルを貼られてしまうことが起きている。「鬼」の名前は、社会病質者、常習犯罪者、超凶悪犯罪者など様々である。なぜ人々は「鬼」を創造しようとするのだろうか。

　もし、共通の敵、「あいつら」がいなかったら、「私たち」もいなくなってし

---

[2] 井口裕右「『ボクのおとうさんは、桃太郎に…』あのコピー誕生のきっかけは、シリア内戦だった」The Huffington Post　http://www.huffingtonpost.jp/yusuke-iguchi/momotaro_b_5432825.html

[3] Blue Signal vol. 101（2015）https://www.westjr.co.jp/company/info/issue/bsignal/05_vol_101_feature01.html

序章　更生支援のパラダイムシフトの必要性

まうからだ。また、「あいつら」を創造すれば、「私たち」について逸脱していないかどうか調べる必要から、私たち自身が解放される。犯罪は、ゆがんだ人が行うものであるのなら、私たち自身は、自分の行動について心配する必要はない。私たちは、時には罪を犯してしまうことはあっても、「よくいる普通の犯罪者」みたいに扱われるのではないかなどと思わなくてよいのだ。いい奴と悪い奴からなる、白か黒かの世界では、人は、大目に見ることができる程度の過ちはしてしまういい奴と、同情に値しないよくいる普通の犯罪者（悪い奴）のどちらかでなければならない。

　当然ながら、この方程式の落とし穴は、いったん自分が間違った側にいることに気づいたら、鬼というスティグマは、逸脱行動をやめてもしつこく持続するということだ。……永続的かつ根本的に悪である人々がいるという信念が、その人々の社会の主流からの隔離をほぼ必然とする……[4]。

このような「『正常な』人々と根本的かつ永遠に異なる人々がいる」という信念は、「鬼」の神話と呼ばれている。

「鬼」の神話が現代日本の刑事司法にもたらすものは何か。

わが国では、犯罪の認知件数はここ10数年も減少し続けている[5]一方で、再犯率は増加し続け[6]、また、検挙人員に占める再犯者の割合を示す再犯者率は20年近く増加傾向にあり、平成27年には、48％にものぼっている[7]。入所受刑者人員中の再入率に至っては、59.4％という極めて高い数字が示されている[8]。さらに、検挙者人員のうち約3割を占める有前科者が犯罪認知件数のうちの約6割を発生させているということも問題となっ

4　Shadd Maruna（津富宏・河野荘子監訳）『犯罪からの離脱と「人生のやり直し」——元犯罪者のナラティブから学ぶ』（明石書店、2013年）16頁

5　法務省法務総合研究所編『平成28年版犯罪白書——再犯の現状と対策のいま——』http://hakusyo1.moj.go.jp/jp/63/nfm/n63_2_1_1_0.html

6　法務省法務総合研究所編『平成19年版犯罪白書——再犯者の実態と対策——』http://hakusyo1.moj.go.jp/jp/54/nfm/n_54_2_7_3_3_0.html

7　法務省法務総合研究所・前掲注5）http://hakusyo1.moj.go.jp/jp/63/nfm/n63_2_5_1_1_1.html

8　法務省法務総合研究所・前掲注5）http://hakusyo1.moj.go.jp/jp/63/nfm/n63_2_5_1_3_1.html

ている[9]。こうした現象は、桃太郎の鬼退治によっては何の問題も解決しないように、刑事司法が犯罪者を処罰しても何も解決しないという状況を表している。平成24年には犯罪対策閣僚会議が「再犯防止に向けた総合対策」を決定し、再犯防止への取組みを本格化させたが、平成33年までに刑務所等の出所から2年間での再入所等する者の割合を20％以上減少させるという目標が実現する目処が立っているとは言い難い状況にある。

　しかし、これはあくまで刑事司法から見た再犯防止の必要性にすぎない。ここで我々は鬼にとっての桃太郎のストーリーを想像したのと同様に、犯罪を行った当事者にとって刑事手続がどのように映るかを検討しなければならない。

　ここで重要なのは、犯罪の加害者でもなく被害者でもない第三者が当事者に対してどのように接するかということである。これは更生支援に関わる人間だけの問題ではなく、いずれは当事者が戻っていくコミュニティ、社会の問題でもある。我々が桃太郎を読んだときに、桃太郎が正義であり鬼が悪であると疑わず、悪を退治に行く桃太郎一行を応援し悪である鬼を憎んだように、悪としての犯罪者を処罰する正義としての刑事司法という構図が我々の視点の中に固定されてしまってはいないだろうか。加害者の被害体験部分を捨象し、一方で、自分を被害者と同化させて加害者を断罪し続けているのではないだろうか。このような構図を佐々木俊尚氏は次のように説明している。

　　　たいていの人は、一方的な加害者でもなければ一方的な被害者でもない。さまざまなものごとや事象において、私たちは加害者と被害者の間にいて、ときには知らず知らずのうちに加害者になり、ときには思いもよらない被害者になり、そうやって揺れ動きながら生きている。
　　　……でも、この〈被害者＝加害者〉論から、〈被害者〉というパーツを取り去ってしまったらどうなるか。
　　　行き着くところはひとつだ。
　　　ただひたすら、人を〈加害者〉として断罪しつづけても構わないという無残

9　法務省法務総合研究所・前掲注6）http://hakusyo1.moj.go.jp/jp/54/nfm/n_54_2_7_3_2_0.html

な論理へと落ちていってしまうのである[10]。

　我々が犯罪のニュースを見たときや法曹が刑事裁判に関わるとき、〈被害者抜きの加害者〉論に陥ってしまってはいないだろうか。近年の死刑存置論の盛り上がり[11]や、少年法改正をはじめとする厳罰化などは〈被害者抜きの加害者〉論の結果なのではないか。もちろん、厳罰化のすべてが悪いと言うつもりはない。それが適正な刑罰であるといえるのであれば厳罰化も適切であろう（その意味では刑罰の適正化というべきかもしれない）。しかし、重大事件の発生を契機に世論が180度方向転換し、法改正へと突き進むような日本型の厳罰化立法をみていると、それが〈被害者抜きの加害者〉論ではないと言いきることは著者にはできない。
　では、正義でも悪でもないならば、我々はどこに立ち位置を求めればよいのだろうか。佐々木氏は次のように論じている。

　　本来われわれは絶対者ではない。絶対的な悪でもなく、絶対的な善でもない。その悪と善の間の曖昧でグレーな領域に生息している。しかしそのグレーな領域で互いの立ち位置を手探りでたしかめている状態、その状態こそが当事者である。われわれはそういうグレーな領域のなかに生息することでつねに当事者としての立ち位置を確認する。
　　グレーな領域こそが、インサイダーの本質なのだ。そしてこのグレーを引き受けることこそが、社会をわれわれ自身で構築するということにほかならない[12]。

　刑事司法も刑事司法に関わる人間も、犯罪を行った当事者も「絶対者」ではない。誰もが正義と悪の間の「グレーな領域に生息している」のだ。したがって、事件が起こったとき、我々が〈被害者抜きの加害者〉論を展開して正義と悪とを区別し、加害者を断罪しようとしても何も解決しない

---

[10]　佐々木俊尚『「当事者」の時代』（光文社新書、2012年）281-282頁
[11]　「死刑制度に関する内閣府（総理府）世論調査の結果」死刑の在り方についての勉強会（第2回）資料 http://www.moj.go.jp/keiji1/keiji02_00006.html
[12]　佐々木・前掲注10）360頁

のである。佐々木氏は、このような断罪は「しょせんはガス抜きの免罪にしかならない」と喝破している[13]。

　そうすると、加害者を断罪する方法ではなく、「グレーな領域」を正面から受け止めた上でこれまでの刑事司法を捉え直す必要が出てくる。本書は、そうした観点から刑事司法における「当然」を疑い、それを批判的に観察するものである。今の刑事司法は、犯罪者に対して刑罰を科すことによって「めでたし、めでたし。」となっていないか。もしくは、刑務所で刑期を務めればそれで「めでたし、めでたし。」なのか。現在実施されている更生支援とそれを取り巻く環境を観察し、「本当にそれがめでたいのかを考える」のが本書の目的である。

　本書の着想は、著者が26年という短い人生の中で経験してきたことから得ている。刑務所や保護観察所、更生保護施設、地域生活定着支援センター等へのフィールドワークを重ね、さらには、山谷地域での路上生活者支援のボランティアを通じて経験し、感じ取ったことが本書の結論にそのまま現れている。これらの経験は一見して独立し、そこから得られるエッセンスも全く違うように思われるかもしれないが、偶然か必然か、著者にとっては、これらの経験すべてが、ある一つのことを著者に訴えかけている。それは、当事者の立ち直りのためには、当事者と支援者とが対話を通じて相互に変容していくことが必要だということである。本書は、著者がそのような結論に至った過程とその理論的位置付けを明らかにした上で、現在の更生支援の現状を分析し、これからの更生支援の在り方を描くことが目的である。

　このような論の進め方は、従来の学術論文の型には当てはまらないかもしれない。しかし、自身の経験をもとに考察を進めることが現状におけるもっとも著者に合ったスタイルだと考えている。そして、このようなスタイルはある可能性も秘めていると信じている。作曲家の森さちや氏は、「他者の批判的視線を過剰に意識した『論文の形式性』に拘泥するよりも、論文がもつかもしれない未来への萌芽のために、『理解してもらえること』

---

[13]　佐々木・前掲注10) 414頁

への配慮を重視したい、という姿勢」[14]が重要であると述べている。本書もこのような姿勢を意識し、「理論転換は、帰納的・連続的過程ではなく、質的に不連続な跳躍過程」[15]であるということを体現したいと考えている。つまり、従来の文献を調べてこれまでの研究の含蓄を深堀りしていくのではなく、フィールドワークなどから、これまでの論文が含意していないことを見出そうとしている。そして、本書が提示するこれからの更生支援の在り方は、まさに、「悪循環サイクルに囚われた枠組みからの離脱は、異なる循環サイクルへの移行によって成し遂げられる、という人間の成長ステップ」[16]そのものなのである。

　こうしたことを示すために、本書では以下のステップを踏む。まず、第1部は、協働モデルの誕生ストーリーである。第1章では、考察のもととなる著者の経験を振り返り、エッセンスの抽出を行う。長崎での経験や、山谷での路上生活者支援のボランティアを行った経験を中心に述べていきたい。そこから得られるエッセンスとは、①その人の能力と可能性に着目した支援の在り方が、当事者に社会からの偏見に立ち向かう力を与え、社会生活の回復を可能とするということ。そして、②そのようなコミュニティへの定着のためには、当事者との協働に基づいた互助できる関係づくりが必要不可欠であるということである。

　第2章では、第1章で得た知見の分析をさらに進めるために、支援に携わる3名へのインタビュー調査を行う。そこでは、3名の話に共通するエッセンスを抽出する。そこで明らかとなるのは、①立ち直りの過程に付き添う伴走者が必要であること、②人間関係の改善が重要であること、そして、③当事者と伴走者とがお互いに影響し合って変容していくために、伴走者から変わる勇気をもつことが必要であることである。これらのエッセンスは、犯罪からの立ち直りに必要な3つのこととしてまとめられ、第1章での分析と相まって、本書が提案する新しい支援の在り方、すなわち協

14　森さちや「竹端寛『枠組み外しの旅』を読んで考えたこと」ブログ『作曲と思索の愉しみ』http://wood248.blog.fc2.com/blog-entry-12.html
15　森・前掲注14)
16　森・前掲注14)

働モデルが誕生することとなる。

　そこで第2部では、第1部で抽出したエッセンスから、それらが描き出す新たなストーリーを浮かび上がらせ、理論的に分析していく。まず第3章では、協働モデルと理論的基盤を共有すると思われる長所基盤モデルとの比較を行う。長所基盤モデルとは、本人の長所を生かして立ち直りを図るという特徴をもったいくつかの更生理論の総称である。この比較の過程で明らかとなるのは、協働モデルは、長所基盤モデルが必ずしも明確に意識してこなかった「グレーな領域」の存在を正面から受け止め、伴走者が自分から変わる実践であること、そして、協働モデルは再犯防止を目的とする長所基盤モデルとは異なり、再犯防止を目指さない支援の在り方であるということである。このような協働モデルの特徴を写し出すために、犯罪学、福祉学、自殺の対人関係理論、社会学などの幅広い分野の知見を参照して理論的に分析していく。

　そして、第4章では、協働モデルの核概念となる相互変容について掘り下げた検討を行う。なぜ支援者から変わらなければならないのか、相互変容とはどのような過程かという疑問についてなるべく具体的に論じていく。支援関係に内在する立場の不均衡を解消し、当事者が抱える「生きにくさ」に耳を傾けることから、相互変容過程が始まることを示していく。

　第4章で協働モデルの具体例を示したところで、第5章では協働モデルの過程を一般化していく作業をする。そこでは、伴走者から見た相互変容の過程と、当事者から見た立ち直りの過程を分析したうえで、両者がどのように相互影響しあっていくのかについて体系化した知見を示す。伴走者が自分から変わる必要性に気づくことから始まり、当事者との信頼関係の構築、当事者の否定的感情に耳を傾けるという過程を通じて、当事者が主体性を回復し、自分の痛みに気づいていく経過を明らかにしていきたい。

　第3部では、協働モデルを実現するための方策を探っていく。現状分析とそれを踏まえた制度論を展開する。

　第6章では、刑事司法が置かれている状況や法曹の意識に焦点を当て、現在の刑事司法が更生支援にどれだけ貢献できているのかについて分析を行う。そこで明らかとなるのは、現代の刑事司法が、当事者に回復してほ

しいと願う法律家の想いを実現することが困難な状況になっているということである。

　第7章では、前章での現状分析を踏まえて、更生支援のこれからの展望を考察する。ここで協働モデルを実現する制度論として提案されるのは、更生エキスパート構想である。刑事手続の始まりから終了後まで更生エキスパートが一貫して当事者の生き直しに付き添うという制度である。

　第8章では、更生エキスパート構想を練り直していく。協働モデルを実現するための視点を新たに設定して検討することで、国の機関としての更生エキスパートでは協働モデルの理念を実現するには限界があることが明らかとなり、民間における支援を、刑事手続の中に浸透させていこうという戦略が採用されることになる。

　第9章は、前章で採用された民間支援戦略の具現化として、ピア・コンサルティングを提案する。ピア・コンサルティングとは、労働者派遣の仕組みを用いて当事者のキャリアアップを支えていくというモデルである。ピア・コンサルティングの意義と限界を検討しつつ、それが協働モデルをいかに実現していくかを明らかにしていく。

　終章にて、これまでの議論を振り返りつつ、更生や社会復帰の意義について再考する。更生や社会復帰が求められるのは罪を犯した当事者だけなのだろうか。本書の検討から見えてきた、今後の展望を述べる。

　本書が提案する更生支援の在り方に対する考え方は、更生支援に限らず、障害者支援や高齢者支援等にも応用できるものである。それは、人間の本質的部分、生きるということそのものに関わるものであるからである。すなわち、これまでの更生支援が見逃していた、生きることそのものに焦点を当て、それを中心にした支援の在り方を提示することが本書に課された課題である。

　そこで、本書が提案する支援の在り方の方向性を示すものとして、竹端寛氏の障害者支援に関する議論を紹介し、竹端氏が主張する社会モデルと従来の医学モデルを対比した表（表1）を紹介することで序章を締めくくりたい。社会モデルと医学モデルの対比は、これまでの刑事司法パラダイムと本書が提案する更生支援の考え方を対比する上でも参考になるものと

表1 障害の医学モデルと社会モデルの比較[17]

	障害の医学モデル	障害の社会モデル
障害とは	個人に起こった悲劇 障害者個人の問題	社会的差別や抑圧、不平等 社会の問題
核	機能回復	権利
価値	均質性・差異の否定	多様性・差異の肯定
視点	障害者のどこが問題なのか 「変わるべきは障害者」	社会のどこが問題なのか 「変わるべきは社会」
戦略	機能的に"健常者"になることでの自立 統合・同化（障害が社会に適応する） リハビリテーション	障害者のままで自立 社会変革・インクルージョン（社会が多様な個を尊重する）、エンパワメント 社会運動、自立生活運動、権利擁護運動
障害者	治療の対象	変革の主体
社会	物理的環境	構造と制度、人々の関係
重要な分野	医療	権利、行政、制度、経験、社会開発、市民運動

思われる。

　「支援が必要な人」も、支援する側と同じような、一日、一週間、一年、一生の「ノーマルな経験」をしたいし、その機会が提供されるべきである。そのためには、「本人の願いや要求」が十分に尊重されなければならないし、支援を受けながらも性的関係も含めた人間としての尊厳を護られる必要がある。そのためにも、経済的な基盤が保障され、居住空間や日中の居場所なども普通の人と同基準が適用されるべきである。

　これを実現しようとするならば、集団管理型一括処遇のやり方を拒否し、支援される側の内在的論理やニーズに寄り添う社会モデル的な支援が求められるのである[18]。

---

17 久野研二・中西由起子『リハビリテーション国際協力入門』（三輪書店、2004年）74頁

18 竹端寛『権利擁護が支援を変える　セルフアドボカシーから虐待防止まで』（現代書館、2013年）29頁

第 1 部

協働モデルの誕生

第1章

パラダイムシフトの瞬間

1　本章で扱う経験

　本章では、社会福祉法人南高愛隣会でのフィールドワーク及び、山谷地域での路上生活者支援での経験を元に、支援におけるエッセンスの抽出を行いたい。

2　更生保護施設雲仙・虹

(1)　長崎モデル

　著者は、2014年8月18日から26日まで、法科大学院のエクスターンシップ制度で法テラス長崎法律事務所にて研修させていただき、その中で長崎モデルに関連する機関や施設を参観・見学し、様々な方から話を伺った。具体的には、長崎地方検察庁、長崎刑務所、長崎保護観察所、長崎県地域生活定着支援センター（以下「定着センター」という。）、南高愛隣会を参観・見学し、調査支援委員会が関わった事件の弁護人を務めた弁護士の方や寄り添い弁護士として支援を行っている弁護士の方から話を伺った。またエクスターン期間中、著者の研修の担当弁護士だった佐田英二氏は、司法と福祉の連携についてご自身の行っている活動を紹介してくださり、現状の問題点等について非常に有益なディスカッションをさせていただいた（したがって、本書で紹介する長崎でのインタビュー内容は2014年時点のものである）。

　ここでは、本書の目的と関係の特に深い南高愛隣会での経験について考察したい。南高愛隣会での経験を考察するにあたって、まず南高愛隣会が実施しているいわゆる「長崎モデル」について紹介しておきたい。

　近年、障害者・高齢者による犯罪が問題になっている。この問題は、元衆議院議員である山本譲司氏がその受刑中の体験を記した「獄窓記」（ポ

プラ社、2003年）の発表により顕在化する。山本氏は、統計上明らかにされているよりも多くの高齢者や障害者が刑務所で受刑していることを指摘し、問題提起を行った。これに刺激を受けた社会福祉法人南高愛隣会の当時の理事長であった田島良昭氏がこの問題に取り組み始める。その取組みは、最高検察庁や法務省、厚生労働省をも巻き込んだ取組みへと発展していく。その当時、検察での証拠偽造事件や名古屋刑務所における受刑者死亡事件を受けて、最高検、法務省共に問題解決への機運が高まっていたのであった。このような状況下でなされた取組みが、田島氏が研究代表を務めた「罪を犯した障がい者の地域生活支援に関する研究」（厚生労働科学研究）及び「触法・被疑者となった高齢・障害者への支援の研究」（厚生労働科学研究）を出発点としたいわゆる「長崎モデル」である。

　もともと「長崎モデル」は、刑事施設の出口の段階での支援、すなわち「出口支援」から始まった。これは現在、特別調整制度として制度化され、全国にある定着センターがその役割を担っている。定着センターは、保護観察所からの依頼を受け、特別調整対象者の帰住先調整等を行う。

　現在では、知的障害が疑われる被疑者の取調べへの専門家の立会いや、検察官や弁護士からの依頼を受け、被疑者・被告人の障害の程度や犯罪に至った背景、更生支援の必要性等を報告する「調査支援委員会」、そして、罪を犯した高齢者・障害者の民事上の法的問題にも関わる「司法福祉弁護士」などを内容とする。これにより、罪を犯した高齢者や障害者に対する福祉的支援の充実化を図る。この取組みは、刑事施設に入る前の段階での支援であることから、「入口支援」と呼ばれている。本来の定着センターの役割は出口支援にあるが、長崎県の場合は、入口支援にも取り組んでいることから、定着センターが入口支援の役割をも有していることになる。なお、入口支援を司法福祉支援センターが担っていた時期があるなど、その役割分担には変動がある。

　長崎モデルを含めた、罪を犯した障害者が社会復帰をするための支援は以下の図2のようになる。

第1部　協働モデルの誕生

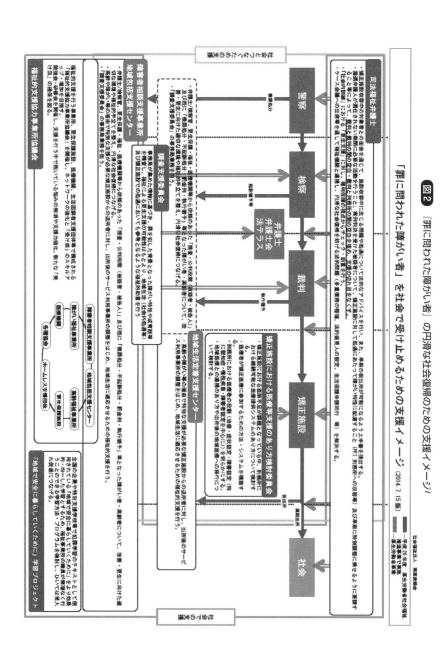

(2) 南高愛隣会の見学
a 移行後を意識した支援

　著者は1日をかけて南高愛隣会の各施設を見せていただいた。その中で特に印象に残っているのが更生保護施設雲仙・虹である。雲仙・虹は社会福祉法人南高愛隣会が国から委託を受けて運営している。

　「司法から福祉へといかに"ソフトランディング"させるかという緩やかな移行を目指して支援を行っている」と更生保護施設の雲仙・虹施設長の前田康弘氏。施設を見せていただくと、その意識の表れをところどころに感じた。古稀祝賀会や成人の祝いなどのイベントが多いことや、「感謝状や表彰状を乱発」しているところだ。「本人のマイナスの情報よりもプラスの情報に着目して、それを移行先の施設にも伝える。そうすると、本人は移行先から期待されて移行していく。そうしていくことで新たな環境でも生活していけるようになる。本人にも自分の良いところを発見してもらうために、感謝状や表彰状を乱発するようにしている」と前田氏は言う。「これまで偏見の目で見られ、差別されてきた人たちに、良いところを発見してもらいそれを移行先でも生かしていくことで社会復帰につなげていきたい」という前田氏の想いを強く感じた。さらにゲートボールやカラオケなど趣味をもってもらうことも重視しているという。「罪を犯した人がゲートボールやカラオケを矯正施設内でしていると言うと怒る方もいるかもしれないが、趣味をもってもらうことで、新たな場所に移行して行った時も居場所をつくることができる」からである。雲仙・虹は、罪を犯した人がそれまで仕事を頼まれたりすることがなく、仕事をしても感謝されることがないという孤立状態で生きてきたことに正面から向き合い、自分にも役割があるという生きる上で重要なことを罪を犯した人たちに気づいてもらうことに取り組んでいるのである。こうした取組みはこれからの罪を犯した人への支援の在り方に大きく影響を与えることになるだろう。こうした取組みが広がっていけば罪を犯した人に対する支援に大きな光が射すことになるかもしれない。また、「移行した後も雲仙・虹でのイベントに

---

1 社会福祉法人南高愛隣会ホームページ http://www.airinkai.or.jp/hasshin/kenkyu/shakaifukushi/index_h26.html

招待するなど、移行した後も関係をもっている」という。それは、「赤信号（犯罪）に至る前の黄色信号の段階でこちらが気づき、支援を行うことが重要だと感じているから」ということだ。また、移行先との信頼関係の構築も欠かせない。「移行先にうまく適応できないときはまた戻ってきてもらうこともある。そして移行先に行ったときの想いを思い出してもらいたい」と前田氏は言う。こうすることで、犯罪と犯罪との間の社会生活の期間を少しずつ長くしていきたいという。「再犯をゼロにするためには、まずは刑務所と刑務所との間の期間を長くしていくことが第1歩。刑務所と刑務所のスパンが広がることによって社会生活が長くなることは本人の利益でもある」という。以前別の更生保護施設を見学したことがあるが、そこと比べて開放的でしかも支援が行きとどいているという印象を受けた。次の施設への移行を強く意識した支援の在り方は、ただ単に福祉につなげるだけではなく、移行先でもうまく生活していけるように配慮されたものであると感じた。

　雲仙・虹での実践は、良いところを発見し、それを生かすことのできる環境を整えることで、その人がコミュニティで受け入れられるようになることを示唆している。自分の能力がコミュニティの役に立つことを実感し、他者の能力が自分を助けてくれるという互助性がそこにはある。逆にいえば、良いところに目を向けず、環境を整えることをしなければ、その人はどのコミュニティにも受け入れられず、社会から排除されてしまう。その結果、何も問題は解決せず再犯へと至ってしまうであろう。こうした負のスパイラルから、長所に着目することによってコミュニティでの居場所を獲得していく過程は、まさに「悪循環サイクルに囚われた枠組みからの離脱は、異なる循環サイクルへの移行によって成し遂げられる、という人間の成長ステップ」[2]そのものなのである。

　そして、南高愛隣会では、「味彩花」や「ブルースカイ」などの配食事業や、「瑞宝太鼓」が各地へ公演を行うなど、それぞれの長所を生かし、コミュニティに対して貢献できる場を多く設けている。移行後を意識した

2　森さちや「竹端寛『枠組み外しの旅』を読んで考えたこと」ブログ『作曲と思索の愉しみ』http://wood248.blog.fc2.com/blog-entry-12.html

支援の在り方とは、地域社会等のコミュニティに対して貢献できる環境を整えるということなのである。

b　地域との共生

このような取組みは、地域社会との共生という観点からも捉えることができる。南高愛隣会は、当初は住宅街から離れた山上に居住用施設をつくったのだが、次第に住宅街に近い場所へと移り、生活様式も施設型ではなく、通常の住居と同じようなスタイルで生活している。住宅街のなかの賃貸物件で暮らす人もいる。しかも、山上から住宅街へと移ったのは、障害が重度の人からだった。障害が重い人ほど、普通の生活を必要としているという考えがそこにはある。

南高愛隣会のこうした取組みは、イタリアで精神病院の廃止に尽力し、精神保健改革の父と呼ばれたフランコ・バザーリアを想起させる。バザーリアは、症状が重い人から順に病院から解放していったのである[3]。

バザーリアが行ったのは、精神病患者に対する非人間的な仕打ちをすることをやめ、彼らに自由を与えて人間らしさを取り戻させることである。精神病院に閉じこめられてどんどん人間らしさを失っていく人々の様子が映画には描かれており、精神病院に入ることによって、人々は精神病患者になるのではないかという疑問を生じさせた。つまり、精神病患者というレッテルを貼ることによって、彼らの回復を阻害してしまっているのではないかと。そうだとすれば、バザーリアが行ったのは、精神病患者というレッテルを剥がすことだったのではないか。

このように考えると、更生支援の在り方についても次のようなことが言える。すなわち、我々は犯罪者というレッテルを貼ることにより、出所者の社会復帰を阻害してしまっている可能性がある。そうだとすれば、我々

---

[3]　映画「むかしmattoの町があった」（原題：C'era una volta la città dei matti）には、バザーリアの活躍とその苦悩が描かれている。「バザーリア映画を自主上映する180人のMattoの会」が上映会を開催している。mattoとは、イタリア語で狂人という意味で、「mattoの町」とは精神病院のことである。精神病床が約35万ある日本（厚生労働省「結果の概要　I医療施設調査」『平成24年（2012）医療施設（動態）調査・病院報告の概況』13頁　http://www.mhlw.go.jp/toukei/saikin/hw/iryosd/12/dl/1-1.pdf）に対し、イタリアの数は0である。

はバザーリアが行ったように、犯罪者というレッテルを剝がさなければならない。また、刑務所は犯罪者を社会から隔離する場所ではなく、社会から逸脱した人を再び社会に戻すためにあるのではないか。そうであれば、罪を犯した瞬間から社会復帰への道のりは始まっているはずであり、出所してから社会に復帰する努力をするというのでは遅すぎるのではないだろうか。これはまさに入口支援に通じる考え方であろう。

このように、地域との共生と入口支援は実はつながっている。それは一貫した哲学に基づく支援ということができるだろう。このような支援を行う南高愛隣会は、まさに現代日本のバザーリアとも言うべき存在なのかもしれない。

c 本人の可能性や能力に着目した支援

入口支援に関わる人の多くから語られることがある。それは、「福祉につなげたとしてもすぐに福祉を拒否してしまい、また罪を犯してしまう人が少なくない。行った先で馴染めなかったようだ」ということである。その話を聴く度に、福祉につなげればすべてが解決するのではない、ということを実感する。福祉につなげたとしてもそこに馴染めなかったりして居場所を見いだせないこともあるということだ。そうであるからこそ、雲仙・虹の行っているような移行後を考えた支援が重要となってくる。趣味や得意なことの変化は生活環境の変化に比べれば大きなものではない。ただその一方で、偏見や差別も生活環境ほどには大きく変化しないだろう。しかも、残念ながら、それは本人が変わってもそう簡単になくなるものではない。しかし、これまで前科や障害があるがゆえにどの生活環境でも偏見や差別を受けてきた人が、趣味をもち、得意なことをもつことによって、前科や障害をもっていること以外に着目してもらうことができるようになれば、社会の偏見に対して立ち向かい、自らの居場所を獲得していくことができるようになるのではないか。それは、その人の過去や障害から目を背けるということではなく、その人の可能性や能力に気づくということである。人は誰でも何らかの能力をもっているはずであり、その能力を発揮できるようにすることが、これからの更生支援の在り方を考える上で重要なポイントとなる。

3　山谷地域での路上生活者支援ボランティア

(1)　生活支援から始まるコミュニティづくり

著者は2013年12月から山谷地域で路上生活者支援のボランティアを行っている。これまで山谷では、炊出しやアウトリーチ、無縁仏となってしまうホームレスのためのお墓の建立[4]などに関わってきた。こうした活動の中で、著者は当事者との関わり方について多くのことを学んだ。ここではそのことについて記したい。

山谷のことをご存じない人のために、山谷について簡単に説明しておきたい[5]。山谷とは、東京都荒川区と台東区にまたがる地域のことをいい、日雇労働者が簡易宿泊施設に集まっていた。かつては山谷騒動が起こり、警官隊との衝突もあった地域だが、今では高齢化が進み、都市型限界集落と呼ばれるような状態となっている。著者は山谷に足を踏み入れるまで、山谷という名前しか知らず、そこがどのような場所であるか全く知らなかった。しかし、この4年あまりの期間で学ぶことは多かった。

まず、著者が初めて山谷に行ったとき、誰が支援者で誰が被支援者なのかわからなかった。山谷に通ううちにわかってきたのは、全員がなんらかの受益者であるということだった。物質的満足のみならず精神的な安息も含めて、全員が山谷という場所から何かを得ているのだということに気づいた。だから、当事者もボランティアに参加する。参加の方法も様々だ。こうして一人ひとりが山谷で何らかの役割を担っていることに気づいた。そして、そのような場所では、支援がコミュニティの中に溶け込んでいるのだ。炊出しには来られない路上生活者のテントを訪問するアウトリーチも、それによってコミュニティへの参加を促す役割を有する。つまり、生

4　「無縁仏となってしまうホームレスの人々が入れるお墓を建てたい！」https://readyfor.jp/projects/muen_homeless

5　より詳しい説明は、吉間慎一郎「「都市型限界集落」となった山谷：歴史とその変遷」『THE BIG ISSUE ONLINE』http://bigissue-online.jp/archives/1017944393.html、及び、同「『無縁死』は年間3万2千人、急増する引き取り拒否：『無縁仏』の現状」『THE BIG ISSUE ONLINE』http://bigissue-online.jp/archives/1017945089.html#more を参照。

活支援からコミュニティづくりが行われているのだった。そして、著者自身が強く感じたのは、「ここにいてもいいんだ」という感覚だった。誰でも受け入れてくれそうな雰囲気が山谷にはある。

(2)　2つの発見

　こうした経験をする中で、著者の認識に2つの変化が起こった。1つ目は、以前は経済的・物質的な面にばかり着目して貧困を捉えていたのだが、貧困には、社会から必要とされていると感じることができるかどうかという側面もあり、むしろこの方が本質的な部分なのではないかということである。山谷を訪れたマザー・テレサは、「日本にもたくさんの貧しい人たちがいます。それは、自分なんて必要とされていないと思っている人たちのことです」[6]と言ったが、まさに同じような感覚を著者も抱いたのだった。「この世で最も貧しいことは、飢えて食べられないことではなく、社会から棄てられ、自分なんてこの世に生まれてくる必要がない人間であると思うこと」、「その孤独感こそが、最大の貧困」なのである[7]。

　もう1つは、支援に対する認識の変化だった。支援とは一方的に与えるものではなく、当事者が参加した上で協働していくものだということだ。支援とは時として多数派の論理の押し付けとなる危険を含んでおり、支援に対して熱心なほどその危険が生じやすい。「私たちのように生活すれば楽なのに」というような感覚では、支援は押し付けとなってしまう。私たちが正しいと考える生き方を押し付けるのではなく、当事者たちが自ら選択し、それを尊重するという協働こそが追求すべき支援の在り方だということを感じたのだった。これは、本人の問題の解決策はその人のみが知っているということを前提としている。

(3)　支援から協働への転換

　このような経験から、貧困と犯罪の本質は同じなのではないかと考えるようになった。つまり、現在更生支援において主に行われている就労支援

---

[6]　五十嵐薫『マザー・テレサの真実』（PHP研究所、2007年）52頁
[7]　五十嵐・前掲注6) 52頁

や資格取得支援だけでは何も解決しないのではないか。社会から必要とされていると感じることができなければ、資格があっても、就職しても、更生はできないのではないか。就職すれば社会復帰は果たせたと考えることは、本質を捉えないあまりに表面的な捉え方なのではないか。就職したり施設が変わったりしたとたん、生活状態が悪化し、再犯に至るという事例はまさにこのことを表していると思われる。そして、就労支援や資格取得支援は、時として我々の行動様式の一方的な押し付けになってしまうのではないか。本人が望まないのにもかかわらず働かせようとすることは、支援ではなく、まさに支配なのではないか。また、支援が入ることによって、それまでの人々のライフスタイルを変えてしまう結果、コミュニティや人間関係が崩壊してしまうことはないのだろうか。

　ここから見えてくるのは、互助できる関係づくりと支援から協働への転換こそが我々が目指すべき道なのではないか、ということである。

4　協働モデル

　以上の経験から抽出されたエッセンスをまとめれば、①その人の能力と可能性に着目した支援の在り方が、社会のその人への偏見に立ち向かう力を与え、社会生活の回復を可能とする。そして、②コミュニティへの定着のためには、当事者との協働に基づいた互助できる関係づくりが必要不可欠である。②の視点からは、①における当事者の能力や可能性とは、支援者が着目した能力や可能性ではなく、当事者との協働の中で当事者自身が発見していくものであるべきである。そうでなければ、①も結局支援の一方的な押し付けになってしまうからである。その意味で、当事者とその周りの人との互助と協働こそが中心的発見であるといえるであろう。そこで、このような更生支援の在り方を協働モデルと名付けたい。このモデルは、刑事司法と犯罪者を正義と悪の二項対立的構造と捉えることをせず、鬼の視点をもふまえた刑事政策を実現するものである。

第2章
協働モデルの明確化
――犯罪からの立ち直りに必要な3つのこと

1　さらなるインタビュー調査

　こうして、協働モデルが誕生した。協働モデルは、当事者との協働に基づいた互助できる関係性を基盤として、当事者の能力や可能性を広げていくものである。支援が多数派による価値観の押し付けになってしまうことを常に警戒し、当事者本人が望む問題の解決策を支援者と協働して実現していくプロセスである。しかし、協働モデルの内容はまだまだ不明確な部分も多い。そこで、さらに3人へのインタビュー調査をすることで、協働モデルの内容を明確にしていきたい。

　さらなるインタビュー調査から明らかとなったのは、立ち直りの過程においては、当事者とその周りの人々が相互変容をしていくことが重要であり、それが実現されるためには伴走者の存在が必要であるとともに、更生支援が当事者の人間関係の改善にも及んでいることで更生支援が最大の効果を発揮するということである。伴走者の存在、人間関係の改善、相互変容という3つの発見がこの章のタイトルにも入っている、「犯罪からの立ち直りに必要な3つのこと」である。この3つのセオリーは、前章で提唱した協働モデルの内容を明確化する役割を果たす。新たに明らかとなった3つのセオリーを用いて協働モデルの全容を明らかにしていきたい。

2　現場の声を聴く

　まずは3人のインタビュー内容を示し、そこから3人の話に共通する点を探っていこうと思う。そうすることで、立ち直りの過程を探り、それに寄り添った更生支援の全体像を描いていきたい。今回インタビューしたのは3人とも更生支援に関わる人びと（以下「支援者」と呼ぶ）であるが、更生支援に関わるようになった経緯は大きく異なる。

第 2 章　協働モデルの明確化——犯罪からの立ち直りに必要な 3 つのこと

(1)　高坂朝人氏

　まずは、NPO 法人再非行防止サポートセンター理事長の高坂朝人氏の話から紹介したい。高坂氏は、自身が非行少年だった過去を有し、現在は非行少年の立ち直りのサポートを行っている。高坂氏が非行から離脱し、非行少年の支援者となるに至った経緯を分析することを通じて、立ち直りのプロセスを分析し、立ち直る上での壁がどこにあるのかを分析したい。

a　非行に至る経緯

　高坂氏は、広島の普通の家庭で育った。両親がいる家庭で 4 人家族、母親は専業主婦であり、ネグレクトや虐待を受けた経験はなく、むしろ甘やかされて育ったという。家族全員で、夕食を囲むような家庭だった。自宅は 2 DK のアパートで、自分の部屋はなく、家族 4 人で川の字になって寝ていた。しかし、友達の家に遊びに行くと、自分の部屋や兄弟の部屋があり、そのような空間がないのは自分の家だけだったということに気付く。このことから、もしかしたら自分の家は貧乏なのかもしれないと思うようになった。それがコンプレックスにもなっていたというのである。

　中学校に入って、小学校のときのように物事がうまくできないことに自信をなくしていったそうだ。

　「小学校の時は 80 点くらいとれていたのに、中学では 60 点台だった。勉強が苦手なのかもしれないと思うようになると同時に、自分の頭はバカなつくりになっていると考えるようになった。野球部に入ったが、経験者に比べて実力がないことに劣等感を覚えていた。努力してもすぐに結果がでないという歯がゆさや、経験者など自分よりできる人と比べ、劣等感を感じていた。すぐ結果を見て、自分より上の人と比べるという悪い癖があった。勉強、運動ともに自信をなくしていき、その結果、勉強からも野球からも逃げるようになった。」

　高坂氏が非行へと走るきっかけは私たちの日常にもよくありそうな出来事であった。

　「あるとき、学校にお菓子とゲーム機を持ち込んだことが教員に判明して注意された。そのとき教員に反抗したところ、同級生から『すごい』と言われた。同級生から認められたと感じ、存在感を示せることに充実感を

覚えた。自分の存在を示せるものを見つけたと思った。良いことか悪いことかではなく、ただ、友人から認められたいとの気持ちからの行動だった。タバコを吸い、万引きをするようになり、さらに非行はエスカレートしていった。

そうしているうちに、暴走族に誘われて加入した。最初は過激な非行行為に戸惑いも覚えたが、徐々に感覚も麻痺してきて暴走族の仲間との非行が過激化していった。集団暴走、窃盗、無免許運転を繰り返した。」

このような非行を繰り返し、警察に逮捕され、保護観察を受け、少年院にも入ったという。

「少年院には2回入ったが、このときはまじめになろうとは一切思っていなかった。むしろ、本物の不良になろう、不良の世界で生きていこうと考えていた。暴力団のトップは字も読めるし漢字も書けるし、頭が切れる。警察の留置場にいるときに『男樹』という本を読んで、そこに出てくる主人公は悪の世界でもトップだったが、表のビジネスの世界でも成功していた。それが自分の中での理想になっていた。だから勉強も必死にやったし、本もたくさん読んだ。草むしりも本気でやった。本物の不良になるには常にトップにいなくてはならないと考えていた。その結果、表面的には少年院の中では優等生だった。少年院を出た当日、すぐに非行を行った。少年院に入る度に、どんどん悪くなっていった。」

少年院で信頼できる先生はいたが、不良として生きていきたいとは言わなかったのだそうだ。青年海外協力隊に行ったらいいというアドバイスはもらったりしていたが、行くことは叶わなかったという。

2度目の出院時には19歳10か月くらいになっていたため、暴走族は卒業した（暴走族は18歳までだった）。次は暴力団の人と関係が深くなり、暴力団に出資してもらった企業の代表取締役となり、利益の半分を暴力団の兄貴分に渡していた。

b　非行からの離脱

高坂氏が非行から離脱する過程においては、妻の存在が大きかったようだ。

「24歳の時、妻の妊娠がわかった。妊娠5か月のとき、もし自分がこの

第2章　協働モデルの明確化──犯罪からの立ち直りに必要な3つのこと

まま暴力団準構成員のままでは生まれてくる子供を不幸にしてしまうと思った。当時の暴力団での生活は厳しくて、自由がなかった（電話に出ないだけで顔を殴られたし、置き場所を間違えるだけで数発殴られた。3泊の旅行なんて許されるわけもなかった。）。もし暴力団が居心地の良い場所だったら、離脱をする決意はできなかったかもしれない。

暴力団から逃れるため、愛知に逃げてきた。10日くらいは車の中で生活しホームレス同然だった。就職活動もしていたが、中卒で就業経験もなく、住所も広島のままで愛知になかったので雇ってくれるところはなかなかなかった。そこで、車を売ってアパートを借りた。」

就労先がみつかったらそれで終わりというわけではない。これまでの生活様式や価値観がなかなか抜けず、非常に苦労したそうだ。高坂氏は、そこからの変化の過程について次のように語る。

「ようやく営業の仕事を得ることができたが、1年しか続かなかった。老人ホームなど、いくつかの仕事を転々としていた。

愛知に逃げてきてから犯罪はしなかったが、かつての暴力団準構成員としての生活の中で金銭感覚が大きくずれていた。暴力団では、1か月単位での給料というのではなく、その時々に収入が入るという生活で、お金が入るとすぐ使ってしまっていた。そうした感覚が抜けず、どんどん借金が膨らんでいった。借金を返せなくなって、自己破産した。妻は愛想を尽かし広島に戻り、離婚した。すべてを失ったと思った。

これを機に、一人で考え直すようになった。変な見栄を張らずに自転車で職場まで通ったり、節約をするようになった。2年間、月1回妻の実家に夜行バスで通い、復縁して再婚した。立ち直る上で妻の存在は大きかった。

老人ホームで働くまでは、金がすべてだと本気で思っていた。しかし、老人ホームで働いていると、裕福でも孤独に死んでいく人、裕福でなくても家族に囲まれて幸せそうな人を何人も見た。そのうち、裕福でも死んでしまえば何も残らないことを実感し、お金よりも大切なものがあるのではないかと思うようになっていった。また、入所者の話に耳を傾けるだけで、非常に喜んでもらえた。それが嬉しかった。自分にも人に喜んでもらえる

ようなことができるかもしれないと思い、インターネットで探したBBS会に連絡をとり、非行少年のサポートに関わるようになった。そこから活動の幅は広がっていった。

非行少年と関わるようになって責任感が生まれてきた。自分が襟を正さないといけないという思いが強くなっていった。2014年8月から再サポ愛知を始め、活動を続けて今に至る。」

このような変化を辿るうち、自身の過去に対する捉え方や被害者に対する気持ちにも変化が生じたという。

「時間が経つにつれて自分の過去に対する捉え方が変わっていった。自分が幸せになればなるほど、被害者のことを考えるようになった。生き直しの途中では自分のことでいっぱいいっぱいで被害者のことを考える余裕もなかった。

過去をなかったことにはできない。でも、過去を生かして犯罪の減少に貢献したいと考えている。一生かけてそのための活動をしていきたい。」

c　サポートする上での困難

さらに高坂氏は、非行少年をサポートしていくうえで必要なことやサポート上の困難について次のように語る。

「サポートをするうえで大事なのは、逮捕から出院後までずっと関わるということ。今の制度では、それぞれの組織がぶつ切りになってしまっている。前の場所で覚えたことを次の場所でわすれてしまう。新しい場所でこれまでの成果を生かせない。伴走者の存在が必要。できれば同じ人が一貫して関わっていかないといけない。

サポートをしていくうえで難しいのは、少年だけをサポートすればよいというわけではないことだ。家族や周りの人のサポートも同時に行わないといけない。そうしないと、少年本人のモチベーションが続かない。家族が少年に対して、『自分も頑張るから一緒に頑張ろう』と言えないといけない。親が子供と一緒に歩んでいくことが大事。ただ、自分の子どもが非行少年になることを経験している親なんていない。だから、親についてのサポートも長い時間がかかるが続けていかなければならない。

非行からの離脱の障壁となるのは、人間関係。まじめに生活していても、

不良仲間と再び関わるようになると、非行生活に戻ってしまう。少年院を出てから高卒認定を受けて仕事も得て、大学に入学する準備をしていたのに、地元に帰って、不良仲間と関わるようになって再非行してしまう少年もいた。」

そこで高坂氏は、不良仲間から離れることができるように自立準備ホームを始めたそうだ。仕事、家、ご飯があっても、人間関係を正さないと非行から離脱することは難しいのである。

d　サポートをする上での心構え

高坂氏が非行少年をサポートする上でいつも心がけていることがあるという。

「すべての少年は自分と未来は変えられると信じて取り組んでいる。支援者が『変わらない』と思ったら少年が本来もっている変われる可能性を下げてしまう。少年たちには、一人ひとり絶対に良いところがあるのだから変われるはずだと信じて活動している。

もう一つ大事なことは、『少年たちは正しい言葉を聴きたいのではなく、信頼できる人の言葉を聴きたい』ということ。人間関係はキャッチボールだ。こちらの心を裸にして接しないといけない。オープンになって、こちらも素直になること、弱さを見せることが必要。こちらが悪いことをしたら素直に謝らないといけない。感謝の気持ちもきちんと伝える。だけど、向こうがどんなに約束を破ったとしてもこちらは決して約束を破らない。そうして信頼関係を築いている。」

(2)　五十嵐弘志氏

五十嵐氏は、特定非営利法人マザーハウスの理事長として、受刑者との面会、文通のほか出所後のサポートなどを行っている。前科3犯、刑務所で約20年過ごした過去をもつ。五十嵐氏いわく、「殺人と覚せい剤以外のあらゆる犯罪をした」という。このような状態からなぜ支援者へと変わることができたのだろうか。五十嵐氏に立ち直りの過程について話を伺った。

a　立ち直りの経緯

五十嵐氏は自身の過去の経験や支援の経験を通じて、人が立ち直るため

には人との出会いが欠かせないと実感しているという。

「人は人によって回復する。立ち直りのためには、『自分を変えたい』という強い意志が必要であるが、そのためにはまず自分と出会うこと、つまり、犯罪に至った原因と向き合うことが不可欠となる。そのためには、そばに話を聞いてくれる人がいるかどうか、共に居る人がいるかどうかが重要となる。」

五十嵐氏自身も人との出会いがあったからこそ今の自分があるという。なかでも、弁護士の佐々木満男氏との出会いを通じて変わりたいと強く思うようになったそうだ[1]。佐々木氏は、五十嵐氏の身元引受人であり、受刑中の五十嵐氏にとっての唯一の社会との接点であった。

「あるとき佐々木弁護士は、勉強するために本を買いなさいと、お金をくれた。それも驚くくらいのものすごい額だった。こうして他の人からしてもらったことを他の人にもしてあげたいと思った。こうした人との関わりを通じて、変わりたいと思うようになった。」

それからも、五十嵐氏は、佐々木氏を通じて人間関係の輪を広げていった。

「出所後に佐々木弁護士に教会の集会などいろいろなところに連れて行かれた。そこで自分のことを話すよう言われて話した。そこで話すたびに自分と向き合った。さらに、自分の話を聞いてくれる人がいることで、居場所を感じられた。こうしてどんどん活動範囲や関係性が広がっていった。」さらに五十嵐氏はこう語る。「人間のなかの壁を壊すのは自分自身。その壁を低くすることができれば、誰とでもフレンドリーになれる。」

しかし、その壁を壊すのは決して容易ではなかったという。

「社会には壁だらけ。子どもができて特に社会の壁のことを考えるようになった。自分のことで子どもに影響が及ぶんじゃないかと考えるようになった。でも、教皇フランシスコからもらった手紙で勇気づけられた。妻や子どもを受け入れてくれる人を大切にしようと思うようになった。自分を受け入れてくれない人に無理に受け入れてもらおうとしなくてよいのだ

---

[1] この経緯の詳細は、五十嵐氏の著書、五十嵐弘志『人生を変える出会いの力　闇から光へ』（2016年、ドン・ボスコ社）45頁以下を参照。

と思えた。自分のことを受け入れてくれる人が自分のことをその知人に話してくれる。『この人はそんなに悪い人ではない』のだと。そういう"口コミ"が広がっていく。そうしてまた自分のことを受け入れてくれる人が増える。

　これまでの人たちと出会えたからこそ今の自分があると思う。多くの人に支えてもらえるからがんばれるのだと思う。」

　そして五十嵐氏は、自身の過去とこれからについてこのように語った。

　「被害者の身体や心を一度傷つけてしまったら、元の状態に戻すことはできない。しかし、自分を変えることはできる。自分の場合その土台がキリスト教だった。キリスト教と出会ったからこそ今の活動ができている。その代わりに自分にできるのは、自分の時間を捧げること。その人のことをありのままに受け入れる。その人に対して愛をこめて接することが重要だと思う。」

b　サポートをするうえでの困難

　五十嵐氏がサポートする側になっても、「自分を変えたい」という思いが重要であるという実感は変わっていない。

　「やはり『自分を変えたい』という強い意志をもっているか否かで変わってくる。おんぶにだっこではダメで、ただ衣食住を提供してほしいというだけでは立ち直りは難しい。こちらの善意を利用しようとする人もいるが、そういう人は変わっていこうとしていないように見える。ただ、住む所と生活費が確保できないといけない。それができれば、そのあとなんとかなっていく。だから、出所後は必要であれば生活保護を受給して生活を立て直すことを最優先にすべきだと思う。

　文通していると腹が立つこともある。ただ、文通していて、大切にしてくれた人には感謝できる人が多いと感じる。それができない人は、当たり前のことができないということであって、そうした人は自分と向き合えていないと感じる。

　また、悪いことをしていたときの関わりのままでは立ち直りは困難だと思う。そういう人には、悪友との縁を切って、新しい出会いが必要だ。悪友と縁を切れないとまた悪いことをしてしまう。それでは何も変えられな

い。やはり、自分の弱さに向き合い、それに立ち向かうために新しい出会いを求められるかが重要だ。自分がそれに気づけるか。そのためには、周りにそのことに気付かせてくれる人がいるか、そういう人と出会えるかにかかってくる。自分を変えようとすること、そのために悪友と縁を切るには勇気が必要であり、その勇気を持てるかが重要だと思う。

　そのためには過去と和解することが必要である。ただし、それは過去を切り捨てることではない。過去があったからこそ、痛みを知ることができるはずなのだ。過去の自分との和解ができたときに、そこから自分がこれからどのように生きていくかを考えることができるようになる。

　それから、自分に対して厳しいことをいう人を選ぶことができるか。叱責してくれる人、厳しく言ってくれる人がいないと変わろうとは思えないのではないか。自分も、4年間活動してきてだんだんとその人の厳しさは自分を思ってくれているからなのだと思えるようになった。」

c　サポートするうえでの心構え

　五十嵐氏は、日々のサポートにおいて、寄り添うこと、そのためには当事者と同じ目線に立つことが重要であると話す。

　「民間としてできることは寄り添うことだけなのではないか。社会の中に居場所をつくる。応援してもらえるからこそ、それに応えようとする、感謝することができる。その人のことを大切にしようとも思う。しかし、『犯罪者』として接してこられたらそうはできない。

　『私はあなたのことを犯罪者としては扱わない。だからもう犯罪をしてはいけない』という関係性が重要だと思う。罪や犯罪から解放するということ。このことは聖書から学んだ。

　このように当事者を受け入れることとは、当事者の話を聞くということ。更生保護関係の人の中には、上から物を言う人もいるがそれではうまくいかない。話を聞き、そして理解しようとすることが大事。また、受け入れるということは厳しさをもつことでもある。人はどうしても自分に優しい人を選んでしまいがちだけど、厳しさがあるからこそ、自分のことを大切に思ってくれているのだと伝わる。

　当事者は、相手が自分のことを受け入れてくれるかどうかをみている。

刑務所での生活では、日々相手が自分を受け入れてくれるかどうかを見なければいけない。だから、出所者は相手が自分を受け入れてくれる人かどうか気にしている。」

では、どうすればお互いが相手を受け入れることができるようになるのであろうか。

「一人ひとりの壁が低くならない限り、はじかれてしまう人はなくならない。自分の前科をカミングアウトしたとき、その壁の高さを感じた。その壁を壊さない限り、自分たちの居場所はないのではないかと感じる。

目線を変えて当事者の叫び声を聴くこと。それによって何かが変わってくる。上から見ていては何もできない。下からみることができるか、それは下まで落ちるということではなく、相手と同じ目線で対話をすることができるかということだ。」

また、五十嵐氏は社会に出てから刑務所生活とのギャップを埋めないといけないと述べる。

「刑務所の常識と社会の常識は違う。例えば、刑務所ではすぐに『すみません』といわないとトラブルになってしまう。そうすると、すぐに謝った方が勝ちということになる。そうすれば他の受刑者にいじめられずにすむ。だけど、社会では自分が悪いことをしていなければ謝る必要はない。でも、自分はいまでも、すぐ謝ってしまう癖が抜けていない。こういう社会の常識をきちんと教えてくれる人が必要だ。

刑務所の中では、①当たり前のことが当たり前のこととしてできるようになること、②自分にとって大切なものが何かを学ぶこと、③心の内を正直に打ち明けられることができる人と出会うこと、をできるようにすべきだと思う。

マザーハウスの活動であるラブレター・プロジェクトでは、受刑者が刑務所外の人との文通をしていく中で心の内を手紙に書き、自分でそれを読み返すことで自分と深く見つめ合うことになる。書くことで自分と出逢い、整えることにもなり、自分を振り返ることができる。そうすれば、過去の自分と和解するきっかけをつかむことができる。そして自分自身に、なぜこの罪を犯してしまったのかを徹底的に問うことで原因が見えてくる。原

因が分かればそれを修正すればよいことである。その結果、犯罪からの離脱になるのではないか。

社会の人は仕事を与えれば更生できると思っているようだが、その前に心のケアが重要であると思う。これまでサポートしてきた経験から感じるのは、心のケアと社会に土台を作ってから就職することが回復のための一番の近道であるということだ。

人は人によって回復する。だから、刑務所内でも、社会のつながりを保てるようにすべきだ。暴力団など、外部との接触を断つべき場合には個別に対応すればいいと思う。また、もっと社会からのボランティアも受け入れることなども必要だと思う。刑務所では管理することも必要だけど、社会の人との交流がより重要なのではないだろうか。」

(3) 千葉龍一氏
a 問題の解決に向けた支援

千葉氏は、自立準備ホーム（公益社団法人日本駆け込み寺（代表理事：玄秀盛氏）が運営）の入居者や出所・出院をした相談者等の就労支援や生活支援を担当している。就労支援の具体的内容は、出所者等からヒアリングを行い、各自の希望に沿った就業先を紹介している。飲食店が希望であれば、再チャレンジ支援機構がプロデュースに関わった「新宿駆け込み餃子」に紹介している。再チャレンジ支援機構が支援を行っているのは、保護観察所から更生緊急保護の受託を受けた人や、テレビで「新宿駆け込み餃子」のことを知った人、刑務所内で玄秀盛氏のことを知ってやってくる人が多いそうだ。自立準備ホームの定員は12名で、これまで40～50名以上の出所者等を支援してきたという。

自立準備ホームの入居者には、毎日事務所に来てもらい、相談に乗っている。居住先や就労先を探したり、役所での手続等の支援を行うことが主な活動となっている。このような活動を通じて感じていることを千葉氏に伺った。

「教えれば一定のことはできる人、ついて行ってあげないとできない人がいる。そして、自分のことを自分でできる人は自立しやすいと感じる。

一方、生じた問題を隠す人、問題から逃げてしまう人は自立できないことが多い。特に薬物の場合には、こちらが見ていないときに手を出してしまう。こちらの目が届いているときは比較的問題は起きにくいが、問題は独りになったときである。

　問題に直面したときに、そのことを話してくれればこちらも対応することができる。例えば、浪費癖があると自分でわかっている人は金銭管理をお願いしてくるし、借金がある人の場合は自己破産手続を検討したりもできる。」

　しかし、このような問題意識をもってもらうことは容易ではない。特に、それまでの生活様式や金銭感覚はなかなか抜けないという。

　「お金の使い方がうまくいかない人が多い。なかには、給料で10万円が手に入ったら、その日にすべて使いきってしまう人もいる。これまでの生活が、その日に入ったお金で生活するというものであったため、この感覚が抜けていないのだろう。

　嘘をつく人は特に支援が困難となる。借金があったとしても初めに話してくれない人も少なくない。そういった人は、居住先に取り立てが来るようになるなど、問題が深刻化してから相談にくる。このようになってしまうのは、本人がそれを問題であると認識していないからだと感じる。なんとかなると思っている人が多い。問題のことを問題と考えていない。問題と向き合おうとしていない。おそらく、これまでも問題から逃れるようにして生きてきた人が多く、それで捕まったというのに、運悪く捕まってしまったくらいにしか思っていないのではないか。」

　このように聞くと、罪を犯した後、裁判や刑務所内で認識を改める機会があるはずではないかと思うところであるが、そういうわけではないという。千葉氏が支援を続けてきた実感として次のように語る。

　「罪を犯した人の多くは、裁判や刑務所の中で反省などしていないというのが実感だ。裁判では、刑を軽くしてほしいから反省の弁を述べるが、本当にそう思っているわけではないだろう。刑務所内でも、早く出ることが第一。刑務所内での資格取得や教育は、刑務所から早く出るためにやっている人が多い印象。だから、刑務所内で取得した資格を生かして働きた

いという人は少ない。刑務所内での資格取得や教育は、何ら出所後の生活に結びついていないのではないか。

　さらに、弁護士から情状証人等の依頼が来ることもある。ただし、裁判で再犯可能性が低いことを主張するために、就労先があることを主張したいということが主な目的であろう。弁護士の再犯防止に対する意識は高いが、弁護士の活動には限界があるように感じている。裁判が中心にならざるを得ない。

　ただし、あまり刑事弁護に一生懸命でない弁護士もいるようだ。被告人も弁護士がどの程度一生懸命なのかがわかる。だから、被告人は自分の弁護に一生懸命でない人には何も話さないこともある。裁判が終わった後も、弁護士のやる気やアプローチの仕方次第で、刑務所出所者がその後相談できるかが変わる。そうすると、弁護士のやる気で刑務所出所者のその後の人生も変わってくる。信頼関係を構築すること、相談できる関係性をつくれるかが重要になってきている。」と千葉氏は実感を述べる。

b　立ち直りの過程

　では、出所後、どうすれば認識を改めてもらい立ち直りへの第一歩を歩んでもらえるのだろうか。

　「まず大事なのは住む所と就労の確保だ。これらが確保できないと次のステップに進むことは難しい。これらが確保できたら、問題意識をもってもらうようにする。多くの人は嫌なことに対して向き合わなくなっている。この場合、このまま問題解決を回避していた場合の顛末（また刑務所に戻ってしまうこと）をしっかりと伝えるようにしている。それで伝わる人は、自立している。伝わらない人は、自立に時間がかかるかうまくいかないことが多い。

　立ち直りまでの過程を整理すると次のようになると思う。

　　第1ステップ：住む所と就労の確保
　　第2ステップ：自分の問題点を認識すること
　　第3ステップ：問題解決
　　第4ステップ：自立

このステップの中での一番の壁は第2ステップ。独りになったときに問題意識を持ち続けられるかが重要だ。独りになった時に従来の行動パターンに戻ってしまう人が多い。」
　そうすると、キーポイントは、出所者等が問題意識をもてるようになるまで継続的に付き添うことができるかということになるだろうか。
　第1ステップとなる就労は、社長と採用担当者の両方の理解があるところに紹介しているという。この段階における課題を千葉氏は次のように語る。
「出所者等を雇用してくれるかは、業種・業態に関係なく、社長と採用担当者の双方に出所者等に対して理解があるかどうかで決まる。建設業では前科のことを気にしない経営者が比較的多い。しかし、建設業は体力的にもきついので、1日で辞めてしまう人も多い。一方で、就きたい職がある人は多いが、楽な仕事を求めることも多い。
　現状では、8割は就労できている。残り2割の人は、時間を守れない人がほとんどである。就労の意思はあるのだが、そのときになると『まあいいかな』という甘えが出てしまう。面接の予定を入れても来ない人もいる。そこで、面接の前に事務所に来てもらって、時間を守れることを確認してから面接に行ってもらうようにしている。
　面接でうまくいって就労できたとしても、就職してから職場に合わなくて辞めてしまう人もいる。その場合は、次の職場を紹介している。多くは、仕事がつらくて続けられない。就労後3か月でだいたいの結果はわかる。3か月たてば本性が出てくるから、本人がどういう気持ちかがわかる。」
　また、就労における問題は使用者との間にも生じるという。
「支援者として、雇用主と当事者との間に入ることは多い。その二者だけだと問題を客観的に捉えられず、感情的になってしまう。第三者が入れば、客観的に問題を捉えることができるようになり、話がまとまることが多い。雇用主としての悩みの多くは、就労が長く続かないということのようだ。」
　最後に、上記の自立までのステップに「反省」が入っていないことについて伺った。千葉氏は自立と反省との関係性についての分析を次のように

述べる。

「自立できていても罪のことを反省できている人は少ない。きちんと反省できている人は、支援者となっている人が多いのではないか。そこまで考えが深まっている人はそう多くはない。ただ、逆にいえば、反省できていなくても、再犯のない生活を送ることはできる。」

3　更生支援における3つの共通点

以上のインタビューから共通点がみえてくる。この3つの共通点は、更生支援におけるセオリーと呼ぶべき重要なものである。それは、①伴走者の存在の必要性、②人間関係の改善の必要性、そして③相互変容の必要性である。3人のインタビューからどのように3つのセオリーが導かれるのか、適宜3人以外の言葉も紹介しながら説明していこう。

(1)　伴走者の存在

1つ目の共通点は、立ち直りの過程に伴走者がいたことである。伴走者は、当事者と立ち直りの過程をともに進む人であり、立ち直る上でのキーパーソンとなる人である。本来の「伴走者」の姿を思い浮かべればわかりやすい。本来の意味での伴走者は、視覚障害のあるマラソンランナーが適確なコースを安全に走るだけでなく、ランナーが十分実力を発揮できるように伴走する人のことをいう。伴走者は、単にランナーの目の代わりをするだけではない。ランナーの意思や体調等を把握し、ランナーが走る目的の実現へと導く。

3人のインタビューからは、更生支援においてもまさにこのような伴走者が必要であることが明らかとなっている。順にインタビューを振り返っていこう。

高坂氏の立ち直りには妻や子どもの存在が不可欠であったであろう。高坂氏は、自身の家族を不幸にしてはいけないと考え、立ち直ろうと決意した。しかし、その決意を実行に移すことは困難であった。暴力団に加入していた頃の金銭感覚が抜けなかったからである。そしてそれが原因で自己破産をし、妻とも離婚をした。それでも高坂氏にとって、妻は重要な存在

第2章　協働モデルの明確化——犯罪からの立ち直りに必要な3つのこと

であったのであろう。「立ち直る上で妻の存在は大きかった。」との高坂氏の実感は、「2年間、月1回妻の実家に夜行バスで通い、復縁して再婚した」という高坂氏の行動からも容易に推し量ることができる。

　高坂氏は、「サポートをするうえで大事なのは、逮捕から出院後までずっと関わるということ。……伴走者の存在が必要。できれば同じ人が一貫して関わっていかないといけない。」と語っていたように、支援者として活動していくうえでも伴走者の必要性を実感しているといえる。同じ人が継続して伴走することで、生活環境などが変わったとしても、それまで学んだことを新しい場で生かせるようになるのである。伴走者との信頼関係が、立ち直ろうとする当事者にとっての拠り所になるであろうし、だからこそ、数々の困難や苦痛を乗り越えて自分の問題点と向き合うことができるようになるのではないだろうか。

　また、五十嵐氏にとっては、佐々木氏が不可欠な伴走者であったといえるであろう。五十嵐氏自身が語っているように、佐々木氏が身元保証人となり、伴走者として五十嵐氏の人間関係を広げる機会を設けたからこそ、五十嵐氏は立ち直るきっかけをつかむことができたはずである。五十嵐氏は、佐々木氏の五十嵐氏に対する態度に感動し、次第に変わりたいと思うようになっていった。この思いは、支援者として活動する上でも変わっていないであろう。

　「人は人によって回復する。立ち直りのためには、『自分を変えたい』という強い意志が必要であるが、そのためにはまず自分と出会うこと、つまり、犯罪に至った原因と向き合うことが不可欠となる。そのためには、そばに話を聞いてくれる人がいるかどうか、共に居る人がいるかどうかが重要となる。」という五十嵐氏の言葉には、その実感が集約されている。

　千葉氏のインタビューからも、伴走者の必要性が導かれる。千葉氏が述べていたように、「独りになったときに問題意識を持ち続けられるかが重要だ。独りになった時に従来の行動パターンに戻ってしまう人が多い」からこそ伴走者の存在が必要とされるのである。実際に千葉氏も、自立準備ホームの入居者に毎日事務所に来てもらい相談に乗っているのである。このような千葉氏の支援活動は、伴走者が当事者に付き添い、問題意識がも

てるようになるまで問題解決の重要性とその方法を共に探っていくことの必要性を強く実感しているからこそのものなのであろう。

　こうして3人の話の共通点を抽出すると、3人とも立ち直りの過程において伴走者が必要であることを実感していると同時に、支援活動において自身も伴走者としての役割を果たそうとしていることがわかるであろう。

　「更生に資する弁護」を打ち立てた弁護士である髙野嘉雄氏も被告人の伴走者としての役割を果たそうとしてきた。髙野氏は、恐喝及び傷害事件を起こした少年の付添人として裁判所に対する意見書に、「最も大事なのは審判後の生活の安定であり、誘惑多き現実社会の中での地道な努力の開始と継続であるが、この点は当面は当職が本人、両親と話し合いの場を継続的に維持し、これを厳しい監督体制の中で維持していく所存である。」[2]と書いている。これはまさに伴走者としての役割を実践しようとしていたといえるであろう。このような髙野氏のアプローチは多くの少年や被告人に影響を与えたはずである。上述の意見書を書かれた少年は、髙野氏との初めての面会のことを次のように述べている。

> 　初めて留置場での面会で、髙野先生と話をした時は衝撃を受けました。僕はそれまで、弁護士とは、依頼人の罪をどれだけ軽くできるかを考えているだけと思っていました。でも、髙野先生は違いました。審判のことなど、どうでもいいといった感じで、とにかくボロクソに怒られました。……でも髙野先生は、怒っているのだけれど、その中に優しさが感じられました。そんなことは初めてでした。僕は、自分のことをクズだと思っていたし、今までしてきたことを考えると、客観的に見てもクズだと思っていました。なので、どうせ自分は変われない、と投げやりになっていました。けれど、髙野先生は、「お前は、不良の世界でお山の大将になってうれしいのか。お前がいるべき場所はそこじゃないだろ。今からでも十分やり直せる。自分の能力を正しい場所で正しく使え。」と言って下さいました。その時の感動は言葉では言い表せないほどのものでした。こんな自分のことを厳しく怒りながらも、認めてくれて、うれしくてしょうがなかったです。それと同時に、この人に付いていこう、やり直そう

---

[2] 奈良弁護士会編『更生に資する弁護　髙野嘉雄弁護士追悼集』（現代人文社、2012年）127頁

第2章 協働モデルの明確化――犯罪からの立ち直りに必要な3つのこと

と心から思いました。……こうして僕の更生への道がスタートしました[3]。

　この少年にとって髙野氏との出会いは人生の財産になったはずである。このように、少年の将来の更生のことを真剣に考えようとする伴走者と出会うことは、少年にとって更生への意欲を掻き立て、立ち直りへの第一歩となることであろう。髙野氏の実践は、弁護人が伴走者となる場合の在り方を示しているといえよう。
　このように、伴走者の立場は実に多様である。家族である場合もあるし、支援者である場合も、法曹であることもあるのである。
　こうして、伴走者の存在が一つ目のセオリーとして導かれることになる。これまで見てきた様々な立ち直りの過程にも示されているとおり、伴走者は、更生支援に従事している支援者に限られていない。家族や学校の教員など、当事者の立ち直りを心から応援しようとする人々が伴走者となるのである。これらの人々にも伴走者になりやすい人とそうでない人、伴走者に適切な人とそうでない人とがあるであろう。そうした観点から、伴走者となるべき優先順位を考えることができる。まずは家族が候補に挙がるであろう。家族は一般的には一番近い人間関係であるのであるから、当事者が家族と同居している場合や一定の関係性を保っている場合には、家族が伴走者になることで当事者の立ち直りを促進できるであろう。ただ、当事者のなかには、家族から虐待を受けた経験をもつ者や、家族と死別している、家族と絶縁している場合も少なからずある。その場合には、家族が伴走者にはなり得ない。そうすると、次の候補として挙がるのは、職場の上司や同僚になる。日本財団が行っている職親プロジェクトは、就労先の代表者や従業員が伴走者としての役割を果たそうとする取組みであると評価することができる。このプロジェクトは、出院者、出所者が6か月以内の期間で就労体験を行い、その後も対象者を正規雇用していこうという取組みである[4]。職親プロジェクトに参加している企業の代表者インタビュー

3　奈良弁護士会編・前掲注2）128頁以下
4　日本財団再犯防止プロジェクトホームページ http://shoku-shin.jp/about/outline.html

を読むと、「寄り添う人がいること……が一番大事なこと」、「だれかが寄り添ってやれれば、いい」、「そういう人が必要というよりは、私どもがそういう人になれれば一番よろしい」との声[5]や、「私たちと共に一生懸命思い切り全力で仕事をして、全力で遊ぼう。共に人生を楽しもう」というメッセージ[6]、「生きていく上で大切なことをこれまでにだれにも教わっていないならば、それなら僕が親代わりになって、教えていかなければなりません」という決意[7]を読み取ることができる。このような環境の中で就労を継続していくことができれば、就労先の代表者等が伴走者となり、就労先での人間関係を広げていくことができるようになるであろう。ただ、職親プロジェクトは大阪、福岡、東京、和歌山などの一部の地域に限定されており、また、対象者も少年院、刑務所の入所中に面接を受けた者に限定されているため、対象者となる範囲はあまり広くはない。さらには職場定着率の低さも課題となっている[8]。

　就労先が伴走者とならなかった場合には、民間の支援団体や友人が伴走者の候補として挙がる。ただ、民間の支援団体も人員や設備の関係から受け入れることができる人数は限られている。そうした場合に、友人が伴走者として当事者の立ち直りの過程に寄り添うことができればよいが、それまでの悪友との縁から再び犯罪に手を染めてしまうことの方が多いのではないだろうか。そうして考えると、現状では伴走者不足であると言わざるを得ないであろう。これから伴走者の候補者を増やしていくことが急務となる。

　なお、本書では、更生支援に従事している者という意味で支援者という言葉を用いているが、伴走者も当事者の立ち直りを応援するという意味では、広い意味で支援者であると言えなくもない。ただ、支援という言葉か

---

[5]　前掲注4) http://shoku-shin.jp/activity/people/2016/09/post-31.html
[6]　前掲注4) http://shoku-shin.jp/activity/people/2016/06/post-28.html
[7]　前掲注4) http://shoku-shin.jp/activity/people/2016/02/post.html
[8]　産経WEST 2017年2月27日付記事。記事によれば、2016年10月時点で応募者数245人中、実際に就労体験を積んだのは61人であり、最後まで終えた修了率は約45％、さらにその後の職場定着率は約25％にとどまるという。http://www.sankei.com/west/news/170227/wst1702270066-n2.html

ら想像しがちな一方通行ではなく、そこに参加する人々が互いに変容を行っていくという協働モデルの本質を曖昧にしないためにも、伴走者と呼びたい。

こうして、協働モデルにとって伴走者の存在は必要不可欠なものであったことが判明する。前章でも、その必要性はうかがわれていたが、今回のインタビュー調査を通して、その重要性がより明確に示されたといえよう。

(2) 人間関係の改善
a 人間関係の重要性

3人の話の共通点から導かれる2つ目のセオリーは、立ち直りのためには人間関係の改善が非常に重要となる、ということである。この2つ目のセオリーの重要性は、特に自身が非行・犯罪から立ち直り支援者となった高坂氏と五十嵐氏のストーリーに色濃く表れている。

高坂氏は、妻の妊娠をきっかけに立ち直ろうと決心した。生まれてくる子どもを不幸にしてはいけないという想いがあったからである。そこで高坂氏がとった行動は、妻という伴走者と共に広島から愛知へと生活場所を移すということであった。ここで高坂氏のそれまでの人間関係は一変した。それまで非行を共に行ってきた仲間たちとは関係を断ったのである。それから高坂氏は愛知で仕事を探し、愛知に定着するようになった。また、妻との離婚をきっかけに生活態度を見直し、それまでの生活から離脱しようと努力を続けたのである。そこで高坂氏は、次第に居場所を見つけていったのである。

高坂氏は、「老人ホームで働くまでは、金がすべてだと本気で思っていた」のにもかかわらず、「裕福でも孤独に死んでいく人、裕福でなくても家族に囲まれて幸せそうな人」と出会い、「お金よりも大切な」何かがあることを悟った。そこで、充実した人間関係が人生に与える影響について考えるようになったのであろう。そして、自身も、「入所者の話に耳を傾けるだけで、非常に喜んでもらえた」という経験を通して、そこに居場所を感じるようになったのではないだろうか。その後に高坂氏がBBS会に連絡をしたのは、さらなる居場所、つまり自分を必要としてくれる場を求

めたからであるはずである。高坂氏は非行少年のサポートに自身の居場所を見つけたということであろう。「非行少年と関わるようになって責任感が生まれてきた。自分が襟を正さないといけないという思いが強くなっていった。」と高坂氏が述べていたように、自身もそこで成長を続けている。

　このように、高坂氏は従来の人間関係を断ち切り、愛知で居場所を見つけて新たな人間関係をつくっていったのである。それとは逆に、高坂氏が非行に走った経緯にも、居場所が関係していたように思われる。教員に注意された際に反抗したことを同級生から「すごい」と言われ、「存在感を示せることに充実感を覚えた」という高坂氏は、「友人から認められたいとの気持ち」から、「タバコを吸い、万引きをするようになり、さらに非行はエスカレートしていった」のである。高坂氏は非行を行うことで自分の存在を友人に認めてもらう充実感を満たしていった。これはまさに、高坂氏が非行を通じて友人との間に居場所を見つけたということではないだろうか。したがって、居場所は、人を非行や犯罪に走らせることも、犯罪から立ち直らせることもあるのである。前章でも紹介したように、人は自分が必要とされる場所に居場所を見つけるのである。その人を誰が必要としているのか、その人の何を必要としているのか、何のために必要としているのか、これらが違えばその人の人生も大きく変わることであろう。高坂氏の場合は、立ち直りの過程で、老人ホームや非行少年の支援に居場所を見つけた。それは、高坂氏に人間関係の大切さに気付かせ、責任感を芽生えさせたのである。

　高坂氏が支援者となってからも、非行少年たちの人間関係の改善に力を注いでいた。「少年だけをサポートすればよいというわけではない」と強く語っていたことを思い出してほしい。ではどこの人間関係を改善しなければならないかといえば、1つは、家族関係であり、もう1つは、不良仲間との関係である。この両者が改善されなければ、「少年本人のモチベーションが続かない」のである。「家族が少年に対して、『自分も頑張るから一緒に頑張ろう』と言えないといけない。親が子供と一緒に歩んでいくことが大事」なのであるが、ポイントは、「自分の子どもが非行少年になることを経験している親なんていない」ということである。したがって、非

行少年をまた親のもとに帰せば少年が非行から離脱できるというものでもない。親も少年とどのように関わっていけばよいのか、自身の何を変えればよいのか戸惑う人も多いことであろう。「だから、親についてのサポートも長い時間がかかるが続けていかなければならない」のである。

　もう一方の不良仲間との関係では、「まじめに生活していても、不良仲間と再び関わるようになると、非行生活に戻ってしまう」という高坂氏の指摘が重要である。衣食住がそろっていても非行に及ぶのである。「少年院を出てから高卒認定を受けて仕事も得て、大学に入学する準備をしていたのに、地元に帰って、不良仲間と関わるようになって再非行してしまう少年」もいるのだということをしっかりと胸に刻む必要がある。不良仲間との関係が続けば、本来できるはずの非行からの離脱も困難となってしまうのである。そこで高坂氏は、不良仲間から離れるための自立準備ホームを設立したのである。

　高坂氏の経験や支援者としての活動経験から見えてくるのは、更生支援とは、人間関係の改善の支援であるということである。こうした支援の在り方は他の2人も共有しているように思われる。

　五十嵐氏も、佐々木満男氏という伴走者を通じて人間関係を広げ、居場所を見つけていった。五十嵐氏の立ち直りの過程にも、人間関係の改善と居場所の発見があったといえる。五十嵐氏が支援者となってからも、立ち直りのためには人間関係が重要であるという認識が強い。「悪いことをしていたときの関わりのままでは立ち直りは困難だと思う。そういう人には、悪友との縁を切って、新しい出会いが必要だ。悪友と縁を切れないとまた悪いことをしてしまう。それでは何も変えられない。」という五十嵐氏の指摘は、高坂氏の不良仲間との関係についての指摘と一致する。しかし、これまでの悪友と縁を切ることはそう簡単ではないであろう。だからこそ、「自分の弱さに向き合い、それに立ち向かうために新しい出会いを求められるかが重要」だということに気付かせてくれる伴走者と出会うことが必要となるのである。こうして、伴走者とともに人間関係の改善に取り組む必要性が導かれる。

　千葉氏も、インタビューの後日、「職場等での人間関係が構築できてい

る人は多少、再犯に至る確率が少ない印象だ」と述べていた。

　髙野氏も、「犯罪に対する最大の抑止力はやっぱり人間関係ですよ。この人を悲しませてはいけない、この人を裏切ってはいけないという、そういう当たり前の人間に対する思いが最大の犯罪の抑止力になると私は思ってます。」[9]と人間関係の重要性を強調している。髙野氏の言葉から強く感じられるのは、人間関係の形成とは、自分のことを真剣に考えてくれる人や自分を必要としてくれる人との関係性の構築であるということである。髙野氏は「弁護活動の基本は、犯罪を犯した者に、自分にとってかけがえのないものの存在を気付かせることにある、そしてそのかけがえのないものとの自己との関係を正常な形に戻していくことにある」[10]と述べているが、このような活動の在り方は更生支援であっても同様であると思われる。そして、かけがえのない存在は家族である場合が多いであろう。髙野氏は特に家族関係の重要性についても強く認識している。

> 　私たちは、基本的な家族関係の有り様というのは子どもたちの非行化のうえで非常に大きなウエイトを持っているんだという認識を持ってはいます。家庭内の中から、親子関係から、本当は変えなければいけないし、個別的な事件を扱う上では、家庭内での親子の関係の調節ということに最大の努力をしています。
> 　例えば私たちは、泣いて父母に助けを求めるのを、再生の第一歩と位置づけています。子どもは、今までの親子、あるいは自分の今までの学校等に対する対応を捨てて、素直に、見栄や、突っ張りを打ち捨てさせることがやり直すための第一歩だというのが弁護活動の基本になります。ですから素直に泣けるような状況の子であれば、すぐに両親に面会に来てもらい、そして何回も面会してもらいますけれども、なかなか泣かない、あるいは見栄とか、親子の関係が必ずしもうまくいっていない子どもたちの場合は、すぐには面会を親にはさせません。私たちは、少年が助けを親に求める心境に達した段階で、はじめて面会を許可して泣かせるという段取りをします[11]。

9　奈良弁護士会編・前掲注2）54頁以下
10　奈良弁護士会編・前掲注2）134頁
11　奈良弁護士会編・前掲注2）184頁

高野氏のこうした活動は、更生支援がまさに人間関係改善の支援であることに思い至らせる。ただし、無理に少年と親とを面会させようとはしない。少年が親に助けを求める心境になるまで待つ、つまり少年と親との関係が改善する契機を待つということであろう。しかも、ただ待っているというのではなく、少年が素直さを取り戻し親と向き合う準備ができるようにすることも伴走者の役目となるであろう。

b　少年の語りから見る人間関係の重要性

　このような人間関係の改善の必要性は、多くの少年のストーリーからも導くことができる。そこで以下では、非行少年の語りを収録した「再非行防止社会内サポートCCNC study club 報告書2015」から、いくつか（元）少年の語りを紹介していく。

　一人目は、才門辰司氏である。才門氏は現在、特定非営利活動法人セカンドチャンスの理事長として活動している。才門氏が非行から立ち直るきっかけは、当時通っていたフリースクールと、その後入学した大学で起こったのである。才門氏は、出院後は地元から離れて東京のフリースクールに通っていたが、全く思うようにいかず不安定な時期を送っていたという。

　　当時、レポートを終わらせれば高卒の資格が取れるってことで、なんとか卒業できることが決まった。そんなとき、フリースクールから電話かかってきて、『元気？』『学園長が話したいって言っているから一回、フリースクールに顔出してくれよ』って言われた。次の日行ったら、学園長から『おまえ、高校卒業決まったから、ここの卒業になるけど、これからどうするんだ』って言われた。『バイトしながらやりたいこと探す』って言ったら『おまえ、それやったらこのフリースクール手伝ってくれへんか』って言われた。それがめちゃくちゃうれしくて、初めてまっとうな大人に頼りにされたんじゃないか、必要とされたんじゃないかってすごいうれしくて、『はい、させてください』って即答、フリースクールのスタッフをすることになって、結果的に自分はそのフリースクールで６年間、仕事を続けることができた。フリースクールの仕事決まってからパッタリ犯罪をしなくなったわけではなくて、しょうもないことはやってた。でも朝行って夕方帰る、自分が必要とされている場所ができたことによって、週末だけ出歩くようになって、徐々に、徐々に離れていくことができるように

なった。結果的に6年続いたことが今の自分に自信になったし、誇りにもなっている。今までやってきた仕事って、全部、喧嘩したりトラブルで辞めていて、初めてフリースクールで円満に、大人とのつながりができて、初めて自分を必要としてくれたんじゃないかなって、そういう支えのなかで変わっていったように思う。

……自分は過去、悪いことを絶ち切ってまっとうに生きたいと願ったとき、孤独になった。そして、誰も自分を必要としてくれなかった、大丈夫かこいつとか、助けてやるよというのはあったと思うけど、必要としてくれた人はいなかった。そんなとき、フリースクールの学園長に出会った、彼は自分を必要としてくれる大人……だった。悪ぶる必要も、無理に真面目ぶる必要もない。肩の力を抜いていこう。非行をやめたほうが人間関係広がる、何回失敗してもくさらずに立ち上がる、それが大切だと思う[12]。

「大人とのつながりができて、初めて自分を必要としてくれたんじゃないかなって、そういう支えのなかで変わっていった」という才門氏の語りは、才門氏が自分を必要としてくれる人と出会い、そこに居場所を見出し、非行から立ち直っていった過程を示している。地元から離れて悪友との縁を切っただけでは不十分なのだ。自分のことを必要としてくれる新たな人間関係をつくる必要性が高いことを示しているといえるであろう。

次の少年の語りは、人間関係を広げることで非行から離脱することができたことを示すものである。

僕はやんちゃ、不良とか呼ばれている友達としか今まで遊んでなかったけど、少年院から出てきていろんな人との出会いを大切にしていて、いろんな分野とか仕事の人と話して、遊びに行ったりごはん行ったり、今までなかった楽しさ、今まではバイクで走ったり喧嘩したり薬物したりでしか見つけられなかった楽しさをみつけた。遊びに行ったり、一人で旅行に行ったり、そんなことが楽しくて、今までほんまにちっちゃな世界でしか生きていなかったなってのが、僕自身の再非行しない一番の原因ではないかなと思う。自分で真面目になったつ

---

[12] 才門辰司「少年院出院からのセカンドチャンス！」湯原悦子・再非行防止サポートセンター愛知『再非行防止社会内サポートCCNC study club報告書2015』（2016年）11-12頁

第2章 協働モデルの明確化──犯罪からの立ち直りに必要な3つのこと

もりもないし、更生したつもりもないし、ただいろんな考えが持てて、いろんな人と出会えて、少年院で反省もしていないし、どこででも反省していない。ただいろんな巡りあいとか、出会いとか、そういうものを大切にしている[13]。

　人間関係を広げることで、様々な人と出会うことに喜びを見出したということであろう。それが非行から離脱するきっかけとなった。ここでも、人間関係の重要性が示されている。
　次は家族関係に変化があった少年の語りである。

　　少年院は、家から片道、電車で4時間かかります。父親はたった30分の面会のために、毎週毎週、8時間使って面会にきてくれました。毎週毎週、楽しみにしていました。僕はそれが本当にうれしかったです。ここでようやく父親に迷惑をかけたくない、更生を誓うって言ったら大げさかもしれませんが、悪いことをしても何も特（ママ）はない、親に迷惑かけたくないなって、それが正直な気持ちです。大学に行くことを決意しました。絶対、大学に行ってやろうって。
　　……誤解を招くかもしれませんけど、もう二度と犯罪をしないという気持ちは別に、そんな気持ちはあまりなくて、もう家族に心配や迷惑をかけたくない、こっちの気持ちが強いです。今から酒飲んで暴走してこい、今から犯罪しろって言われても全然できるんですけど、もう家族に心配かけたくない、家族に心配かけたくないんです、僕は。この気持ち一つで、父親が毎週毎週面会に来てくれて、親に感謝する気持ちっていうので今の自分があります。親がいなかったら、もっともっと悪い方向に、悪い方で極めていると思うので、家族っていうのはものすごく大事だと思いました。僕が今、あるのは家族のおかげです[14]。

　この少年は、少年院に長時間かけて通う父親の姿をみて、自分が親にとって大切な存在だということに気付いたのだろう。だからこそ、少年は、家族に迷惑をかけないために非行をやめようと決心できたのであろう。そこには、家族という伴走者の存在が不可欠であった。そうして、家族関係に変化が生じたのではないか。少年は家族関係の変化については多くを語っていないが、少なくとも、少年の親に対する気持ちは大きく変化したの

---

[13] 湯原・再非行防止サポートセンター愛知・前掲注12）15-16頁
[14] 湯原・再非行防止サポートセンター愛知・前掲注12）50-52頁

である。おそらく、父親も相当の努力をしたのではないだろうか。往復8時間もかけて少年院に通うことは容易ではないはずである。父親も、少年院に通う日々を通じて、少年との関係性について考えたのかもしれない。

　一方、そうでない場合もある。家族は少年にとって最小単位かつもっとも身近な社会であるからこそ、少年に与える影響は大きい。したがって、家族の態度次第では、少年の立ち直ろうとする気持ちを妨げてしまうこともある。

> 　不良交友は何とかなったけど、それ以上に苦労したことがあります。それは『地元へ戻る場合』の自分と他人の温度差です。これは本当に参りました。
> 　まずは家庭環境です。親への再教育の必要性を痛感しました。僕は家にいるのが嫌になった、そういう家庭環境があったのに、家に戻るとまったく前のままでした。僕は、自分が少年院にいる間に、誰かが親に何か言ってくれていると思っていたのです。自分は短時間のうちにいろいろあって、立ち直ろうと思っているのに、親は全く変わっていなくて愕然としました。
> 　それから新聞記事、人の噂です。地元に戻る場合はこれがネックになってきます。皆、逮捕されるとどうなるか、なんて知りません。もう二度と戻ってこられないらしいね、とか。出院後、歩いていると『えっ、なんでおるの？』と言われたりします。この２つは地元に戻る少年の『まっとうに生きたい』と決意した気持ちを思いきり狂わせます。
> 　……少年院の経験がなければ、今の僕はありませんでした。ですから、社会に出たら理解のある大人のちょっとしたサポートが必要だと思います。当時、僕の周りには相談できる大人がいませんでした。頑張れば頑張るほど過去の自分とは違ってくる、それが不安になります。これでいいのかなとか、まともな考え方はどうなのか、自分の言動が正しいのかどうかも分からなくなります。元の環境のなかで苦労していました[15]。

　この少年の語りは、人間関係の改善と伴走者の必要性を示している。立ち直ろうとすることで生じる不安や孤独感を乗り越えることは、一人では容易ではない。そこで伴走者が必要となるのである。立ち直ろうと思うた

15　湯原・再非行防止サポートセンター愛知・前掲注12）84-85頁

めに伴走者が必要であれば、その気持ちを実現するためにも伴走者が必要なのである。そして、高坂氏が指摘していたように、立ち直りを支援するためには、「少年だけをサポートすればよいというわけではない」のである。「家族や周りの人のサポートも同時に行わないといけない。そうしないと、少年本人のモチベーションが続かない。家族が少年に対して、『自分も頑張るから一緒に頑張ろう』と言えないといけない。親が子供と一緒に歩んでいくことが大事」なのである。

　以上のような少年たちの語りに耳を傾けてみると、立ち直り支援においては、少年の家族へのアプローチが非常に重要であることがわかるであろう。自立していない少年の場合は特に、家族との関係を慎重に吟味する必要がある。場合によっては、両親と少年を引き離すべき場合もあるであろう。少年にとって家族が一番影響を受ける存在である以上、家族への対応が不可欠となる。

c　人間関係の広がりを生かす

　これまで紹介した各人のストーリーは、どれも人間関係の改善が立ち直りのために重要であることを示している。伴走者からみると、当事者本人のみならずその家族や周りの人間関係にも気を配らなければならないのは、かなり大変だと感じるかもしれない。しかし、見方を変えてみれば、伴走者が本人の立ち直りのためにできることが増えるのである。本人に対してアプローチをして効果がないとしても、その家族や周りの人にアプローチすることで本人を立ち直りへと向かわせることができるのである。本来、これらのアプローチは同時に行っていくべきものであろう。こうして、第2のセオリー、すなわち人間関係の改善の重要性が導かれるのである。

　したがって、協働モデルは、伴走者と当事者との関係のみで完結するものではなく、その家族や行政、さらには社会などの第三者を巻き込んでいくものである。しかし、今回のインタビュー結果を受けると、犯罪からの立ち直りという場面においては、当事者の家族やその周りの人間関係に対して自己変容の影響を及ぼすことを特に強く意識しなければならないであろう。伴走者との協働によって当事者の人間関係に変化をもたらすというより明確な目的意識が必要となる。その際、まず友人関係について、悪友

との関係を断つことが重要となってくるであろう。そうでないと、家族との関係を回復したとしても犯罪から立ち直ることが困難となってしまうからである。次に、家族との関係を改善していくことである。さらに、家族以外の人間関係を充実させていくことであろう。その中では職場や居住する地域の周辺住民等との関係性が重要であろう。こうした人間関係を充実させていくことで、当事者の立ち直りがより促進されていくものと思われる。

　このような人間関係の改善は、誰が伴走者となるかによってその過程が異なってくる。例えば、家族が伴走者となる場合には、まず家族の一員が自ら変わることで、当事者にも影響が及び、悪友との縁を断ち、就労先や地域住民との人間関係を形成していくことができるようになるであろう。一方で、家族以外が伴走者となる場合には、伴走者と当事者との関係性の変化が当事者の心情の変化をもたらし、それが悪友との縁や家族関係に影響を与えることもあるであろうし、伴走者と家族との対話を通して家族と当事者との対話が促進され、家族関係が改善され、その結果悪友との縁を切ろうと決意する場合もあるであろう。このように、人間関係がどのように改善されていくかはケースバイケースであり、あらかじめ確定しておくことは困難であるが、これは人間関係が相互的であることからすればむしろ当然のことである。つまり、人間関係が一方的なのであれば、伴走者⇒当事者⇒第三者というように影響が伝播していくことを想定することは容易であるが、実際には、伴走者⇔当事者、当事者⇔第三者、伴走者⇔第三者、というように人間関係の相互変容が多彩に折り重なっている以上、どの相互変容がどの程度人間関係に影響を与えたのかを確定することは困難であるし、しかもあまり重要な意味を持たないであろう。ただ、特に非行少年の場合には、家族関係の改善の必要性が高いケースが多いと思われる。高坂氏が、「親が子供と一緒に歩んでいくことが大事。ただ、自分の子どもが非行少年になることを経験している親なんていない。だから、親についてのサポートも長い時間がかかるが続けていかなければならない。」と述べていたことを思い起こす必要がある。

　この人間関係の改善は、次に検討する相互変容と密接な関連性を有して

いる。伴走者の「自分から変わる」取組みを通じて、当事者や第三者も「自分から変わる」実践を行っていくことで、人間関係の改善がなされていくのである。

(3) 相互変容

　第3のセオリーは、相互変容、すなわち、自ら変わる勇気をもつことである。この勇気は、当事者のみならず、伴走者や当事者の家族等にも必要である。つまり、当事者と伴走者、当事者の家族等が互いに変わる勇気をもつことで互いに変化を経験していく相互変容過程である。したがって、人間関係の改善はこの相互変容過程のなかでなされていくことになる。このような変化の一例を示すならば、伴走者の「自分から変わる」実践が当事者やその家族等に影響を与え、人間関係に変化が訪れていく、ということになるであろう。

　相互変容の必要性は、著者自身の山谷での活動経験や福祉分野での実践から導かれたものであるが、更生支援の分野においても、相互変容の必要性が導かれる。特に、非行や犯罪から立ち直って支援者となった高坂氏と五十嵐氏の実践からは相互変容の必要性が色濃く表れている。

　高坂氏が「非行少年と関わるようになって責任感が生まれてきた」と語り、自らの立ち直りの過程で相互変容を経験しているように、高坂氏が支援者として非行少年と関わる際にも相互変容を強く意識していることが、高坂氏のインタビューに強く表れている。

　「オープンになって、こちらも素直になること、弱さを見せる」、そして、「こちらが悪いことをしたら素直に謝」る、「感謝の気持ちもきちんと伝える」という自分から変わろうとする気持ちに基づいて、「すべての少年は自分と未来は変えられると信じて取り組」むという高坂氏の実践は相互変容の過程に他ならない。しかも、高坂氏が「人間関係はキャッチボール」と表現しているように、相互変容の基礎にある互助できる関係性も意識されている。

　「民間としてできることは寄り添うことだけ」と述べる五十嵐氏の実践も、「応援してもらえるからこそ、それに応えようとする、感謝すること

ができる。その人のことを大切にしようとも思う」、「私はあなたのことを犯罪者としては扱わない。だからもう犯罪をしてはいけない」という相互変容への取組みそのものである。そこでは、犯罪者として扱ってしまっている支援者側の問題を自覚し、まず自分から変わるということが強く意識されている。そして、「当事者を受け入れることとは、当事者の話を聞くということ」、「話を聞き、そして理解しようとすること」という五十嵐氏の言葉には、相互変容は相手の話に耳を傾けることから始まるということが示されている。このような「相手と同じ目線で対話をすること」を重視する姿勢は、相互変容の過程において、互いの立場を相対化するために必要な対話の姿勢そのものである。そして相手の話に耳を傾けて理解しようとすることで変化が生じる。「目線を変えて当事者の叫び声を聴くこと。それによって何か変わってくる。」のである。五十嵐氏自身も「4年間活動してきてだんだんとその人の厳しさは自分を思ってくれているからなのだと思えるようになった。」と語っていたように、自らも相互変容のプロセスに身を置き、考えや行動を変化させているのである。

　さらに、千葉氏のインタビューの中でも人間関係の相互性は強く意識されていた。千葉氏は、「被告人は自分の弁護に一生懸命でない人には何も話さないこともある。裁判が終わった後も、弁護士のやる気やアプローチの仕方次第で、刑務所出所者がその後相談できるかが変わる。そうすると、弁護士のやる気で刑務所出所者のその後の人生も変わってくる。信頼関係を構築すること、相談できる関係性をつくれるかが重要になってきている。」と述べているが、このような関係性は、弁護士と被告人との間に限られないはずである。ここにも相互変容の必要性が示唆されているといえるだろう。

　髙野氏も弁護人と被告人との関係性について同様のことを述べている。髙野氏は、弁護人と被告人との関わりは一時的なものであり、被告人との距離はそう簡単に埋まらないのではないか、という質問に対して次のように答えている。「簡単には埋まらないけれども、そういう人っていうのは、自分に対してこの人はどういう評価を持っているかってことについてものすごく敏感だからね。だから誠心誠意その人のことを認めて心配すると、

それは敏感に感じますよ」[16]。

　このように、人間関係の相互性を意識することは、相互変容の必要性を理解するための第一歩となる。五十嵐氏も、「当事者は、相手が自分のことを受け入れてくれるかどうかをみている」、「出所者は相手が自分を受け入れてくれる人かどうか気にしている」と述べていたように、当事者は自分に対して相手がどのような態度でいるかということに特に敏感なのではないだろうか。そうであれば、相手が自分を受け入れてくれる、相手がまず自ら変わろうとしている、ということにも敏感に反応するはずである。したがって、相互変容の必要性は一般的な人間関係よりもさらに高いのである。

　こうして、第3のセオリーである、相互変容の必要性が導かれる。

(4) 協働モデルの理論化に向けて

　これで犯罪からの立ち直りに必要な3つのセオリーの内容が明らかとなった。そのセオリーとは、①伴走者の存在、②人間関係の改善、③相互変容である。これらのセオリーは相互に影響し合う関係にある。伴走者の相互変容への取組みが人間関係の改善へと当事者を導き、それにより当事者の犯罪からの立ち直りが果たされていくことになる。

　ここで第1部のまとめをしておこう。第1章と第2章で得られた知見をまとめれば、当事者と伴走者との協働に基づいた互助できる関係性のなかで、当事者と伴走者が相互に変容していき、さらに当事者の人間関係が改善されていくことで、当事者の抱える問題を解決し、当事者は自分の能力や可能性を発見することができるということである。このような発見は、これまでの改善更生理論があまり取り上げてこなかった点を浮き彫りにすることになる。それが何かは、第2部で明らかにしていこう。第2部は、著者のフィールドワークから得られた知見を、犯罪学に限られない多様な分野の研究と照らし合わせることによって、第1部において必ずしも言語化できていなかった含意を可視化していく。

---

16 奈良弁護士会編・前掲注2）55頁

第 2 部

協働モデルの理論化

第3章

協働モデルと犯罪学・福祉学・社会学・自殺の対人関係理論

　第2部では、第1部で得られたフィールドワークによる知見を、理論化し、より精緻化していく。第3章では、協働モデルと似て非なる改善更生理論と比較しながら、協働モデルの特徴をより明確に描き出していきたい。その比較の過程においては、犯罪学だけでなく、福祉学、社会学、自殺の対人関係理論による研究の成果も参照しながら、協働モデルが従来の改善更生モデルと何を同じくして何を異にするのかを整理していく。

1　長所基盤モデルの概要

(1)　支援の在り方

　協働モデルと多くの共通点を持つのが長所基盤モデルである。長所基盤モデルは「本人がそもそももっている善き側面（長所・資源）を手がかりに立ち直りへの道筋をつける」[1]ものであり、その中でもっとも秩序だった発展を遂げた理論が「良き人生モデル」（Good Lives Model：GLM）であるとされる。このモデルを主張する論者は、従来の制裁モデルや治療モデル、リスク管理モデルは、「問題性のある認知や行動にしか目を向けないため……、犯罪者の人生のネガティブな要素を同定し、ポジティブな代替策をモデリングする助けにはなるが、具体的な向社会的役割を手に入れるための支援を提供することや、現実のコミュニティ環境において向社会的役割を社会的に強化する機会を創ることはない」[2]と指摘する。そこで、長所基盤モデルは「どのようにしたら、価値ある役割をもった市民になれるのか

1　津富宏「犯罪者処遇のパラダイムシフト——長所基盤モデルに向けて」日本犯罪社会学会編『犯罪者の立ち直りと犯罪者処遇のパラダイムシフト』（現代人文社、2011年）68頁

2　Bonita M. Veysey, Johnna Christian（上田光明訳、津富宏監訳）「変容の瞬間——リカバリーとアイデンティティ変容のナラティヴ」日本犯罪社会学会編・前掲注1）36頁

を学ぶことが究極の目標」[3]であるとする。そこから、「立ち直りとは、価値ある、新しい社会的役割（アイデンティティ）の獲得であり、この役割の獲得には、新たな役割を支えるための新たなスキルの獲得（あるいは既存のスキルの再構成）と、新たな役割を強化する人々の獲得が必要である」[4]と論じられることになる。すなわち、「立ち直りとは、本人による新たなアイデンティティの選択であり、よって、立ち直りの支援とは、このアイデンティティ変容を引き起こす確率を上げる環境づくりである」[5]。このような「スティグマ化されたアイデンティティをもった人々が、社会から押し付けられた障壁と制限を乗り越え、十分に機能する統合された市民となる」[6]という長所基盤モデルの原理を理解するためには、その前提となっているスティグマに対する認識を共有することが重要である。

　　ステレオタイプに当てはめられてしまう当の人びとを含む、ある社会集団の全ての成員が対象となりうる、スティグマのステレオタイプは、あらゆるハンディキャップに関連する、能力の種類と性質を制約している。これがスティグマの第一の効果である。スティグマの第二の効果は、スティグマ化された特徴を、その個人全般に一般化することである。……スティグマは、能力の欠如をもたらす直接的な結果をはるかに超えて拡がり、人間としての価値を貶めることすら意味しうる。スティグマのもつ、この特有の側面は、その人の生活のすべての領域に対し、広範な意味を有している。
　　スティグマは、スティグマ化された特徴が直接的にもたらす結果以上に、様々な生活領域にわたって、より強くより深く、個人の達成できる能力を制約している。さらに、社会的相互作用においてスティグマが機能する仕方は、ネガティブな特徴の種類にかかわらず、同様である……。スティグマは、ひとたび獲得されれば、その個人の社会的相互作用における、単一の、もっとも重要な要因となるのが通例である。そのスティグマは、その人の、個人的・社会的アイデンティティに組み込まれる。その人は、好ましくないラベルや役割（つまり、スティグマ）に抵抗するかもしれないが、抵抗が成功するかどうかは、い

3　Veysey, Christian・前掲注2）36頁
4　津富・前掲注1）66頁
5　津富・前掲注1）66頁
6　Veysey, Christian・前掲注2）36頁

かにして自らの社会的相互作用をやりおおせるかに、おおよそかかっている。完全な社会生活の回復には、社会的に受け入れられる役割を積極的に手に入れ、スティグマが目立たないようにして、個人的なアイデンティティ変容に取り組むことが必要である[7]。

　これによれば、アイデンティティ変容がスティグマに対する抵抗力を付与し、社会生活の完全な回復を可能とする。

　それでは、そのアイデンティティ変容とは何か。それを端的に言い表すとすれば、「元受刑者が、『問題』の一部から、社会が抱える多くの不公正の『解決』の一部へと変容する」[8]ことである。すなわち、それは「逆『ラベリング』の一形態」であるとされ、「刑事司法における『降格儀礼』（degradation ceremony）」……が、人を『犯罪者』としてラベリングし、それゆえに犯罪者階級の保存に関与するシステムとして作用するのに対して……、長所基盤の活動は、スティグマ化された人々自身に、自分たちがラベルを超えた存在であることを証明させることを可能にすることにより、この過程を反転させる」[9]ものである。これにより、社会に対して自らを「多くの不公正の『解決』の一部」であると認識させ、社会における役割を回復していくのである。

　このような変容をもたらす長所基盤の活動について、4つの特徴が挙げられている。すなわち、建設的な活動であること、創造的・生成的であること、自己決定的であるが導かれるものであること、そして、帰属意識とチームスピリットの獲得である[10]。このような長所基盤モデルによれば、犯罪者は次の3段階を経て「ラベルを超えた存在」に変容していく。すなわち、第1段階に司法による刑罰や弁済、贖罪があり、第2段階として、「コミュニティに対して何らかのお返しをすることで、自らが許しに値す

7　Veysey, Christian・前掲注2）11-12頁
8　Shadd Maruna, Thomas P. LeBel（平井秀幸訳、津富宏監訳）「再参入に向けた長所基盤のアプローチ——再統合と脱スティグマ化への更なるマイル」日本犯罪社会学会編・前掲注1）123頁
9　Maruna, LeBel・前掲注8）105-106頁
10　Maruna, LeBel・前掲注8）107-110頁

る存在であることを示すこと」[11]を経て、第3段階として、「一般大衆の理解を変化させ、よりポジティブなアイデンティティを創造するための、エンパワメント志向で行動的で集合的な」[12]社会運動へと発展する。

ここにおける第2段階は上述した「逆ラベリング」の過程にほかならない。それは、「スティグマ／恥の管理の手段としての機能」[13]を有するものである。そして、第3段階こそが、「スティグマを受けた人々にとって『偏見を減らすために、もっとも効果的で持続的な筋道』……である」[14]とされている。

(2) 当事者と支援者との関係

このような長所基盤モデルにおいては、従来の刑事司法における犯罪者と支援者との関係とは異なる見方をする。すなわち、「犯罪者は主体であり社会を構成する仲間であり、矯正スタッフは犯罪者のピアとしての権利擁護者」[15]であると位置づけられる。ピア（peer）とは、同輩などを意味し、ここでは同等、平等な立場ということである。そして、矯正スタッフは不要である場合もあるとされ、その純化した形態が自助グループであるとされる。自助グループでは、「立ち直りとは、自分の恥ずべき過去を他者を助けるために未来に捧げることによって善用したいという語りを獲得することであり、立ち直りの支援とは、相互扶助の仲間（このような語りを共有しうる者）として迎え入れることにより、このような語りの獲得を支援することである」[16]とされている。すなわち、「受刑者と元受刑者が、他者の変容プロセスにおける案内者として活用されるという互助的視点」[17]がその根底にはある。

長所基盤モデルの全体像はこれでつかめたと思われるが、長所基盤モデ

---

[11] Maruna, LeBel・前掲注8) 104頁
[12] Maruna, LeBel・前掲注8) 118頁
[13] Maruna, LeBel・前掲注8) 114頁
[14] Maruna, LeBel・前掲注8) 118頁
[15] 津富・前掲注1) 65頁
[16] 津富・前掲注1) 70頁
[17] Maruna, LeBel・前掲注8) 113頁

ルの含意をより明確にするためには、長所基盤モデルの代表的な研究例である Shadd Maruna 氏の研究及び良き人生モデルとともに、長所基盤モデルには含まれないが矯正実務上大きな影響力を有していると思われるリスク・ニード・応答性モデル（Risk-Need-Responsivity Model：RNR）を紹介しておきたい。

2　リスク・ニード・応答性モデル

　RNR は、リスク原則（Risk principle）、ニード原則（Need principle）、応答性原則（Responsivity principle）の 3 つからなる[18]。リスク原則は、処遇密度を犯罪者の再犯リスクに合わせることを内容とする。再犯リスクの高い犯罪者に対して、密度の高い処遇を行えば効果が大きいが、再犯リスクの低い犯罪者に対する処遇は最低限にとどめるべきである。再犯リスクが低い犯罪者に対する高密度の処遇は、再犯を増加させるからである。ここでは、主に静的再犯危険因子（有罪宣告歴等）を測定することによって再犯リスクの高い者に処遇の対象を限定するのである。

　ニード原則は、犯罪誘発要因について評価を行い、当該要因に的を絞って働きかけを行うことを内容とする。非犯罪誘発要因に対する処遇を行っても、将来の犯罪行動に変化をもたらすことはなく、犯罪誘発要因に対する処遇を行ってこそ、将来の犯罪行動に変化をもたらすことができるとする。犯罪誘発要因の分析によって導かれる動的再犯危険因子（状況に応じて再犯危険性が増加と減少のいずれの方向にも変化し得るもの。反社会的人格パターンや犯罪促進者との交流等）に応じて処遇における目標が定められることになる。

　応答性原則は、一般応答性と特別応答性によって構成され、これにより

---

[18] D. A. Andrews, James Bonta, J. Stephen Wormith "THE RISK-NEED-RESPONSIVITY (RNR) MODEL Does Adding the Good Lives Model Contribute to Effective Crime Prevention?", Criminal Justice and Behavior, 38, 735-755. James Bonta "The RNR Model of Offender Treatment: Is There Value for Community Corrections in Japan?" 染田惠監訳「日本の犯罪者の社会内処遇制度における RNR モデルの有効性」『更生保護学研究創刊号』（2012）43-56 頁。以下の説明もこれらに基づく。

処遇内容が決定されることになる。一般応答性は、処遇においては認知行動療法を用いるべきとするものであり、特別応答性とは、認知行動療法に対する個々の犯罪者の応答性が高まるよう、犯罪者の長所、学習能力、動機付け、人格等の個人的な要素に対応した処遇の個別化を行うというものである。

　これらの原則を著者の理解のもとにわかりやすく説明するとすれば、処遇は、再犯リスクの高い人に対して、再犯危険性を減少させることのできる要因のみを対象として、認知行動療法を用いながら処遇の個別化を図っていくべきであるとする原則ということができるであろう。このRNRが実務において重視されているのは、それが実証的根拠に基づくものだからである。これまでの研究は、この3原則に従って行われた処遇は、そうでない処遇よりも再犯減少の効果がより大きいことを示している[19]。

　RNRに対する批判としては、RNRは再犯危険因子を減らすことに焦点を絞るよう努力が求められることから、犯罪者の更生意欲や更生プロセスへの主体的取組みを引き出すのが困難であること、RNRでは、処遇目標が処遇する側から一方的に押し付けられたものと受け止められやすいために、処遇する側と処遇される側の協働の質が低下することで、処遇の効果が限定されてしまうこと、また、RNRは問題行動に関連しない問題に対する関心が低く、社会への再統合に際して生じる問題への配慮がほとんどなされていないことが挙げられている[20]。このような批判は、RNRが実証的根拠に基づくものであることと矛盾するようにも思われるが、実はRNRにおける実証的根拠は、処遇プログラムがどのように機能し、どのようなメカニズムによって効果が生じているのかについてまったく明らかにされていないことが指摘されるに至っている[21]。

19　Andrews, Bonta, Wormith・前掲注18）49頁
20　Tony Ward "The Rehabilitation of Offenders: Risk Management and Seeking Good Lives" 小長井賀與監訳「犯罪者の更生：再犯危険性の管理と善い人生の追求」『更生保護学研究創刊号』（2012）77-95頁
21　D. Richard Laws, Tony Ward（津富宏・山本麻奈監訳）『性犯罪からの離脱「良き人生モデル」がひらく可能性』（日本評論社、2014）126頁

3　良き人生モデル

　RNRに対する以上のような批判を展開する論者は、より包括的で、当事者の主体性を中心に据えたモデルを提唱する。良き人生モデルとは、「犯罪者が、本人自身が納得でき、また、犯罪行動の減少にもつながる生き方を形成するために必要な心理的・社会的資本を犯罪者に提供すること」[22]を目指すものである。

　良き人生モデルは、犯罪行動を、基本財を求める方法が反社会的である場合であると理解し、それゆえ、「矯正による再統合のためのはたらきかけの主な目的は、個々人が基礎的な基本財とそれらを確実に手に入れる効果的な方策をもち、他者に害をもたらさない人生プランを立てるのを手伝うことである」[23]とする。ここで、基本財とは、「それ自体を理由として求められる対象であるとともに、達成されることによって心理的福利が増すと思われる情緒の状態、こころの状態、個人の性格、行動、または経験である」と定義され、10グループの基本財とそれを達成するための副次財（道具的財）が掲げられている[24]。表3に基本財とそのための副次財のリストをまとめておく。

　良き人生モデルは、犯罪行動を開始する経路を2つに分けて分析する。まず、直接的な経路があり、これは「個人が、直接的に犯罪行動を通じて、特定の種類の財を意図的に追求する」ものであり、「根本的な財を苦労して手に入れようとする方法」である[25]。もう一つが間接的な経路であり、これは「一つあるいは複数の財を追い求めることが、その人の個人的環境において波及効果を創り出し、これらの予期せぬ効果が、犯罪を行う方向への圧力を高めるときに生じる」もので、「この種の状況では、財と財のあいだの葛藤をきっかけとして始まる一連のできごとが、最終的に犯罪に結びつく」と説明する[26]。

---

[22]　Laws, Ward・前掲注21）13頁
[23]　Laws, Ward・前掲注21）228頁
[24]　Laws, Ward・前掲注21）221–225頁
[25]　Laws, Ward・前掲注21）235頁

表3 基本財と基本財を達成するための副次財

基本財	基本財を達成するための副次財
生 命	運動、食事、健康問題への対処
知 識	質問する、学校に行く、訓練や自己学習活動に参加する、討論グループに所属する
遊びや仕事での卓越	スポーツで競争する、徒弟になる、訓練に参加する、趣味
自律性	自律性を許容する仕事を探す、経済的に独立する、自分自身や自分の必要としていることについて自己主張する、他者を支配し統制し操作する
内なる平和	バランスのとれたライフスタイルを獲得する活動に従事する、他者と前向きな関係を築く、感情統制をはじめとする自己制御スキルを身につける、運動する、性的活動をする、物質を使用する
関係性	他者と友情を築き維持する、家族とともに時間を過ごす、子どもをもち育てる、地域のグループに参加する
共同体	社会奉仕組織や特定の利害集団に所属する、ボランティア活動をする、近隣住民のグループに参加する
精神性	教会や宗教集団に属する、宗教的または精神的信念を実践する、非暴力などの特定の価値観に従って人生を送る
幸 福	幸福や喜びをもたらす特定の関係性を築く、成功や食事、スポーツなど、満足感や喜びの感覚を得ることと少なくとも部分的には関連した目標をもつ活動をする
創造性	仕事、子育て、庭仕事、絵画、楽器の演奏

このような理解を前提として、良き人生モデルに基づく介入の構造を以下のように整理している[27]。

第一段階：犯罪に関係する現象の探知
　　　　　個々人の犯罪について、身体的、社会的、心理的、環境的な諸現象を探知する。それらの現象に存在している犯罪の原因となるニーズや動的リスク要因を査定する。
第二段階：犯罪に関係がある基本財の特定
　　　　　個人が犯罪によって達成しようと期待していることを、個人の加害行為と関連している基本財を特定することで

26　Laws, Ward・前掲注21）236頁
27　Laws, Ward・前掲注21）290頁以下

確定する。最高位の財（その財の周囲に、その他の財が配置されている財）の特定も行う。
第三段階：実践的アイデンティティの選択
実践的アイデンティティとそれらの上に立つ最高位の財もしくは価値を選択し、それらを良き人生のプランの焦点とする。
第四段階：より具体的な詳細の追加
作成中のプランにより具体的な詳細を追加し、基本財を生活や昨日の仕方にどのように返還するかを特定化する副次財や副次的な価値の選択を行う。当事者が地域社会において生活をする際の文脈や環境の確定を行う。
第五段階：詳細な良き人生プランの策定
これまでの留意点や情報に基づき、詳細な良き人生プランを作成する。

　最後に、良き人生モデルについて2点注記しておこう。まず、良き人生モデルは、RNRを否定するものでは決してない。RNRを組み込んだ、より包括的な改善更生理論として主張されているものである[28]。また、良き人生モデルは、RNRの着目する犯罪リスクを無視してはいない。良き人生の実現によって最も効果的に犯罪リスクを減少させるのだと主張されているのである[29]。

4　アイデンティティ変容

　Shadd Maruna氏は、65人にインタビューを行い、犯罪から離脱している人と犯罪を持続している人のセルフ・ナラティブ（自分語り）を分析した[30]。その結果、犯罪から離脱している人には、持続している人とは根

28　Laws, Ward・前掲注21）244頁
29　Laws, Ward・前掲注21）244、264頁等
30　Shadd Maruna（津富宏・河野荘子監訳）『犯罪からの離脱と「人生のやり直し」――元犯罪者のナラティブから学ぶ』（明石書店、2013年）

本的に異なる3つのナラティブを見出した。第1に、犯罪から離脱している人は、本人の「真の自己」を形作る中核的な信念を形成していた。過去の逸脱的なエピソードを掘り返し、そこからプラスの資質を見出すのである。つまり、「離脱するために、『新たな私』を見つけるのではなく、過去の経験へと手を伸ばして、『かつての私』を見つけて再構築する」のである[31]。このような自己発見の過程は、外部からの後押しによって始まると指摘されている。

第2に、自己の運命に対する自己の支配という楽観的な認識があることである。離脱している者は、自分の人生についてポジティブな見通しをもっており、自分自身の過ちが自分をより強い人物にしたという信念をもっている。現在と未来は自分がコントロールできるという信念をもっている。

第3に、社会や次の世代にお返しをしたいという気持ちをもっていることである。犯罪から離脱している人は、「創造的で生産的な活動に見出した新たな喜びについて述べ、特定の地域やグループ、大義などへの特別な愛着や義務感を表明することが多」く、「本人なりの成功の定義の変化と『人生で大切なもの』の基準の変化」に見出されることを指摘している[32]。

このように、犯罪から離脱している者は、「前向きの幻想」ともいうべき現実認知のポジティブな歪みが存在するのである[33]。

5　協働モデルと長所基盤モデルの類似点

(1) 伴走者の必要性

Maruna氏は、当事者のアイデンティティ変容が外部からのエンパワメントによって始まることを指摘していたが、協働モデルも当事者の立ち直りに付き添う伴走者の存在が必要であると論じてきた。立ち直り始めの段階だけでなく、犯罪をしないでいる期間であっても、伴走者の存在は必要である。犯罪をしないでいる期間を維持することも一人で容易になし得るものではないからである。Maruna氏も、人に犯罪をやめさせるためにか

31　Maruna・前掲注30）125頁
32　Maruna・前掲注30）141-142頁
33　Maruna・前掲注30）149頁

なりの資源が費やされるが、犯罪をやめると社会的支援ネットワークから見捨てられてしまうのは皮肉であり、このような時期こそ、最も支援が必要な期間であると指摘している[34]。

(2) 主体性の尊重

協働モデルは、当事者本人が解決策を知っていることを前提に、当事者の生きにくさに耳を傾け、伴走者自らが変わることから始まる相互変容を促進する。伴走者や社会の常識や在るべき論を一方的に押し付けるのではなく、当事者と伴走者との協働関係の中で答えを見つけようとする。これは、立ち直りを促進するためにはその過程を経る必要があるということであり、当事者の主体性を尊重し、支援が支配関係となることを排除するものである。

これと同様に、良き人生モデルも、人としての尊厳と人権という倫理的概念に基礎を置いていることを明確にしている[35]。「人としての尊厳は、究極的には、自分自身が自由に選択した目標を能動的な主体としての地位を反映した仕方で追求して行動する、人間としての能力に根ざしている」[36]。また、「人権は、自らの決定を行うのに必要な資源が入手できるよう保障し、あるいは、自らが自由に選ぶ人生を生きることから不当に排除されないよう保障する保護膜の役割を果たす」[37]。そして、「犯罪者の主体としての地位を認めることが倫理的な義務であり、また、彼らを道徳的共同体の仲間として関与させることが、彼らとつながる唯一の正しい方法であることが認められるならば、介入プログラムはこの義務を念頭におかなければならない」[38]のである。

また、これとは異なる文脈において、良き人生モデルも、協働モデルが求めるような、当事者の声に耳を傾けることを求めている。

---

34 Maruna・前掲注 30) 159 頁
35 Laws, Ward・前掲注 21) 212 頁
36 Laws, Ward・前掲注 21) 212 頁
37 Laws, Ward・前掲注 21) 212 頁
38 Laws, Ward・前掲注 21) 212 頁

価値に対するこだわりが人によって異なるということの意味は、犯罪者の自己感覚や彼らにとって本当に大切なことが、彼らが最も価値をおいていることに依拠しているのであれば、矯正実務家は、犯罪者本人が最も指示している基本財は何か、そして、とりわけ、それが彼らの人生においてどのように表現されているのかを突き止めなければならない[39]。

協働モデルは、当事者の主体性を最大限尊重しようとするがゆえに、相互変容をその核としているのである。

(3) アイデンティティ変容

Maruna氏が発見した犯罪から離脱している人のセルフ・ナラティブの特徴は、著者によるインタビューにおいても見られた。

高坂氏は、「老人ホームで働くまでは、すべて金だと本気で思っていた」が、働くうちに「お金よりも大切なものがあるのではないか」と思うようになり、入所者の話に耳を傾けることで喜んでもらえるという経験を通して、「自分にも人に喜んでもらえるようなことができるかもしれない」と思うようになったと語っていた。また、非行少年のサポートを行うようになり責任感が増したと語り、「過去をなかったことにはできない。でも、過去を生かして犯罪の減少に貢献したいと考えている。一生かけてそのための活動をしていきたい。」とも話していた。高坂氏のナラティブには、「『人生で大切なもの』の基準の変化」や、社会にお返しをしたいという想いが色濃く表れていた。

また、五十嵐氏の、「自分のことを受け入れてくれる人が自分のことをその知人に話してくれる。『この人はそんなに悪い人ではない』のだと。そういう"口コミ"が広がっていく。そうしてまた自分のことを受け入れてくれる人が増える。」との語りには、自己の再構築の過程が現れていた。また、「過去と和解することが必要である。ただし、それは過去を切り捨てることではない。過去があったからこそ、痛みを知ることができるはずなのだ。過去の自分との和解ができたときに、そこから自分がこれからど

---

[39] Laws, Ward・前掲注21) 227頁

のように生きていくかを考えることができるようになる。」との話は、過去があったからこそ前向きな未来を歩んで行けるという人生観が語られている。

　このような著者によるインタビューは、Maruna氏によるインタビューと類似する結果を示すものではあるが、著者のインタビューがより鮮やかに描き出すのは、アイデンティティ変容は決して容易ではないということ、アイデンティティ変容の過程にある当事者の葛藤である。だからこそ、協働モデルは、アイデンティティ変容の結果ではなく、その過程に注目し、アイデンティティ変容に必要な3つの要素を提示するのである。その意味では、もしアイデンティティ変容が起きる確率を上げることが立ち直り支援なのであるとすれば、協働モデルは、アイデンティティ変容をもたらす仕組みとして理解できる。しかし、協働モデルはアイデンティティ変容を目標とするものではない。協働モデルは、それにとどまらないより包括的なモデルを提供するものである。協働モデルがどういう意味で包括的なのかは、長所基盤モデルとの相違点を検討することによってより明確になる。

6　協働モデルと長所基盤モデルの相違点

　長所基盤モデルは、「社会に戻ってくる受刑者を、援助の受け手としてではなく、援助の担い手として位置づけることを目指す再統合的な努力を基礎づけるもの」[40]である。これに対し、協働モデルは、「援助の受け手」と「援助の担い手」が切り分けられることなく、相互に依存し影響しあいながら変容していく相互変容過程である。このような協働モデルは長所基盤モデルと比較したときに次のように特徴づけられる。まず第1に、協働モデルは支援者と被支援者の区別の不可能性により自覚的である。すなわち、両者の関係性が常に交代・変動していることを正面からとらえ、両者の対話から生まれる相互変容の過程を重視する。そして、第2に、協働モデルは能力の向社会性を必ずしも要求しない。社会に認められる能力のみに着目することは、多数派の論理の押し付けとなる危険性を含むからであ

---

[40] Maruna, LeBel・前掲注8) 104頁

る。第3は、協働モデルは人間関係をより重視することである。我々が生活の中で必要としている様々な基本財のなかで、協働モデルが人間関係を特に重視するのは、人は人間関係のなかで相互影響されながら生きていく社会的動物であるし、人間関係が他の基本財を獲得するための基礎となるからである。第4に、協働モデルの実践は、長所基盤モデルが主張するような段階的なプロセスは経ず、すべての過程が連続的に不可分的に連なるものであり、協働モデルの精神はすべての手続において反映されなければならない。第5に、上記の第1から第4の要素をまとめれば、協働モデルは、再犯防止を目指さない人間関係を構築するためのモデルであると特徴づけることができる。再犯防止を目指す他のモデルは、結局支援者の正しさの押し付けとなる危険性を排除することができず、再犯防止へと方向づけられた関係性を受け入れる者しか射程に入れることができないのである。

そこで、以下において、協働モデルの5つの特徴について詳しく見ていく。

(1) 支援者と被支援者の区別の不可能性

これは序章で述べた、「グレーな領域」を正面から認めることである。善と悪の二項対立的構造で物事を捉えるのをやめ、「グレーな領域で互いの立ち位置を手探りでたしかめている状態」を肯定することである。

長所基盤モデルもこの点を見逃しているというわけではない。長所基盤モデルにおいても、「再統合のプロセスとは『悪い』個人を取り上げて『善い』社会へと再統合することであるという前提」を疑い、再統合とは、「社会が人にやり方を変えることを要請するのであれば、社会もまた変わることが必要」な「双方向通行（two-way street）」であると論じている[41]。しかし、長所基盤モデルがよく取り上げる「傷ついた癒し手」は、注意しないと善と悪の二項対立的構造に陥りかねない。「傷ついた癒し手」とは、「悪いことをしてしまった人自身が、刑務所に入ってしまうおそれがある他の人々を向き直らせる手助けをする」ことであり、「自らの経験や、見

41　Maruna, LeBel・前掲注8）122頁

識、希望を、リカバリーや再統合の過程において自分の後に続く者たちと共有する」ものとされている[42]。傷ついた癒し手は、自らの経験を他の人のために用いることができ、援助の担い手として、社会に貢献することもできる。しかし、長所基盤モデルは、こうした傷ついた癒し手の存在が構造化しないように担保することにあまり気を使っていないように思われる。援助者と被援助者の地位の固定化の危険は常に存在するということに自覚的でなければ、従来の二項対立的構造に後戻りしてしまうことすらありうる。こうした過程を竹端寛氏は次のように論じる。

> 教育や支援の世界でも、「正しさ」は世界観の変容と共に変化する。
> だが、その「正しさ」を伝える側である教育者や専門家が、自らが信じる旧来の「正しさ」の絶対性にこだわり、それを神聖不可侵なものとして「神話化」し、その「自らの作り上げた神話」を「さらに賦活させ、強力に支配していく」なかで、学生や入院患者よりも、その「正しさ」という「神話」の方が大切にされはじめる。そこに「地位の固定」が生じ、関係性が上下に固定化されていく。その中で、「他の人の言葉を奪いながら、自らがたくさんの言葉を使」うという支配－服従の関係性が強化されていく[43]。

傷ついた癒し手が自己の経験を絶対化し、それを相手に押し付けてしまえば、そこには「支配－服従の関係性」が生まれる。このような関係性の下においては、長所基盤モデルが本来目指した「逆ラベリング」どころか、当事者に押し付けられたスティグマをさらに根深いものにしてしまいかねない。

それでは、どうすればこうした事態を避けることができるのか。それが協働モデルが着目する相互変容過程である。竹端氏は相互変容過程についてこう論じている。

> 「相互変容過程」とは、両者の「地位の固定」を超える為に、メッセージの

---

42 Maruna, LeBel・前掲注8) 108-109頁
43 竹端寛『枠組み外しの旅――『個性化』が変える福祉社会』(青灯社、2012年) 74頁

交換のあり方を変えることを意味している、とも言える。これまでの一方的な「反－対話」の注意・宣言・恫喝をやめ、「Ａの投げかけるメッセージをＢは心から受け止めて自己を変革し、そこから生まれるメッセージをＡに返し、Ａもまた同じことをする」という「対話」への認知転換をはかる。この際、一方的で静的な「知」の権威付けを止め、動的な「探求するプロセス」に相手も自らも入りこむ、という意味で、「学びの回路」「対話の回路」にお互いが入る、という事を意味する。その「学び」や「対話」の回路が生じる中で、動的なプロセスとしての「学びの渦」が生じ始める[44]。

竹端氏は「学びの渦」を「そこに関わる人びとが、世界への認識の枠組を遷移させる学習過程に身を置き続けることを通じて、新たな何かが『創発』されること」[45]と定義している。つまり、傷ついた癒し手も受刑者と共に「動的な『探求プロセス』」に入り、対話を繰り返すことで、自己の立ち位置が数多くの選択肢の中での１つにすぎないことを知る。相手の話に耳を傾けることで、そうした新たな発見と互いの立場の相対化を体感し、互いの「世界への認識の枠組を遷移させる」ような「新たな何かが『創発』される」。こうした関係性は、まさに佐々木氏が論じた「グレーな領域で互いの立ち位置を手探りでたしかめている状態」[46]に他ならない。こうした両者の関係性がもたらす「新たな何かが『創発』される」プロセスは、竹端氏の示す「五つのステップ」[47]に即して次のように示すことができる。

① 当事者の「生きにくさ」そのものや「想いや願い」を、病状や本人の犯罪傾向としてではなく、自分が知らない本音やビジョンとして耳を傾け、そこから学ぼうとする。
② 「問題の一部は自分自身」であることを認め、他責的に相手を糾弾すること無く、「現実をビジョンに近づける」ために「創造的緊張」を活かそうとする。

---

44 竹端・前掲注43）85頁
45 竹端・前掲注43）60頁
46 佐々木俊尚『「当事者」の時代』（光文社新書、2012）360頁
47 竹端・前掲注43）96頁

③ 支援者と当事者を「切り分け」ることなく、「相互に依存し、影響し合う一つのシステム」として認識する。
④ 対象者を「操作」する前に、まず「自分から変わる」必然性が生まれる。
⑤ この自らの変容が、他の支援者や行政、家族や当事者自身の変容をもたらす大きなきっかけになる。

ここから、協働モデルは、罪を犯した当事者に「多くの不公正の『解決』の一部」であることを認識させると同時に、互いが「問題の一部は自分自身」[48]であると認識することをも要求するという特徴が見出される。さらに、長所基盤モデルが「潜在的」[49]であるとした「一般大衆の理解を変化させ、よりポジティブなアイデンティティを創造するための、エンパワメント志向で行動的で集合的な」[50]社会運動は、協働モデルにおいては学びの渦そのものとして中核に位置づけられることになる。しかし、ここで注意しなければならないのは、協働モデルにおいては、このような社会運動も相互変容過程に位置づけられるということだ。すなわち、スティグマを付与しようとする社会を変革されるべき敵としてみるのではなく、社会をも長所をもった協働のパートナーとみる。この点で、長所基盤モデルにおける第3段階の社会運動とは異なるといえる。このような精神を端的に表しているのは、向谷地生良氏の次のような言葉である。

> 精神障害を持つ人たちに対する地域の視線には厳しいものがあった。その中で大切にしてきたのは、「地域には誤解や偏見が渦巻いている」と考えないことであった。人を変えたいと思うとき、相手を「問題のある人」ととらえず、いかに自分を変えるかが大切になってくるように、地域を変えたいと思ったときにも「問題のある地域」と考えないで、むしろ地域のために精神障害を体験した町民として何ができるかを大切にし、地域の良いところを"ほめる"ことを心がけてきた[51]。

---

[48] 竹端・前掲注43) 71頁
[49] Maruna, LeBel・前掲注8) 105頁
[50] Maruna, LeBel・前掲注8) 118頁

協働モデルにおける相互変容過程は、「自分から変わる」という実践を第三者を巻き込んで行っていくからこそ意味のある実践として存在しうることになる。こうした協働モデルに内在する「問題の一部は自分自身」であるという発想は、当事者が「多くの不公正の『解決』の一部」であると認識することと両輪をなす。この片方の車輪が抜け落ちてしまえば、どんなにすばらしい自助グループでも、二項対立的構造に陥ってしまう。当事者と支援者が協働関係であったとしても、当事者と支援者のグループが社会と対立すれば、そこに二項対立的構造は生じる。このような危機感は、精神医療の分野において向谷地氏や竹端氏によって表明されている。

　　向谷地は、従来のSHG〔著者注：セルフヘルプグループ、自助グループ〕が「『社会変革機能』に偏り、いわゆる明確な『自己変革機能』を持ち得なかった」という。確かに社会を変えるために声を上げる、というのは「批判的思考」の行動化であり、大切な視点である。だが、「自己変革」なき「社会変革」とは、時には他者への糾弾に終始する。「反精神医療」の動きと軌を一にして進んだ精神医療改革を求める動きは、いつしか精神医療従事者への「批判的、対立的な」糾弾にすり替わり、協働というスタンスを取れない内容に矮小化された。確かに精神医療における「権力」関係の告発は大切だが、その告発を行ったところで、精神障害を抱えて生きる苦悩や生活のしづらさは、解消されない。ならば、まずは自らの「生きる苦悩」を少しでも減らすための「自己変革」を、SHGがもち得ないと、当事者活動は続かない[52]。

　このような危険性は更生支援においても同様に当てはまるであろう。罪を犯した当事者の生きづらさに耳を傾け、それを本人の本音と捉えたとしても、「自己変革」がなければ、「生きる苦悩」を減らすことはできない。
　傷ついた癒し手が自己の経験を絶対化し、それを相手に押し付けることによって生じる「支配－服従の関係性」は、まさに権力関係である。この

51　向谷地生良『統合失調症を持つ人への援助論　人とのつながりを取り戻すために』（金剛出版、2009年）227頁

52　竹端寛『権利擁護が支援を変える　セルフアドボカシーから虐待防止まで』（現代書館、2013年）71頁

ような論理は、我々のなかに深く内在化され、知らず知らずのうちに当事者に対して持ち込まれ、SHG に権力関係を蔓延させる危険性を含んでいる[53]。この危険性を避けるために、協働モデルは「自己変革機能」を要求するのであるが、そのような権力関係が我々の中に深く内在化しているものだとすれば、「自己変革機能」をもつことは容易でないように思われる。「自己変革機能」をもとうという意識だけでは、我々の中に深く内在化した論理に対抗することは困難である。そこで、問題となるのは、我々が権力関係に対抗する「自己変革機能」をもつためにはどうすればいいのか、ということである。自助グループに代りうる新たな戦略を協働モデルは求めるのである。

　そこで参照したいのが、向谷地氏が主張する「当事者研究」である。当事者研究とは、「統合失調症などの体験や抱える生きづらさ（見極めや対処が難しい圧迫や不快なできごと、病気の症状や薬との付き合い方、家族・仲間・職場における人間関係の苦労など）、日常生活の出来事から『研究テーマ』を見出し、その事柄や経験の背景にある前向きな意味や可能性、パターン等を見極め、自分らしいユニークな発想で、その人にあった〝自分の助け方〟や理解を創造する一連の〝研究活動〟の総称」[54]をいう。そして、「『当事者研究』とは、自分の抱える〝生きづらさ〟の意味を『自分自身で考える』という営みを獲得する、ということであり、しかも、それは決して孤立的な営みではなく、もう一人の『自分自身で考える人』としての仲間の存在を必要とする」[55]。当事者研究において、支援者は「既存の常識や専門家としての立場から離れて、統合失調症を抱えながら暮らしている当事者自身の主観的現実を、いかにも自分自身の現実のように創造し、その立場から、『ともに考える』」[56]ことが要求される。当事者研究の特徴について、向谷地氏は次のように論じている。

---

[53] 竹端・前掲注52）75頁
[54] 向谷地生良「ソーシャルワークにおける当事者との協働」一般社団法人日本社会福祉学会編『対論社会福祉学4 ソーシャルワークの思想』（中央法規出版、2012年）262-263頁
[55] 向谷地・前掲注51）99頁
[56] 向谷地・前掲注51）100頁

当事者研究というアプローチは、決して単一の当事者が抱える困難を解決するための問題解決の方法ではないということである。当事者研究というアプローチは、統合失調症などの精神障害を抱えて生きる上での、現実に対する「態度」や「構え」そのものだからである。それは、自分自身の抱える生きづらさの現実に対する「こだわり」や「とらわれ」が、「研究」という視点を取り入れることによって、「関心」や「興味」へと変化し、観察的な態度の中で、自らの抱える問題を一つの「研究テーマ」として外在化する作業を通じ、生きづらさの構造の解明と解消に当事者自身が主体的に取り組もうとする効果をもたらす。
　そのように、当事者研究の意義とは「自分自身で、共に」の研究活動を実践することによって、自然と毎日の生活の中に、研究の成果が根を下ろし、生活の質の向上と具体的な生活課題の解消に活かせることにあり、毎日、どこでも、誰とでも可能なプログラムであるというところに特徴がある[57]。

　このように、当事者研究は「現実に対する『態度』や『構え』そのもの」であるという点で、長所基盤モデルが念頭においている支援論とは一線を画している。当事者研究を行うためには、自助グループである必要はない。現に、向谷地氏は当事者研究のタイプとして、「一人当事者研究」、「マンツーマンでの当事者研究」、「グループで行う当事者研究」を挙げている[58]。長所基盤モデルが自己をスティグマに対抗する手段と位置付けているのに対し、当事者研究は、スティグマを受ける自分の態度に着目し、スティグマと対立するという姿勢をとっていない。それは、社会をも長所をもった協働のパートナーとみようとする協働モデルと同様の姿勢であると考えられる。序章でも述べたように、協働モデルが人間の本質的部分、生きるということそのものに関わるものであるのと同様に、当事者研究も「現実に対する『態度』や『構え』そのもの」である。
　さらに、当事者研究の特徴的な点は、長所やストレングスだけでなく、「弱さ」や「無力」にも着目する点である。向谷地氏は、「自己変革機能」をもったSHGが「無力」であることを認識しているという特徴を挙げた

57　向谷地・前掲注51）101-102頁
58　向谷地・前掲注51）104-111頁

表4　伝統的な治療・自助グループ・当事者研究の比較[59]

	伝統的な治療	自助グループ	当事者研究
主体	治療者援助者	仲間	研究テーマをもっている人
場所・時間	指定された場所と時間	一定の場所	いつでも どこでも
資格・条件	専門職としての教育・訓練・資格	障害や病の経験	自らの経験への研究的な関心を持つ人
立場	権威的・支配的	対等性・強み	共同性・前向きな無力さ・弱さの可能性

上で次のように述べている。

　今後、この「無力さ」と「弱さ−バルネラビリティー」こそが、ストレングスと並んでエンパワメントの重要な構成要素としてSHGの活動の中に取り入れられなければならないし、時代はそれを要請している。それは、人間の「弱さ」とは「弱さの集合体」だからである。そしてSHGを貫く「弱さの思想」という人間尊重の思想が、近代の文明・社会・人間を支配してきた「強さの思想」を乗り越える社会全体にとっての希望であると信じるからである[60]。

　長所基盤モデルは、社会からのスティグマに対抗するために、当事者の長所に着目し、アイデンティティ変容を目指すことで従来の刑事司法モデルが付与するラベリングを乗り越えようとしてきた。その過程の中で、長所基盤モデルは当事者の「無力さ」や「弱さ」をなくそうとしてこなかったか。この過程は、当事者のみが無力で弱いと考えることを止めるという点では評価できる。しかし、長所基盤モデルが当事者の「無力さ」や「弱さ」をなくそうというアプローチをとったのに対し、協働モデルは支援者も「無力さ」や「弱さ」をもっていることに着目するのである。このようなアプローチの違いが、当事者活動が二項対立的構造に陥ってしまうかどうかの分かれ目であるといえる。

　しかも、協働モデルが着目する「無力さ」とは、当事者や支援者に限ら

---

[59] 向谷地・前掲注54) 269頁
[60] 向谷地・前掲注51) 54-55頁

れない。「無力さ」や「弱さ」は人間誰もがもっているものなのである。そういう意味で、協働モデルの適用対象は広い。そして、「この『無力』という『弱さの可能性』に着目し、『前向きな無力』とラベルを貼り替えることにより、『弱さの集合体』を構築することができないか。これが権威主義的構造や権力関係から当事者も支援者も自由になり、『共に考える』パートナーシップの関係を導き出し、『自己変革能力』や『セルフケア』の考え方をSHGが取り戻すための切り札」[61]なのである。

(2) 能力の全方向性

　長所基盤モデルは、アイデンティティ変容の手段として、「具体的な向社会的役割を手に入れるための支援を提供することや、現実のコミュニティ環境において向社会的役割を社会的に強化する機会を創ること」[62]に目を向ける。その代表例が、本書でも何度も触れている「傷ついた癒し手」である。しかし、協働モデルは長所基盤モデルが要求するような「向社会的役割」の取得は要求しない。

　それはなぜか。このことを明らかにするために、「当事者との協働に基づいた互助できる関係づくり」という協働モデルの核となる発見が生まれた過程をもう一度振り返っておく必要がある。著者が山谷で体験したパラダイムシフトについて、関係する部分をもう一度ここで記しておく。

　　　支援とは一方的に与えるものではなく、当事者が参加した上で協働していくものだということだ。支援とは時として多数派の論理の押し付けとなる危険を含んでおり、支援に対して熱心なほどその危険が生じやすい。「私たちのように生活すれば楽なのに」というような感覚では、支援は押し付けとなってしまう。私たちが正しいと考える生き方を押し付けるのではなく、当事者たちが自ら選択し、それを尊重するという協働こそが追求すべき支援の在り方だということを感じたのだった。これは、本人の問題の解決策はその人のみが知っているということを前提としている。
　　　……つまり、現在更生支援において主に行われている就労支援や資格取得支

---

61 竹端・前掲注52) 79-80頁
62 Veysey, Christian・前掲注2) 36頁

援だけでは何も解決しないのではないか。より本質的な、社会から必要とされていると感じることができなければ、資格があっても、就職しても、更生はできないのではないか。就職すれば社会復帰は果たせたと考えることは、本質を捉えないあまりに表面的な捉え方なのではないか。就職したり施設が変わったりしたとたん、生活状態が悪化し、再犯に至るという事例はまさにこのことを表していると思われる。そして、就労支援や資格取得支援は、多数派の押し付けではないか。本人が望まないのにもかかわらず働かせようとすることは、まさに支援ではなく、支配なのではないか。働くことの強要は、我々の行動様式の一方的押し付けにならないか。また、支援が入ることによって、コミュニティや人間関係が崩壊してしまうことはないのだろうか。

　ここから見えてくるのは、互助できる関係づくりと支援から協働への転換こそが我々が目指すべき道なのではないか、ということである。

　以上の著者が体験したパラダイムシフトを長所基盤モデルに当てはめてみる。そうすると、1つの疑問が湧いてくるのである。それは、当事者が取得する役割は「向社会的」である必要はあるのか、という疑問である。長所基盤モデルが言う「向社会的」の範囲は明らかではないが、少なくとも、社会が正しいとみなしていることのみを正しいものとして当事者が担うべき役割であると断定するのは、我々の行動様式の一方的押し付けにならないのだろうか。それは、結局、「支配－服従の関係性」を招きかねないのではないか。世界観とともに変容する「正しさ」を、旧来の「正しさ」の絶対性にこだわり、当事者の意思よりも優先させていくような事態を招いてしまうのではないか。

　更生保護施設雲仙・虹の実践も、本人のもつ能力を広く捉えようとしていた。表彰状や感謝状を「乱発」するということや、カラオケやゲートボールなどの趣味をもってもらうことに注力していた。これらは必ずしも直接社会に何らかの貢献をもたらすようなものではない。

　また、障害者支援施設「かりいほ」では、「作業への参加の仕方やその内容は、一人ひとり違っていていい、生活の在り方も違っていていい」[63]

63　佐藤幹夫「続・『かりいほ』の支援論――利用者の『自分語り』に耳を傾ける」そだちの科学22号（2014年）38頁

という考えから、サッカー観戦や一日出かけずに過ごすことを仕事とするなど、施設利用者が各人各様の生活を送っている[64]。このように、「かりいほ」での実践は、本人の役割を限定しようとはしない。「かりいほ」の施設長である石川恒氏が語っているように、「就労というかたちで社会とつながる人もいるだろうけれど、そうじゃない人もいる。何かを作り、それを買ってもらうことで社会とつながる人もいる。でもそれも難しいという人たちも、間違いなくいる。この難しいという人たちも、社会とつながることを可能にする支援論を現場がもたなければ、支援していくことは難しい」[65]からである。そこで、「かりいほ」では、「『社会とのつながり』方を多様にし、『社会的自立』という言葉の意味を変容させてしまうこと」を選択した[66]。「社会とのつながり」を多様にするためには、「自分たちの支援をしている人は、どんな人たちなのか。一人ひとりをもっと理解しなければ、という問い直し」[67]を行うことにより当事者の声に耳を傾ける必要が生じる。そうして始まったのが、「自分語り」であった。

　「かりいほ」における支援論については、別章で詳細に紹介する機会があるためそこに譲るが、ここまでのところでいえるのは、1人ひとりを支えていくためには各人各様の関わり方が必要であり、そのためには当事者の声に耳を傾ける必要が生じるということである。支援者の側で「こうあるべき」というライフスタイルを押し付けていては、問題や葛藤を抱えた人たちを支えていくことはできないのである。「こうあるべき」を一旦脇に置き、ゼロから本人の話に耳を傾ける。そこから、本人の能力と可能性を当事者と共に再発見していくのである。この過程においては、当事者の能力が社会的であるかという判断は留保されたままなのである。

　NPO法人自立支援センターふるさとの会の実践も同じ姿勢を共有している。すなわち、「人との関係性に困難を抱え、社会生活に馴染めず、『生

---

64 佐藤・前掲注63) 38頁
65 佐藤・前掲注63) 39頁
66 佐藤・前掲注63) 39頁
67 佐藤・前掲注63) 39頁

きることがつらい』と本人が感じている状態」[68]を「生きづらさ」と呼び、「支援者にとって『問題』だと感じられるような言動が、相手にとってはどのような意味があるのだろうかと考える」[69]のである。ふるさとの会の実践例は、このような支援のあり方の具体例を豊富に提供している。例えば、次のような例が紹介されている。

> 認知症の人が、ご飯を食べたばかりなのに「食べていない」と言う場合、支援職員はご飯を食べたばかりだと思っていますが、認知症の人はご飯を食べていないという世界を生きています。支援職員は「本当はさっき食べたばかりなのになぁ……」と思いながら「食べていないのですね」と言うわけですから、演技していることになりますね。
> ……ひとまず演技をしてみると、相手の物語の中にそっと入っていくような感覚になってきます。そして、だんだんと、相手がどのような物語の中を生きているのかが、少しずつですが見えてくるのです[70]。

このような現場の実践例に照らして考えてみても、当事者の能力や可能性を支援者や第三者が決めることは協働モデルの本質に反する。すなわち、「いくらモデルという形で普遍的に規範化できる『正解』案を示していようとも、実際に政策や実践としてうまく位置づけるためには、モデルをその地域の固有の文脈（ローカル・ノレッジ）と接続させた形の『成功』に導くしかない」[71]のである。竹端氏は、この考え方について、防災研究における「成解」という概念を用いて次のように説明している。

> 「正解」と対置した「成解」概念とは、ローカルな文脈という「空間限定的」で、かつあるタイミングでのみ適合するという「時間限定的」な制約を持つ概念である。そして、「当面成立可能で受容可能」で、その現場を変え得る力を持つ「解」としての「成解」こそが、福祉現場にも求められる知そのものであ

---

68 佐藤幹夫監修、NPO法人自立支援センターふるさとの会 的場由木編・著『「生きづらさ」を支える本』（言視舎、2014年）11-12頁
69 佐藤監修、的場編・著・前掲注68）19頁
70 佐藤監修、的場編・著・前掲注68）28-29頁
71 竹端・前掲注43）153-154頁

る。教科書的知識や専門職の偏見・先入観を外在的に押し付けた「正解」（＝専門家主導）では、現場が大混乱する可能性は高いが、その眼鏡ですっきり課題が解決する可能性は、まずない。特定の現場で、当事者の声に基づき、ローカルな文脈に寄り添うという意味で、福祉政策の課題は時間的・空間的文脈に依存的である[72]。

　この観点からは、当事者の長所に着目した支援というのは、「時間的・空間的文脈に依存的」な「成解」のうちの1つにすぎない。「成解」の1つにすぎない長所基盤の支援の在り方を「正解」にまで押し上げた長所基盤モデルは、新たな「成解」の誕生により帰納的に書きかえられ得るものなのである。そして、上で紹介した支援の在り方は、長所基盤モデルの「正解」を帰納的に書き換えていく可能性をもっている。

　　自らが「自明のものとしている〈世界〉」（＝正解）が、「実はさまざまの可能的な〈かたち〉のうちのひとつにすぎないこと」に気づくと、「出来ない理由を100並べる」志向から抜け出し、「出来る一つの方法を考える」という「成解」を模索する試行錯誤が始まる。このように、現状のシステムを変更不能な前提（＝正解）とせず、「正解」と「成解」のフィードバックと好循環の中から最適解を導きだそうとするシステム構築的視点を持つことによって、「世界の定立」を捉え直すことが出来る。これはある価値体系の中で「しかたない」「はずだ」とされている「構造的制約」を括弧に入れ、「根源的・包括的な先入見」そのものと「たたかう」ことである[73]。

　このような竹端氏の考え方は、まさに協働モデルにもあてはまる。協働モデルは「成解」を生み出す原理であり、絶えず「正解」を帰納的に書き換える役割を有しているのである。この点において、協働モデルは、「現状のシステムを変更不能な前提（＝正解）とせず、『正解』と『成解』のフィードバックと好循環の中から最適解を導きだそうとするシステム構築的視点」をその基盤としているのである。

72　竹端・前掲注43）154頁
73　竹端・前掲注43）170頁

このような関係性は、ジョン・ロールズ以降、法哲学における論争の的となった「正義の優位（the priority of justice）」の観念に照らすと理解しやすい。「正義の優位」とは、「人々が多様な善き生の構想を追求する多元的社会において公正な協力枠組を設定する正義原理は、かかる多様な善き生の特殊構想のいずれからも独立に正当化可能であると同時に、いずれに対しても制約性をもたなければならないとする要請」[74]をいう。つまり、「多元的社会においては、政治体の構成原理が自己の視点からだけでなく自己と善き生の構想を異にする他者の視点からも受容可能でなければならない」のであり、自分の善き生を一方的に押し付けることは、「特殊な善き生の構想に依存しているがゆえに、それと異なる善き生の構想を追求する人々に対して公正ではない」のである[75]。

これと同様に、当事者の能力や可能性を支援者や第三者が決めて押し付けるようなことは、その支援者や第三者の「善き生」を当事者に押し付けることになるのであり、これもやはり公正とはいえないのである。つまり、この社会には多様な「善き生」をもった人々が存在し、ある人の「善き生」は、他の人の「善き生」に反するということのみで抑圧されてはならないのである。

(3) 人間関係の重要性

協働モデルは、その基本的要素に伴走者の存在や人間関係の改善が含まれているように、人間関係を特に重視する。高坂氏や五十嵐氏へのインタビュー結果からもその重要性を見てとることができ、また、良き人生モデルも人間関係の相互関係を基盤としていた[76]。ただ、協働モデルにおいては、良き人生モデルが人間関係を基本財の1つとして他の基本財を並列的に挙げているのとは異なり、人間関係こそが問題解決へのもっとも初歩的で重要な要素であると位置づけられている。なぜなら人との関係性がなければ、基本財を手に入れることは困難であるからである。困難な問題を抱

---

74 井上達夫『法という企て』（東京大学出版会、2003年）240頁
75 井上・前掲注74）241頁
76 Laws, Ward・前掲注21）218-220頁

えている当事者は、問題を解決したいという思いをもちつつも、どのように解決してよいのか、人に頼ってもいいのかすらわからず、悩んでいるうちに問題が複雑化していくように思われる。問題を解決したいのに解決できないという困難性への直面を繰り返すたびに、問題解決の意欲を次第に失っていってしまうのではないだろうか。このようなときに自力で基本財を手に入れるよう要求しても、当事者はまた困難にぶつかるばかりで、基本財の獲得を達成することは困難であろう。このようなときに頼ることができるのは他者しかいないのである。人とのつながりを保つことによって、他人が危険サインに気付き、対処する方法を提案してくれるかもしれない。少なくとも、その問題を棚上げしつつも、なんとか今の生活を送っていく手段を提案してくれるだろう。「生命維持に必要な財、あるいは、少なくともそれらの財を自分に提供してくれる手段を手に入れるために、私たちが、究極的には、相互依存しており、お互いに頼り合っている」[77]ということなのである。

　犯罪は他者に対する加害行為であるが、自己に対する加害行為である自殺についてのある理論が、ここで重要な示唆を与えてくれる。自殺の対人関係理論は、数々の実証的研究から、身についた自殺潜在能力をもつ者が、負担感の知覚と所属感の減弱という2つの対人関係に関連した心理状態が同時に起きた場合に、自殺死を望むと整理している[78]。身についた自殺潜在能力は、自傷行為に対する疼痛と恐怖の習慣化によって、自己保存の要請が押し込められている状態であり、いわば自殺をする能力である。これに対し、他の2つは自殺願望を生じさせるものである。負担感の知覚は、その人の存在が社会や家族、友人にとってお荷物であるという感覚であり、死ぬ方が社会に対して生きていることよりも価値をもたらすと感じることである。所属感の減弱とは、他者からの疎外感であるということができる。身についた自殺潜在能力が比較的固定的で静的であるのに対し、負担感の

77　Laws, Ward・前掲注21) 218-219頁
78　Thomas E. Joiner Jr., Kimberly A. Van Orden, Tracy K. Witte, M. David Rudd（北村俊則監訳）『自殺の対人関係理論：予防・治療の実践マニュアル』（日本評論社、2011年）4頁以下

表5 所属感の減弱・負担感の知覚・身についた自殺潜在能力のアセスメントの要約[79]

所属感の減弱
・他者との気遣いのある有意義なつながりの欠如 ・患者が動揺したときに頼ることのできる友達もしくは親戚がいないこと ・死や離婚による最近の喪失体験
負担感の知覚
・もしその患者がいなくなったら他の人々は楽になるだろうという発言 ・自分が他の人々の重荷になっているという発言 ・自己有能感喪失（例：失業）を含む最近のストレッサー
身についた自殺潜在能力
《痛みと刺激の経験》 ・過去の自殺企図歴（特に複数の自殺企図歴） ・自殺の中断 ・自己注射による薬物使用 ・自傷行為 ・身体的な暴力に頻繁にさらされたりコミットしたりすること

知覚と所属感の減弱は流動的で可塑的であり、短期的な介入に対して反応しやすいことから、後二者を治療の目標にすべきだとする。さらには、治療関係が所属感の源になっていることを指摘している。これは、RNRが再犯リスクの高い人に対して、再犯危険性を減少させることのできる要因のみを対象として処遇を行うべきだと主張していることと非常に類似している。ただ、自殺の対人関係理論は、働きかけの対象を、対人関係に関する負担感と所属感に限定しているのである。著者によるインタビュー結果からも、犯罪からの立ち直りにおいて、伴走者の存在が必要であることや人から必要とされているという感覚が重要であることがそのまま導かれており、協働モデルが人間関係への働きかけを重視する自殺の対人関係理論と親和的であるといえるであろう。自殺の対人関係理論が、治療関係が所属感の源であることを指摘しているように、協働モデルも、伴走者との関係性が相互変容過程の第一歩であるとしているのである。このような伴走者との関係性が、どのように相互変容過程へと導いていくのかについては、第5章で詳しく分析したい。

---

79 Joiner 他・前掲注78) 76頁の表より抜粋

(4) 協働モデルの普遍性

　以上述べてきたように、協働モデルは制度や手続のどこか一部分についてのみ当てはまるものではなく、制度・手続を通して貫かれるべき原理である。長所基盤モデルが第1段階から第3段階まで区別し、第1段階は司法や弁償に着目したのに対し、協働モデルの実践は、すべての過程が連続的に・不可分的に連なるものであり、協働モデルの精神はすべての手続において反映されなければならない。このような協働モデルの普遍性は、これまで協働モデルについて説明してきたことを思い返していただければ理解できるであろう。

(5) 再犯防止を目指さないこと

　これまでの議論においてもすでに含意されているように、協働モデルが長所基盤モデルやRNRと決定的な一線を画している点は、それが再犯防止のためのモデルではないということである。協働モデルは当事者に向社会的な能力の取得を要求しないのであり、社会のために個人の能力や生き方を変えようとはしない。誰かにとっての良き人生を生きることを当事者に求めることは、良き人生を拒否する人に対しては、「正解」の一方的な押し付けとなるからである。このことは、平井秀幸氏の議論を参照するとさらに深く理解することができる。ただ、平井氏の指摘を理解するためには、その議論の前提を知っておく必要がある。

a　平井氏による薬物依存離脱指導の分析

　平井氏は、ある女子刑務所で行われた認知行動療法（cognitive behavioral therapy: CBT）を用いた薬物依存離脱指導（以下では単に「指導」と呼ぶ。）を分析した。CBTは、既に紹介したRNRの応答性原則、特に一般的応答性が求めていた処遇テクニックである（61頁参照。薬物処遇として行われるCBTはCCBTD（correctional CBT on drug treatment）と呼ばれる）。認知行動療法は、「社会的学習理論に基づいて対象者の問題行動にまつわる認知や行動の特徴を分析し、認知療法の技法を用いて認知の歪み（例、薬物使用に対する自己正当化の理由付け（合理化の防衛）や否認の防衛等）を再構成したり、スキル訓練等の行動療法的な技法を用いて対処スキルや再

発防止のためのスキル等の学習を行うことを通じて、問題行動やライフスタイルを変容させようとするアプローチ」[80]である。薬物処遇としての認知行動療法の主な内容は、グループワークや視聴覚教材の視聴を通して、「薬物に依存する背景を明確にし、自己理解を深めさせる」、「薬物使用以外にも問題点があることに気付かせ、罪障感を喚起する」、「再使用のおそれのある場面や状況に関し、①薬物に頼らずに回避する方法、②その方法を身に付けるためにはどうすればよいか考える」などのカリキュラムが行われている[81]。

平井氏は、ある女子刑務所で行われた「指導」において、「未来の薬物使用のリスクを回避すべく、自らのライフスタイルをリスクレスな状態へと自己コントロールする（「引き金」や「危険サイン」を計画的に避ける）よう求める受講者への役割期待は、「社会的なもの」を重視し活用したうえでそれを自己コントロールの対象（"対処"されるべき経験）に設定するような‐「『社会的なもの』の自己コントロール」を要請するような‐役割期待でもある」[82]とする。ここでいう「社会的なもの」とは、個人の犯罪行動に影響を与えた社会環境や社会構造（社会的不平等や権力諸関係）、文化環境を指している[83]。このような「リスク回避的ライフスタイルの自己コントロール」責任を要請する「指導」は、「市場において自らの責任で消費的選択の自由を行使し、それに付随するリスク回避の（成功／失敗に関する）倫理的責任を個人的なものとして慎み深く引き受けること」[84]を個人に要請する、新自由主義的合理性に基づく統治形態に親近的なものであると指摘する[85]。さらに、このような新自由主義（アドヴァンスト・リベラリズム）的合理性に基づく統治について、Nikolas Rose 氏の議論を参照し

80　染田惠・寺井堅志「調査対象国における注目すべき薬物乱用防止・薬物乱用者処遇等対策の概要」法務総合研究所研究部報告27（2005）80頁

81　法務省矯正局「改善指導の標準プログラムについて（依命通達）」（平成18年5月23日法務省矯成第3350号）http://www.moj.go.jp/content/001174898.pdf

82　平井秀幸『刑務所処遇の社会学――認知行動療法・新自由主義的規律・統治性』（世織書房、2015年）232頁

83　平井・前掲注82）214頁

84　平井・前掲注82）85頁

85　平井・前掲注82）234頁

ながら現代の逸脱統制について説明する部分は、興味深い示唆を与えてくれる。

　現代の逸脱統制は、「アドヴァンスト・リベラリズム」の諸合理性に基づく統制のサーキット（包摂と排除のサーキット）によって構成されている。第一に、コミュニティにおける脱国家化されたネットワークの構成と、そこへの責任化された消費的自己の動員／包摂、ゲーティッド・コミュニティ（著者注：Gated Community、住民以外の立ち入りが制限されたコミュニティ）やセキュリティ化、環境浄化等に代表される空間管理による隔離／包摂、監査認証テクノロジーへのアクセスを通した加盟／包摂、といった諸動向に代表される"包摂"的な統制サーキットが存在する。第二に、こうした包摂サーキットからこぼれおちてしまう者に対しては、2段階の"排除"サーキットが用意されている。排除のサーキットの本懐は、排除それ自体を個人の道徳・心理・責任問題等として構成する点にあるが、まずは第一段階として「再包摂可能な者」に対する支援・援助・矯正といった形態が配備される。そこでは、リスク回避的な自己アイデンティティを伝達・実践するための諸テクニックによって構成される「社会復帰」的支援、アクティブ／ポジティブな市民たる犯罪者自身が回復に向けた倫理的ライフスタイルの自律的アントレナーシップとなる「立ち直り」支援、等々が重視されよう。しかしながら、それらによっても包摂され得ない「リスクテイカー」に対しては、第二段階の排除として、自己責任化されたうえで永久的な収容施設への隔離や厳罰的・道徳的介入の対象となり得る。第一段階の排除（再包摂？）は、文字通り第二段階の排除に向けた選別機能として機能するのである[86]。

　これをごく簡単に要約すれば、新自由主義的統制は、社会に包摂される者と排除される者とを選別する機能を有しているということになる。一度包摂から漏れた者は、再び社会に加わるチャンスを与えられるが、そのチャンスをものにできなかった者に対しては、自己責任化に基づく排除が待っているのである。これを著者の理解に基づいて図式化すれば図6のように整理される。

---

86 平井・前掲注82) 84-84 頁

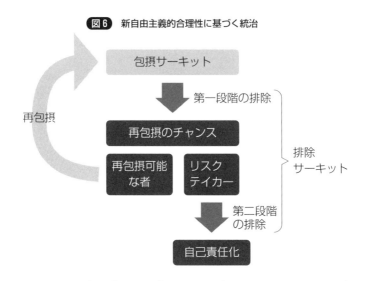

図6 新自由主義的合理性に基づく統治

　平井氏は、さらに論を進めて、「リスク回避的ライフスタイルの自己コントロール」責任を要請する「指導」が、受講者にどのように受け止められているかを分析していく。そのなかで明らかとなるのは、受講者たちは、「指導」の要請を受け入れていくほどにある種の困難性を抱えるようになっていくということであった。「指導」が発する、自己コントロールによって薬物再使用の回避が可能であるというメッセージは、受講者に自律的な自己コントロールの希望と自信、それゆえの安心感と解放感を与え、薬物依存に無力さを覚えていた個人をエンパワーメントすることになる[87]。そこで受講者たちには、薬物使用にとってのリスクやその回避方法をできるだけ具体的に想定し、出所後のリスク回避的ライフスタイルの構築／維持を具体的に計画化することが不可避的に要請されることになる。しかし、このような熟考を重ねるほどに、逆説的にリスク回避不可能性への懸念が高まり、それが強化されていく。このように、受講者たちは、リスク回避的ライフスタイルの自己コントロール責任を引き受けようとするがゆえにその責任を引き受ける困難性に直面していくのである[88]。

　そこで、平井氏は、こうした困難性を直接的に受講者に対して伝達する

---

[87]　平井・前掲注82) 258頁
[88]　平井・前掲注82) 270-286頁

ものとして薬物処遇としての認知行動療法を再構成すべきであると提案する。それは、「困難の知識化」と呼ばれるもので、「『リスク回避的ライフスタイルの自己コントロールを徹底して期待するがゆえに、逆照射的にその限界と困難性を明らかにしてしまう』というパラドクスそれ自体をもプログラムのなかに織り込み、教育的知識として意図的に活用するような」もの、つまり、「『あらゆるリスクを自己コントロールによって回避することは不可能であり、どのようなリスクは自己コントロールできないのか、見きわめよう』『そうした自己コントロール不可能なリスクに関しては、無理な自己コントロールが要求されているとは考えないようにしよう』という教育的メッセージ」を含むプログラムである（強調は原文による）[89]。さらに、平井氏は、リスク回避的ライフスタイルの自己コントロール責任を引き受けようとしている者が、その責任引受に抵抗するという態度に移行することを制約しないことが必要であるとする。「どのような処遇文化に『解放性』を読み込むのかは個人によって（時によって）コンティンジェント（著者注：偶発的、不確か）であり、個々人がその時々のニーズによって受講するプログラムを変更したりそこから退出することが、施設生活上の正負のサンクションなしに保障される必要がある」[90]からである。このような移行に伴う有利／不利が生じないようにするメカニズムを「移行の自由化」と呼ぶ。「移行の自由化」を促進するための具体的方策としては、プログラムの選択肢を増やすことやプログラム受講の強制性の撤廃を行うべきことになる。

　さらに、社会内処遇においては、上記の対応に加えて、「リスク回避的ライフスタイルの自己コントロール実践を可能とするために"外部からのサポート"－さまざまな『社会的』なリスクに対する『社会的保障』」が必要であると主張する。ただし、リスク回避的ライフスタイルの自己コントロール責任を拒絶する者に対しては、その責任を引き受けようとする者に対する「社会的保障」とは異なるものが提供されなければならないとする。平井氏は、Gwen Robinson 氏の議論を要約しながら「社会的保障」

---

[89] 平井・前掲注82）303頁
[90] 平井・前掲注82）307頁

の内容について次のように述べている。

> ここで Robinson が述べているのは、社会復帰に際して個人の福祉ではなく社会全体やコミュニティにとっての功利を増大させるようなライフスタイルが重視されているという点において、「リスク回避的ライフスタイルの自己コントロール」を行使する慎慮的自己を要請する CBT であろうと「生成的な（社会や次世代の役に立つ）人間」であることを期待する「善き生」モデル（著者注：「良き人生モデル」と同じものを指す）であろうとさしたる違いはないということである。……第 2 象限に位置づく層（著者注：リスク回避的ライフスタイルの自己コントロールを拒絶する層）のなかには、特定の離脱・回復文化によって規範化された特定の市民性に沿ったライフスタイルを選択し、そうした市民であり続けることに承認を見出す者のみならず、いかなる特定の離脱・回復文化にも承認を見出さない者も含まれるはずなのである。後者の層にとって、前者の層に向けた「条件つき」の「社会的保障」はむしろその承認と生存を脅かすものとなってしまうだろう。
> 　だとすれば、第 2 象限に位置づく層に対する「社会的保障」は、特定の市民性に沿ったライフスタイルを選択し実行することを支援するための「社会的保障」のみならず、そうしたライフスタイルから距離を置いたとしても問題なく健康で文化的な社会生活を送ることができるための「社会的保障」としても構想されなければならない。……ここでの「社会的保障」は、個人の立ち直りや回復を促し社会への再適応を支援する——Robinson の言を借りれば社会やコミュニティにとって功利を増大させる——という目的にかなう限りで提供される「条件つき」の「社会的保障」というよりは、「労働する生」「コミュニティに参加する生」「社会の役に立つ生」といった特定のタイプの社会適応から距離を置いたとしても健康で文化的な生活を送ることを可能とするための原則として「無条件」の「社会的保障」である。それは、特定の離脱・回復文化に基づく特定のタイプの社会適応を自明視するわれわれ社会の側の態度を改め、われわれ社会がそうした社会適応の外部への想像力を持つことを（社会に対して）責任化するような——換言すれば個人の立ち直りというよりむしろ「社会の立ち直り」……を支援するような——「社会的保障」に近いものとなるかもしれない[91]。

---

[91] 平井・前掲注 82）313-314 頁

もちろん、ここでいう「無条件」の「社会的保障」とは、犯罪を行うことまでをも保障するものではなく、「特定の市民性から距離を置く自由……を掘り崩さないための『無条件』性」である。ただし、平井氏は、あるライフスタイルを「積極的に他者や自己に危害を加えるライフスタイル」とみなして保障の外部に置くかどうかの決定は対話によってなされるべきであるとし、外部化に際しては、「『積極的に他者や自己に危害を加えるライフスタイル』が、自らが望むライフスタイルを選択することができていないという「承認」の欠如や、自らが望むライフスタイルを選択することを不可能にさせている『保障』の不足を背景として選びとられたものなのではないか、という反省的吟味を絶えず行うこと」に留意すべきであると指摘している[92]。

b　協働モデルへの示唆

　このような平井氏の指摘を、協働モデルに関するこれまでの議論と照らし合わせてみよう。平井氏が提唱する「困難性の知識化」「社会的保障」「移行の自由化」に通底するのは、支援者による「あるべき論」の押し付けは、支援を受け入れようとする者に対しても、それを拒絶しようとする者に対しても、困難性を抱えさせることになり、問題解決への意欲を消失させてしまいかねないということである。特定のタイプの社会適応を絶対化して押し付けるのではなく、それを自明視する社会の態度を改めるべきであるという平井氏の指摘は、協働モデルの出発点となった著者が抱いていた問題意識そのものである。平井氏の議論が、著者がホームレス支援に携わることで感じた、社会常識の押し付けに対する違和感と強く共鳴するものであることは明らかであろう。特定の価値観を押し付けようとすることは、その価値観を共有しない人を序列の下位に置いて排除することでもあり、それは、「排除のサーキット」に他ならない。特定のアイデンティティへの変容を促進しようとする長所基盤モデルは、特定のアイデンティティへの変容を受け入れる者に対しては有効であるが、それを拒絶する者に対しては、まさに「リスクテイカー」に対する第二段階の排除に基づく

92　平井・前掲注82）363-364頁註16

自己責任化や厳罰化をもたらし得るのである。「個人の福祉ではなく社会全体やコミュニティにとっての功利を増大させるようなライフスタイル」を重視する長所基盤モデルは、実はそれ自体が再包摂の不可能な者を排除するシステムと化してしまうという問題点を抱えていることが明らかとなる。そして、そのような序列化のシステムを組み込んだ長所基盤モデルは、新優生思想[93]ともリンクする。「社会全体やコミュニティにとっての功利を増大させるようなライフスタイル」の選択を要求することは、社会にとっての「正解」を、支援という形で本人が選んだように見せかけるという、新優生思想と非常に親和性が高い現象に陥ることになる。さらには、「社会全体やコミュニティにとっての功利を増大させるようなライフスタイル」の選択を拒否する者に対しては、その者の価値観を低位に置き、判断として尊重せず自己責任化することで、結局は、社会にとっての「正解」を押し付けることになるのである。このように考えたとき、新優生思想が有していたダブルスタンダードと同じものが、長所基盤モデルにもうかがわれるのである。

　このように、長所基盤モデルは、「正解」を受け入れる人に対するモデルであることに限界があるのであり、「正解」を書き換え得る「成解」を絶えず生成しようとする協働モデルよりもその射程は限定的なものとならざるを得ないのである。したがって、協働モデルは、長所基盤モデルやRNRを「正解」として絶対化することには反対するのであるが、これらのモデルを自らの意思によって選択した者に対して提供するという、ある特定の文脈で成り立つ「成解」であり得ることは否定しないということは注記しておきたい。

　こうして明らかとなるのは、協働モデルが支援現場の実践から導かれた実践的理論であると同時に、これまでの支援に対する反省から生まれた規範的な理論でもあるということである。ただ、協働モデルが伴走者の存在と人間関係の改善を要素としていることから、人との関わりを拒否する人

93　児玉真美『アシュリー事件　メディカル・コントロールと新・優生思想の時代』（生活書院、2011年）、児玉真美『死の自己決定権のゆくえ　尊厳死・「無益な治療」論・臓器移植』（大月書店、2013年）参照。

との関係では、長所基盤モデルが抱える問題と同様の問題に直面するのではないか、という疑問を持たれた方もいるかもしれない。そこで、最後にこの点について説明しておきたい。

　まず、協働モデルにおける人間関係の重要性は、必ずしも特定のコミュニティに属することを強制するものではなく、特定の価値観に従って生きることを強制するものでもない。しかし、人とのゆるやかなつながりさえ無くなってしまえば、当事者が金銭給付や医療などの「社会的保障」を受けることは困難となるであろうし、人との関わりを受け入れようとしたときに人間関係を構築することは不可能となってしまうのである。したがって、協働モデルの立場からは、最低限のゆるやかな関係性は必要となる。これは、著者のホームレス支援の経験からも補強される。路上生活を送る人のなかには、人との関わりをあまり持ちたがらない人もいるのであるが、そうであるからといって、そのまま放置してしまうと、病気や栄養失調等の問題が重篤化してしまう可能性が高い。そこで、アウトリーチとして、毎週弁当を持参して訪問し、体調を尋ねたり、場合によっては診療所への来所を勧めることもある。こうして毎週のアウトリーチを欠かさないことにより、路上生活者の健康状態に気を配り、いざというときに必要な「社会的保障」を提供できるように備えているのである。著者が活動に関わっている団体のあるブログ記事に、ゆるやかな関係性の実践例がわかりやすく紹介されている。

　　今日は、先日来所された年配の女性の相談者のお話です。
　　彼女は山友会のスタッフが夜のパトロールで顔見知りになり、少し話ができる関係にまで距離を縮めたときに、C型肝炎を患っていることを知りました。
　　大変な病気なので、生活保護制度を利用して病院に行きましょうと何度かお声かけしていましたが、色々な事情があるからと言ってお断りになり続けていました。
　　そんな彼女が先日、ご自身で山友会に来所され、病気を治したいと話してきました。
　　ご相談したのち、生活保護の申請をするために役所で待ち合わせをしていたのですが、当日現れませんでした。

もう会えないかと心配していたところ、後日、ひょっこりと再び山友会に来所され、ご身内の事など話せない事情があり、生活保護の事は先延ばしにしたいと話されたのでした。
　ただ、C型肝炎のことは心配とのことでしたので、来所された日に山友会で診療をしていたボランティア医師に相談したところ、その医師と気が合ったようで、また来たいと笑顔で話されました。
　私たちも、生活保護の話をするのは一旦やめて、いまは彼女との繋がりを保つことを第一歩と考えました。
　忙しさに身を任せてしまうと、こちらの「良いであろうとする考え」と相手の考えや思いにズレが生じてしまいます。
　自己選択、自己決定といった支援を行う上で大切にしなければならないことを忘れががち(ママ)になってしまう自分を見つめ直す機会になりました[94]。

　このようなゆるやかな関係性を保ち続けることが、「社会的保障」の提供には不可欠であることがわかりやすく示されている。しかも、この関係性は、彼女が抱えた問題に気を使いながらも、生活保護を強制するのではなく、彼女の選択を尊重して繋がり続けるというものである。このような関係性が特定のコミュニティの価値観に従うことを強制するものではないことは明らかであろう。たとえ、彼女が来所することはなかったとしても、「夜のパトロールで顔見知り」の関係であり続ければいいのである。こうした関係性から相互変容は始まっていくのである。

c　再犯防止を目指す支援の問題点

　これまで、協働モデルの特徴について、福祉学や自殺の対人関係理論、社会学の知見に触れながら分析を行ってきた。そこから得られた協働モデルの最大の特徴は、再犯防止を目指さないことである。再犯防止を目指した支援は、それを受け入れようとする者に対しても、それを拒否する者に対しても、問題解決への意欲を向上させることができないという問題が存在したのであった。施設内処遇におけるこの問題点は、平井氏による「指

---

[94] 「支援を行うときに忘れてはいけない大切なこと」2017年5月13日付記事　NPO法人山友会公式ブログ http://ameblo.jp/sanyukai1984/entry-12274866548.html

導」の分析によって指摘されているが、ここではさらに、社会内における支援の問題を具体的な例とともに紹介しておきたい。まず検察庁による支援について取り上げた上で、弁護人による支援の問題点についても指摘したい。

検察庁における入口支援においては、社会福祉士が被疑者の生活調整や福祉支援等についての助言を行うという取組みが始められている[95]。社会福祉士は、「不起訴処分や執行猶予付き判決等が見込まれる被疑者・被告人について、捜査・公判を担当する検察官から相談を受け、必要に応じて対象者やその親族等と面談するなどした上で、生活保護、介護保険、年金など、対象者ごとに必要な福祉サービス等に関する助言をしたり、福祉事務所や地域生活定着支援センター等の関係機関との間で連絡・調整等を行うなどしている」[96]という。さらには、福祉事務所等まで自力で訪問することができない者や訪問できたとしても適切に手続を行うことができない者に対して、検察庁職員や社会福祉士が福祉事務所等まで同行し必要な申請の手助けを行うという取組みもなされている[97]。特に仙台地方検察庁では、独自の再犯防止実践プログラムを策定し、暴力性向のある者に対する心理療法プログラムなど4種類のプログラムを実施している[98]。こうした検察庁における再犯防止への取組みは、福祉専門職による関係機関との連携を強化し、より円滑な社会生活への移行が可能になるとされている。代表例として東京地方検察庁における社会復帰支援室の取組みを紹介する（図7）。

---

[95] 稲川龍也「検察における再犯防止・社会復帰支援の取組」罪と罰53巻4号10頁。なお、同頁によれば、社会福祉士を非常勤である社会福祉アドバイザーとして採用している庁は、東京、千葉、静岡、大坂及び広島の各地方検察庁である。また、外部の社会福祉士を事前に登録して、必要な場合に社会福祉士から助言等を得られるようにしている庁もある。その他、和田雅樹「検察における再犯防止・社会復帰支援のための取組」法時89巻4号（2017年）19-25頁参照。

[96] 稲川・前掲注95）12頁

[97] 稲川・前掲注95）16頁

[98] 千田早苗「仙台地方検察庁における入口支援の現状と課題――刑事政策推進室における再犯防止と更生支援及び被害者・遺族支援について」早稲田大学社会安全政策研究所紀要7号222頁以下

図7 東京地方検察庁における社会復帰支援の取組み[99]

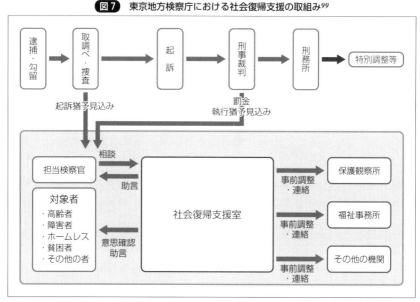

　しかし、これらの支援には、重大な問題が指摘されている。検察庁における入口支援に対しては、①起訴の威嚇による心理的強制により、調査及び措置受け入れに対する同意の任意性が希薄化すること、②法的根拠が曖昧なまま入口支援を心理的強制により受入れさせることによる適正手続との抵触、③裁判による有罪認定を経ないで被疑者の生活状況等の調査を行い再犯防止のための措置をとることによる無罪推定の法理との抵触、④本来起訴不起訴の決定を行うための勾留期間を、調査・調整という再犯防止のために利用することが勾留の目的外利用となるのではないかという問題等、刑事訴訟法上の諸原則との抵触が指摘されている[100]。また、検察組織に支援者が所属することから、弁護人とは対立関係とならざるを得ず、情報共有や共にケース会議に参加する等の連携は困難であろう。その上、被

---

[99] 法務省法務総合研究所編「平成28年版犯罪白書──再犯の現状と対策のいま──」http://hakusyo1.moj.go.jp/jp/63/nfm/n63_2_5_2_3_3.html

[100] 葛野尋之「検察官の訴追裁量権と再犯防止措置」法時89巻4号（2017年）12-18頁、佐藤元治「刑事司法の入口段階での再犯防止・社会復帰支援策における訴訟法上の問題について」龍谷大学矯正・保護総合センター研究年報5号（2015年）107-118頁等。

疑者・被告人と検察庁との関わりがなくなれば、福祉的支援をすることも困難となることから、勾留されても原則10日間、勾留延長されても20日間という極めて限られた時間内にできる支援をしなければならない。このように、他の機関との連携範囲が制限された中で迅速な支援を提供しなければならないという問題に直面するのではないだろうか。これらの問題は、刑事司法における福祉との連携を進めていくにあたって極めて重要であるが、協働モデルの視点から特に問題視されるのは、①の問題である。たとえ検察官が福祉的支援の受入れ等を起訴猶予の条件とすると明言しなくても、検察庁の職員が福祉的支援を受けることを提案すれば、被疑者としては、それを受けることにより自分が起訴猶予となるかもしれないという計算が働くのは当然のことといえよう。たとえ社会福祉アドバイザーがこの問題を自覚していたとしても、社会福祉アドバイザー自身が検察庁における権力と同一視されてしまうのであるから、支援対象者との関係性への影響は避けられない。その一方で、捜査対象者でなくなった人に対して検察庁が接触を続けることは、人権制約の問題を生じることになりかねないから、社会福祉アドバイザーがこの問題を意識して避けようとすれば、支援対象者と深い関わり合いをもつことを避けようとし、他機関との継続的な情報共有等の連携に対しても消極的にならざるを得ないのではないだろうか。このように、再犯防止を目指す刑事司法と本人の支援を目的とする福祉の立場の違いが、支援者に葛藤を生じさせることになるのである。そうであれば、この問題は、そもそも捜査機関である検察庁が再犯防止を目指そうとすること自体に内在するものといえる。

　さらに、このような心理的強制の問題と相まって、当事者にとっての福祉が刑罰の延長線上に位置づけられかねないという重大な問題が提起される。本来福祉は、本人と福祉サービス提供者との契約によって成り立つものであり、本人とサービス提供者が互いに同意する限り、その関係性が継続していくことになる。しかし、福祉的支援の開始時において本人の同意の任意性が希薄化されてしまえば、心理的強制のもとに半永久的に福祉の監視の下に置かれるということになるのである。福祉的支援に再犯防止という異次元の目的が混入することによって、「支援対象者が再犯をしない

ように監督する責任があると支援者が認識してしまえば、長期にわたる継続的監視が支援という名の下に行われるおそれがあり、そうなれば本人にとってより幸せな状態を目指していくという、本来あるべき支援の性質が歪むことになる」[101]のである。

　ここで指摘されている問題は、まさに協働モデルが乗り越えようとしているものに他ならない。検察庁における支援は、再犯防止を目指すことによって、本人の意思による選択を阻害し、それにより福祉による支援の名の下に継続的監視が行われる危険性を招くこととなる。それは、本人の主体性を傷つけながら問題解決への意欲を削り続けることに他ならない。上記で指摘されているのは、福祉的支援を受け入れようとする者に対する支援の問題であるが、ここでも当然、福祉的支援を拒否する者も存在するであろう。そのような者が起訴を回避しつつ福祉的支援を拒否するためには、検察における処分決定時には福祉的支援を承諾しておきながら、起訴猶予後に福祉的支援を拒否することが考えられる。著者が聞く限りでも、このような例は少なくないようである。このような者に対しては、一旦起訴猶予とした事件を再起し、被疑者を起訴するという選択もあり得るが、このような選択をすれば、さらに心理的強制の度合いは強まるのであるから、当事者の主体性はさらに蹂躙されることになる。このことからも明らかなように、検察庁における再犯防止の取組みは、本人の主体性を制限していくような、協働モデルが目指す方向性とは真逆の方向に向かうものになりかねない。

　このような問題は、刑事弁護にも内在している。近年は、弁護人が情状弁護として、公判中又は刑事手続終了後に、被告人が福祉施設へ入所し更生支援計画に従った生活を送ることを主張することや、クレプトマニア（窃盗癖）や性犯罪における再犯防止策として入院又は通院治療を受けることを主張することが行われるようになってきている。しかし、これは検察庁における取組みと同様に、実刑回避のために福祉施設への入所や入院という選択へと心理的強制が働くことになる。被告人の更生に熱心な弁護

---

[101] 水藤昌彦「社会福祉士等による刑事司法への関わり――入口支援としての福祉的支援の現状と課題」法時89巻4号（2017年）52頁

人ほど、この心理的強制を善とし、本人の意思に基づく選択を阻害してしまいかねない。この点を看過すれば、福祉施設や病院が刑務所の代替施設となってしまう危険をはらむこととなるのである。

なお、これと同様の問題は、刑務所における処遇についても当てはまると考えられる。「刑務所内での資格取得や教育は、刑務所から早く出るためにやっている人が多い印象。だから、刑務所内で取得した資格を生かして働きたいという人は少ない。刑務所内での資格取得や教育は、何ら出所後の生活に結びついていないのではないか。」との千葉氏の指摘からもわかるように、刑務所における処遇も少しでも早く出たいという計算の下における選択であって、本人が今後どうしたいかという意思に沿った選択がなされていないことを示唆している。

協働モデルが提案するこの問題の解決策は、当事者の主体性を保持し、自分の求めるライフスタイルを選択できるよう、対話に基づく相互変容過程を刑事司法に組み込むことである。このような制度提案の詳細は第7章以下において検討していく。

(6) 協働モデルを定義する

ここまでの議論をまとめてみよう。長所基盤モデルと比較することによって明らかとなった協働モデルの特徴は、支援する者とされる者とを切り分けることなく、相互変容という学習プロセスに身を置き続けることを求めること、社会が歓迎する能力や価値観を押し付けることはせず、対話を通して社会の在り方やこれまで正当視されてきた支援の在り方を問い直していくこと、当事者の人間関係を充実化させることで、そこから様々な可能性が開いていくこと、協働モデルはあらゆる手続や支援において適用されるべきものであることである。これらを1つのキーワードとしてまとめるならば、再犯防止を目指さない協働関係である。

当初の著者のフィールドワークから導かれた知見とは、①その人の能力と可能性に着目した支援の在り方（第1テーゼ）であり、②当事者との協働に基づいた互助できる関係づくりを必要不可欠とするもの（第2テーゼ）であった（21頁）。しかし、これまで協働モデルについて示してきたとこ

ろからすれば、協働モデルの本質的要素は第2テーゼであり、第1テーゼは第2テーゼから導き出される1つの「成解」にすぎないことは明らかであろう。

そうすると、協働モデルは次のように定義できる。すなわち、協働モデルとは、伴走者と当事者とのゆるやかな関係性を基礎として、互いの「無力さ」や「弱さ」を受け入れて「自分から変わる」という実践を当事者の家族や友人、職場の人びと等の第三者を巻き込んで行っていく相互変容過程である。この定義は、伴走者が「自分から変わる」という実践を通して当事者の人間関係を改善に導き、当事者が立ち直りへと歩んでいくことを示したものである。したがって、立ち直りとは、変容し続けることである。その意味で、立ち直りは当事者にも、伴走者にも、そして社会にも必要なのである。

ただ、この定義は、相互変容過程を伴走者の視点から捉えたものとなっていることに留意が必要であろう。相互変容過程の全容を明らかにするためには、伴走者と当事者双方の視点による分析が不可欠となる。そこで次に、伴走者の視点と当事者の視点の双方から相互変容過程を整理し、その上で両者の相互変容過程の統合を図りたい。この作業に入る前に、第4章と第5章をつかって、もう少し伴走者の視点から見た相互変容過程について整理しておきたい。まず次章では、協働モデルに対して読者が抱くであろうと予想される疑問に答えながら協働モデルにおける相互変容のプロセスとその具体例を示していきたい。

第4章

協働モデルに対する疑問と回答

1　相互変容と協働モデル

　協働モデルは、伴走者が自分から変わるという実践を第三者を巻き込んで行っていく相互変容過程である。この定義そのものに、協働モデルにおいて相互変容が本質的要素であることが端的に示されている。そして、これまでの検討から、なぜ伴走者が変わらなければならないのか、そして伴走者が変わるとはどういうことなのか、という点についても説明を加えてきた。ただ、これらの点について、なぜ犯罪を行った当事者ではなく、犯罪もしていない伴走者が変わらなければならないのか、そして、伴走者から変わるとは具体的に何をするのか、という疑問が解消されていない方もいるかもしれない。そこで本章では、さらにこれらの点について少し違った角度からの詳細な説明を試みたい。そこで、以下では、なぜ伴走者から相互変容のプロセスを開始していく必要があるのかを説明した上で、伴走者が「自分から変わる」実践をした具体例を紹介したい。それから、相互変容過程がどのように進んでいくのかについて整理していくこととしたい。

2　なぜ伴走者が変わらなければならないのか

　なぜ伴走者が「自分から変わる」ことが必要なのか。それは、個々人がそれぞれ大切にする価値に従って幸福な人生を歩んでいくためには、正義と悪という二項対立図式から解放され、人間関係に潜む権力関係を排した上で、対話に基づく相互理解が必要であるが、そのための唯一の手段が、自ら変わることであるからである。すなわち、自分が相手を受入れ、相手のためにどうすればよいかを考えて行動しなければ、ただ自分にとっての正義を相手に押し付けるだけになりかねず、反発を招くだけで対立関係をより一層深めてしまいかねないからである。このように説明してもなお、

なぜ罪も何も犯していない伴走者の方が変わらなければならないのか、という疑問は解消されていないかもしれない。そこで、更生支援において相互変容がなぜ必要なのかについてこれまでとは少し異なる視点から説明していこう。

この問いに対する答えを端的に述べるとすれば、伴走者と当事者との関係性はそもそも対等ではないのであるから、立場の均衡性を回復するために伴走者が「自分から変わる」実践をしなければならない、ということである。組織心理学の創始者である Edgar H. Schein 氏は、「そもそもどんな支援関係も対等な状態にはない。クライアントは一段低い位置(ワン・ダウン)にいるため、力が弱く、支援者は一段高い位置(ワン・アップ)にいるため、強力である。支援のプロセスで物事がうまくいかなくなる原因の大半は、当初から存在するこの不均衡を認めず、対処しないせいだ」[1]と指摘している。この指摘は、更生支援においては特に当てはまるであろう。「なぜ罪も何も犯していない支援者の方が変わらなければならないのか」という問いの存在自体がそのことを示している。つまり、この問いは、支援者が「一段高い位置(ワン・アップ)」にいることを当然とし、それを是認しているからこそ出てくるものである。そして、こうした不均衡に無自覚であるならば、伴走者と当事者との関係は、支援関係ではなく、支配関係になってしまうおそれがある。さらに恐ろしいのは、その不均衡が「面目保持(フェイス・ワーク)」という我々の習性によって生じるということである。Schein 氏は、人は自分の面目や他人の面目を保つように行動するものであり、こうした面目保持(フェイス・ワーク)においては、「支援を求める人は、本当に助けが得られるか否かにかかわらず、支援者になりそうな人に権力や価値を与え……支援を求めたあと、クライアントは受動的で依存型の観

---

[1] Edgar H. Schein（金井壽宏監訳、金井真弓訳）『人を助けるとはどういうことか 本当の「協力関係」をつくる７つの原則〔第２版〕』（英知出版、2011 年）69 頁。なお、そこで用いられている「支援」という言葉は、Helping の訳であり、本書が用いている意味よりも多くのことを包合していることに注意を要する。そして、Helping とは、「相手の役に立つこと」、そして、「相手にそう思ってもらえる行為」のことであり、「相手（クライアント）のイニシアティブや自律性を尊重しつつ、相手がうまく問題解決するプロセスを支えること」が重視されていると監訳者は説明している（同書４頁）。

客の役割を演じ、支援者になりそうな人を役者の役割にしてしまう」と指摘し、このようなクライアントの支援者に対する権力の授与行為が人間関係の不公正さを生じさせると説明している[2]。

そうして生じた不均衡は、当事者に感情的な反応を引き起こさせるのである。そのような反応を Schein 氏は 5 つの罠として説明している[3]。第一に、支援者に対する不信感によりクライアントが真の問題を隠す可能性があること、その結果、支援者は真の問題が何かを知る機会が失われること。第二に、支援者と出会えたことに対する安堵とともに、支援者への依存や従属を歓迎する感情が現れること、その結果、クライアントが主体的に問題解決に取り組む意欲を失ってしまうこと。第三に、クライアントが「ワン・ダウン」の気持ちを避けるために、助けを求めながらも、本当はまったく別のもの（注目や安心感、妥当性の確認）を求めていること、つまり支援を求めることにより真の問題を隠していること。第四に、クライアントが支援者と対等だという気持ちを取り戻そうとして、憤慨したり防衛的になること。第五に、クライアントの過去の経験に照らして、面前の支援者をステレオタイプ化したり、支援者に対して非現実的な期待を抱いたりすること。

このような感情的反応を放置すれば、真の問題に辿りつくことができないばかりか、当事者を問題解決から遠ざけることにすらなってしまう。それゆえ、支援者はこの不均衡に早くに気付き、対処することが必要となるのである。その対処の方法が「自分から変わる」ということなのである。「自分から変わる」必要性についてのもう少し具体的な例をここで紹介しておこう。竹端氏は、支援者が「自分から変わる」ことの必要性について、精神病者に対するある病院の対応を例に挙げて説明している。

> 病気になる以前は当たり前のように自分で外出できていた入院患者にとって、この「三日前の外出届の義務づけ」とは、自由の剥奪そのものである。これは、精神病という病を得るのと同じ、あるいはそれ以上のショッキングな出来事で

---

[2] Schein・前掲注1) 66-67 頁
[3] 以下の説明は、Schein・前掲注1) 70-76 頁に基づく。

ある。その中で、生きる希望を失い、「卑屈な役割関係」の中で、常に医療者に「お伺いをたてる」位置への「地位の固定」が進むことに関しても、「沈黙の民」として従っていく。

この恣意的で固定的な「支援者——患者」の「卑屈な役割関係」を変えるには、支援される側の精神障害者ではなく、支援する側であるPSW（著者注：精神科ソーシャルワーカー）や医療者こそ変わる必要がある。「『見ない、聞かない、言わない』が生きる知恵」となっている入院患者の本当の想いや願いという本音を聞こう、と対話の回路を開くためには、まず支援者の側が変わらなければならない[4]。

そして支援者が変わるためには、「卑屈な役割関係」への気付きが必要である。それが意味するのは、「われわれ自身の仕事を自らの手で、希望のないものとしている現状」があるということ、つまり、「相手とのコミュニケーションの良い方法を知らず、その結果、相手の本音も知らない、という二重の『無知』への気づき」なのである[5]。このような二重の無知への気付きが支援者を「自分から変わる」ことへと駆り立てる。支援者が変わらなければならない状況がそこにあったとしても、支援者がそのことに気付かなければ状況の改善は難しい。だから、支援者は常に当事者との関係性に着目し、二重の無知に対する警戒を怠ってはならないのである。

では、支援者が「自ら変わる」必要性に気付いたときに、どうすればよいのであろうか。それは、支援者自らが相互変容過程に身を置くことである。

なぜ支援者が相互変容過程に身を置かなければならないのか。Schein氏は、支援者の陥りやすい罠の1つとして、支援者が客観的であろうとするがためにクライアントに対して無関心な態度を表明してしまうことを挙げ、その理由として次のように述べている。

　　心理学的に最もありそうな理由は、クライアントが感じたり経験したりして

---

[4] 竹端寛『枠組み外しの旅——『個性化』が変える福祉社会』（青灯社、2012年）78-79頁

[5] 竹端・前掲注4）82頁

いることをもっと奥深くまで探れば、支援者は自分の見解を変える羽目になる可能性を意識的にせよ無意識的にせよ、わかっているからだということだ。そうなれば、権力のある地位や、ワン・アップの状態を諦めねばならなくなる。支援者になれば、何らかの影響を受ける覚悟を強いられる場合が多く、状況に対する見方が変わるかもしれない。実を言えば、影響を受けることを厭わないというこの気持ち——クライアントが本当に言わんとしていることに耳を傾け、問題への先入観を捨てること——が、人間関係の平衡を保つ最も効果的な方法なのだ。

　クライアントの話に心から耳を傾けることによって、支援者は相手に地位と重要性を与える。そして、クライアントによる状況の分析が価値あるものだというメッセージを伝えるのだ。支援というものが、影響を与えることの一つの語りだと考えるなら、自分が影響されてもかまわない場合しか他人に影響を与えられない、という原則はきわめて適切だ[6]。

　このような相互変容過程に身を置くことで真に「自分から変わる」ことを実践できるのである。

　以上が伴走者が自ら変わらなければならない理由である。伴走者と当事者との不均衡を解消しなければ、「相手の本音も知らない」まま「われわれ自身の仕事を自らの手で、希望のないものとして」しまうのである。伴走者が自分から変わる勇気をもち、実践することで立場の対等性を回復し、相手の本音を引き出すことができるようになるであろう。

3　「かりいほ」の取組み

　では、そのような「自分から変わる」実践とは具体的にどのようなものであろうか。障害者支援施設かりいほにおける「自分から変わる」取組みを紹介しよう。「かりいほ」は、「中軽度の知的障害者で、きちんとした障害理解がない中で、適切な福祉の支援を受けられず、様々な『生き難さ』を抱えた人たち」[7]を対象にした入所更生施設である。入所者は、「暴力な

6　Schein・前掲注1）82-83頁
7　社会福祉法人紫野の会ホームページ http://kariiho.wixsite.com/home/explanation

どの他害行為や、いわゆる"反社会的行為"によって、地域での生活が困難になってしまった人たち」[8]である。こうした人たちを支援していく中で、「かりいほ」は独自の支援論を確立していった。「かりいほ」の支援が変わらなければならなくなった経緯について、施設長の石川恒氏は次のように述べている。

　私はこれまでの福祉支援を、「枠の支援」と言っていますが、「かりいほ」でやろうとしていることは「関係性の支援」です。支援の仕方が変わってきたのです。以前は一日のスケジュールがきっちりと決められていた。三〇人全員が集団生活に適応することを求められ、その生活を続けるなかで、それぞれが抱える問題を解決していこうとしてきました。しかしそれが通用しなくなった。三〇人という集団の枠組みではだめだ、という訴えを行動で示してくる人たちが増え、結果的に、その人たちが「枠の支援」を壊していくことになったのです[9]。

そこで、「かりいほ」では支援者があらかじめ決めた"こうするべき"という「枠」に当事者を適応させようとする「枠の支援」から、一人ひとりに応じた支援、徹底した個別支援へと支援の仕方を変容させていった。しかも、従来のような「集団を前提とした『個別支援』」ではなく、「"徹底的に付き合う"という言葉以外、思いつかないような個別支援」なのである[10]。「利用者の人たちを自分たちの制度やあり方に合わせるのではなく、支援を必要とする一人ひとりが、どんな内容であれば適切な支援になるかを吟味し、用意すること。そのようにして……個別支援のスタイルが創り出されていく」[11]というのである。

ここで個別支援の具体例を紹介しよう。広汎性発達障害と診断され、特

8　佐藤幹夫『「かりいほ」の支援論　「安心」の獲得と体験世界（感覚・知覚世界）の変容』佐藤幹夫／人間と発達を考える会編著『発達障害と感覚・知覚の世界』（日本評論社、2013年）173頁
9　佐藤幹夫「続・『かりいほ』の支援論――利用者の『自分語り』に耳を傾ける」そだちの科学22号（2014年）38頁
10　佐藤・前掲注8）222頁
11　佐藤・前掲注8）224頁

別支援学校高等部を卒業したある利用者は、激しい暴力を振るうことがあり、そのため「かりいほ」に入所することになった。「かりいほ」でも暴力はみられていたという。しかし、次第にその暴力は減っていく。

　　入所して三年経ったころには、彼の生活は大きく変わっていた。二週間に一度のサッカー観戦と野球観戦が、生活の中心になったのです。サッカーには一日がかりで出かけ、最前席に陣取って旗を振り、疲れ果てて帰ってきます。その後の数日間は眠っている時間が増える。日中の作業には参加していません。部屋で自由にして過ごしているというのです。
　　これは支援じゃない、好きに遊ばせているだけじゃないか。そう感じるでしょうか。しかし、まずは彼の好きなことに徹底して付き合う。その付き合いの中で、本人と支援者のあいだに"繋がりの感覚"をつくりあげていく。それができなければ、支援も何も始められないというケースが間違いなくあるのです……。
　　施設長は次のように言います。
　　「サッカーや野球観戦が生活に入ったことで、暴力は以前に比べて格段に減りました。表情も穏やかになってきています。暴力が減ったのは、作業に参加しないので他の利用者との作業中のトラブルがなくなったということが、まずあります。以前は作業に参加しなければいけない、と本人は強く思っていました。『しなければならない』という、囚われた感覚をもっていたようなのです。辛くても『やる』と言って参加し、ちょっとしたことでトラブルを起こしていました。ならば、まずはトラブルになる"芽"を摘んでしまおう。それで、『作業はしなくていい、あなたの仕事はサッカーを見にいくことだ』と伝えたのです。サッカーを見ることが仕事だと思えたことで、作業には参加しなくてもいいと思えるようになり、この変化は、とても大事だと思っています」[12]

このようにして、利用者が一律に作業を行うことをやめたのである。こうした事例は他にもある。

　　盛んに無断外出をくり返していた人には「かりいほ」の"臨時職員"になってもらい、一日出かけずに過ごすことができれば日当1000円を渡す、そのお

---

[12] 佐藤・前掲注8) 222-223頁

金を貯めて自転車を買う、という取り組みを生活の中心にしていった人。あるいは、週2回、協力を得ている近隣の牧場や介護施設に、トライアル就労のような形で通い、いずれは地域のグループホームでの生活を目指す人。また周期的に「ここでは暮らせない」と一人で出かけ、そのたびに「かりいほ」の連絡先とお金を持たせて出してやる、また戻ってきてはしばらくすると出ていく、何度もそれをくり返し、最期には「かりいほ」を自分の生活の場所として選んでいった人。まさに各人各様だった[13]。

こうした徹底した個別支援へのシフト、これが「かりいほ」における「自分から変わる」実践の1つ目である。利用者の行動や言葉に耳を傾けることで、従来の支援では支えきれないことに気付く。そして、利用者のそれぞれの声に耳を傾け、それぞれに応じた支援を展開していく。そうして「かりいほ」での生活の安定を目指してきたのである。

そして、そうした中で、次に社会とのつながり方が問題となった。しかし、就労という形での社会とのつながりをもてる人がすべてではない。そこで、利用者と社会とのつながりを生み出すために「かりいほ」はさらに「自分から変わる」ことを実践した。

> いわゆる「社会的自立」が、就業や、アパートなどでの単身生活のみを意味するのだとすれば、その概念を思い切り切り拡げてよいのではないか。就業・労働や生活支援の在り方など、その人なりの社会とのつながり方でいいのだし、それを"かりいほ型社会生活"と捉えること。言ってみれば、「社会とのつながり」方を多様にし、「社会的自立」という言葉の意味を変容させてしまうことである[14]。

つまり、ここでの支援者の役割は、利用者と社会とをつなぐことである。そうしたときに、支援者はどのような社会とのつながり方があるのかを模索することになるであろう。そこで「自分語り」の必要性が出てきたのである。「自分たちの支援をしている人は、どんな人たちなのか。一人ひと

---

[13] 佐藤・前掲注9）38頁
[14] 佐藤・前掲注9）39頁

りをもっと理解しなければ、という問い直しも課題となっていた」[15]のである。この「自分語り」について、石川氏は、「この研修では、実際に『かりいほ』を利用している人が自分の言葉で自分の人生を語り、それを聞く現場の人間は、この人たちにどういう支援が必要なのか、そのことを考えていくきっかけになってもらえればいい、そう考えて、この研修を行っています」[16]と述べる。その研修の名称は「生きにくさを抱えた知的障害者を支援し続けるための人材育成研修」といい、施設利用者の「語り」に耳を傾けることをテーマとしている[17]。この名称にも「かりいほ」の支援論が凝縮されている。

　　なぜ「生きにくさを抱えた知的障害者」なのか。彼らを犯罪者、触法障害者、刑余者といった受け止め方をしない、そのような言葉では本人たちを理解することはできない、という基本的な考えがあった。これは社会の側が彼らに貼りつけた言葉である。社会の側が、"問題のあるあなたに変わってもらわなければ、社会や福祉のなかには居場所はない" "更生し、社会適応しなければ福祉の対象にはできない" というメッセージとともに、社会の側から向けられた名指しである。そうではない視点や支援論を持たなければ、彼らへの支援はできない——それが石川施設長の語るところだった[18]。

このような支援者側の姿勢は、相互変容のための本質的要素である。「社会の側からのストーリーではなく、本人自身が語るストーリー。そこに福祉の側はもっと耳を傾ける必要がある。そして彼らの生きにくさがどこにあったか、そのことを理解の出発点とすること」[19]から相互変容は始まるのである。

さらに、「かりいほ」での「自分語り」が特徴的なのは、「聴衆一般をゲストとする中で『自分語り』を行う」[20]ところである。このように「自分

15　佐藤・前掲注9)　39頁
16　佐藤・前掲注9)　40頁
17　佐藤・前掲注9)　39頁
18　佐藤・前掲注9)　40頁
19　佐藤・前掲注9)　40頁
20　佐藤・前掲注9)　43頁

語り」が社会に向けて開かれているのは、「『かりいほ』自身が、社会の中で孤立したり、閉ざされたりした場所にならないため」であると同時に、「これまで『あなたたちは、この社会には居場所はない』と排除され続けてきた人たち」が、「『自分たちにも居場所はあるのだ、居場所を作って良いのだ』という社会に向けたメッセージ」を発していくためでもある[21]。このような姿勢は、「学びの渦」が社会にも広がっていき、社会全体の「社会的自立」の捉え方が変わっていくために不可欠なことなのである。

　これまでに見てきたような「かりいほ」の支援論の変化は、まさに協働モデルへのパラダイムシフトを示しているといえよう。当事者と共に問題解決に取り組む中で、これまでの「枠の支援」では問題を解決できないことに気づく。そして、当事者を「犯罪者」と捉えることを止め、「『生きにくさ』を抱えた人」と捉えることにより、支援者の立場を絶対化せず、本人の「語り」に耳を傾ける姿勢を共有する。本人の「語り」に耳を傾ける中で、支援者の中の「社会的自立」という言葉の意味が変容していき、それが日々の生活に定着していく中で、社会全体の「社会的自立」の捉え方が変わっていく。このような「かりいほ」の支援論は、協働モデルにおける相互変容過程に他ならない。当事者の「生きにくさ」に耳を傾け、まずは「自分から変わる」ことを実践している。しかも、ここでの自己変革は１度ではない。「枠の支援」からの脱却、「犯罪者」と捉えることをやめる、本人の「語り」に耳を傾ける、そして、「社会的自立」の意味の変容、という幾度とない自己変革が行われているのである。この相互変容過程に身を置くことにより、「就労」以外の「社会的自立」の在り方を探るという姿勢が出てくるのであり、そこではもはや本人の能力や可能性を支援者の"善意"に基づいて限定しようとする意識は存在し得ない。

　そこで見出される本人の能力や可能性は、当事者との対話を通した「生きにくさ」の理解に基づいた「生き直し」の実践なのである。「かりいほ」では、こうした支援を「関係性の支援」[22]と呼ぶ。

　以上に紹介したように、「かりいほ」では、利用者の声に耳を傾けるこ

---

21 佐藤・前掲注9) 43頁
22 佐藤・前掲注9) 38頁

とにより自らの支援論を変容させていったのである。集団支援から個別支援へ、そこからかりいほ型社会生活の追求、そのための「自分語り」へと変わっていったのである。こうした「自ら変わる」実践の連続を経て、「自分語り」という、利用者自身が語るストーリーに耳を傾けるという、相互変容の仕組みをつくっていったのである。

第5章

相互変容の過程と回復の過程

1 相互変容の過程

　更生支援における相互変容のイメージをもっていただけたところで、本章では、相互変容の過程がどのように進行していくのかをある程度抽象的に整理しておこう。最初の出発点となるのは、第3章でも紹介した、相互変容過程の「五つのステップ」である（71頁）。これは、竹端氏が精神科ソーシャルワーカーへのインタビュー調査から発見し整理した五つのステップを参考にしたものであった。

①犯罪者の「生きにくさ」そのものや「想いや願い」を、病状や本人の犯罪傾向としてではなく、自分が知らない本音やビジョンとして耳を傾け、そこから学ぼうとする。
②「問題の一部は自分自身」であることを認め、他責的に相手を糾弾すること無く、「現実をビジョンに近づける」ために「創造的緊張」を活かそうとする。
③支援者と当事者を「切り分け」ることなく、「相互に依存し、影響し合う一つのシステム」として認識する。
④対象者を「操作」する前に、まず「自分から変わる」必然性が生まれる。
⑤この自らの変容が、他の支援者や行政、家族や当事者自身の変容をもたらす大きなきっかけになる。

　「かりいほ」の取組みをこの五つのステップに当てはめて確認しておこう。まず、①利用者の「生きにくさ」に耳を傾ける。そうすることで、これまでの支援論では利用者を支えきれないことに気付く。ここで起こりが

ちなのは、従来の「枠の支援」のまま、利用者を枠にはめようとすることである。しかし、「かりいほ」ではそうはしなかった。②「枠の支援」では限界があることを認め、新たな支援論を獲得しようとした。④そこで「徹底した個別支援」の必要が生じた。⑤利用者の問題行動が減っていった。このように具体例を踏まえて改めて考えてみると、③は相互変容過程の一つの段階というよりは、相互変容の前提となる伴走者の態度として位置づけた方が適切なように思われる。

(1) プロセスに着目する

　もっとも、伴走者が当事者から影響されることを受け入れ、支援者と当事者を「相互に依存し、影響し合う１つのシステム」として認識したとしても、それだけでは当事者に「生きにくさ」や「想いや願い」を語ってもらうことはできないだろう。高坂氏が「少年たちは正しい言葉を聴きたいのではなく、信頼できる人の言葉を聴きたい」と述べ、当事者から信頼される努力がまず必要であると強調していたように、伴走者と当事者との信頼関係の構築が不可欠であろう。Schein 氏は、信頼関係の要素として次の２つを挙げている。

　　一　その人間との関係の中で、自分がどんな価値を主張しても、理解され、受け入れてもらえること
　　二　相手が自分を利用したり、打ち明けた情報を自分の不利になるように用いたりしないと思うこと[1]

　この２つの条件を満たすような状況を築くことが、伴走者が当事者の「生きにくさ」に耳を傾けることができるようになるために必要となるのである。このような信頼関係を築くために、Schein 氏は、支援者が選び得る役割として、「情報やサービスを提供する専門家」、「診断して、処方

---

[1] Edgar H. Schein 著・金井壽宏監訳・金井真弓訳『人を助けるとはどういうことか　本当の「協力関係」をつくる７つの原則〔第２版〕』（英知出版、2011 年）49 頁

箋を出す医師」、「公平な関係を築き、どんな支援が必要か明らかにするプロセス・コンサルタント」に分類した上で[2]、「どんな支援の状況も、プロセス・コンサルタントの役割を果たす支援者によって始められ」[3]なければならないとする。そしてプロセス・コンサルタントによって次のようなことが実行されなければならない。

一　状況に内在する無知を取り除くこと
二　初期段階における立場上の格差を縮めること
三　認識された問題にとって、さらにどんな役割をとるのが最適かを見極めること[4]

このようなプロセス・コンサルタントの役割は、十分な信頼関係が築かれていない支援の初期段階で特に必要となる。このような役割が支援者とクライアントとの人間関係に与える影響についてSchein氏は次のように述べている。

　　プロセス・コンサルテーションとは、支援者が最初からコミュニケーションのプロセスに焦点を当てることを意味する。クライアントの要求の内容は無視されないが、支援者はまず、態度や声の調子、環境、ボディランゲージ、ほかにも不安や信頼の程度を示す手がかりに注意を払うことによって、相互の関係がどうなっているかに注目する。目的は互いの立場を対等にし、クライアントも支援者も無知をなくせるような環境を作ることだ。その概念は、あまり多くを想定せず、クライアントがよりさまざまな事柄を打ち明けられるような状況を作ることである。そうすれば、そのプロセスの中でクライアントは立場を獲得し、信頼を構築していけるだろう。つまり、初めての段階で権力のある地位に就くことによる罠を避けるために、控えめな問いかけ(ハンブル・インクワイアリー)をする役割を選ぶという行動である[5]。

2　Schein・前掲注1）98頁
3　Schein・前掲注1）113頁
4　Schein・前掲注1）113頁
5　Schein・前掲注1）108-109頁

このようなプロセス・コンサルタントの役割の中心となるのは、クライアントが主体的にあり続けられるようにするということである。このような役割が支援者とクライアントとの均衡を回復し、信頼関係を築き上げていくのである。

こうしたプロセス・コンサルタントの役割と協働モデルにおける伴走者が変わる必要性との橋渡しをするために、Schein 氏が指摘しているプロセス・コンサルタントの役割の適用の前提を紹介しておきたい。

一　クライアントというものは……、何が本当にうまくいっていないのか、実際の問題が何かを診断する上で、どんな助けが必要かを知らない場合が多い。しかし、問題を抱えて生きていくのはクライアント自身だけなのだ。

二　クライアントは、コンサルタントがどんな支援を与えてくれるのかを分かっていない場合が多い。どのような助けを自分が求めているかを知るためのガイダンスが必要だ。

三　クライアントの大半は物事を改善しようという意図を持っている。だが、何をどのように改善するかを見極めるには、支援が必要だ。

四　自分が置かれた状況でなにが最終的に効果をあげるかがわかるのは、クライアントだけだ。

五　自分自身で問題を見抜いて対応策を考えないかぎり、クライアントが解決方法を実行に移す可能性は低い。また、そうした問題が再発したときに、修復する方法が身につかなくなる。

六　支援の最終的な機能は、診断するためのスキルをクライアントに伝え、建設的な介入を行うことだ。そうすればクライアントは自力でもっと状況を改善していくことができる[6]。

このようなプロセス・コンサルタントの役割の適用の前提を読むと、相互変容過程との接続点が明らかとなる。それは、クライアントもコンサル

6　Schein・前掲注 1) 111-112 頁

タントも問題状況や互いのことについて無知であるということである。無知に気付くところから「自分から変わる」取組みが始まるのと同じように（104頁参照）、プロセス・コンサルタントも、無知を出発地点としているのである。こうした接続点が明らかとなったところで、相互変容過程の構造について明らかにしておこう。まず、相互変容過程は、伴走者が無知に気付くところから始まる。そして、自らを相互変容過程に置くこと、つまり、相手の影響を受けることを認める。そうした中で相手と対話をし、自ら変わる必要性が生じる。そこで自ら変わるという実践を行っていくというのが相互変容過程における流れである。一方で、プロセス・コンサルタントも、お互いが無知であることを出発地点として、互いのコミュニケーション過程に注目することで、信頼関係の構築や当事者の主体性の回復を目指すのである。そして、無知を克服していくなかで「自分から変わる」必要性を認識することになる。それは、プロセス・コンサルタントの役割に「認識された問題にとって、さらにどんな役割をとるのが最適かを見極めること」も含まれていることからもうかがい知ることができる。これを上記の接続点で接続すると次のようになるであろう。

①伴走者が自分や当事者の無知に気付く。
②当事者との対話を通して、真の問題点や互いのことを知りあう必要が生じる。
③当事者から「生きにくさ」を正直に語ってもらうために、信頼関係の構築と当事者の主体性の回復の必要性が生じる。
④伴走者は当事者との関係性の中で自分が相手に影響されうることを受け入れる。
⑤伴走者は互いのコミュニケーション過程に着目しながら、相手の「生きにくさ」に耳を傾ける。
⑥伴走者が問題の一部は自分自身であることを認める。
⑦自分から変わる必要性が生じる。
⑧この自らの変容をきっかけとして、当事者やその家族などの周りの人々の変容をもたらしていく。

このような段階の中で、互いの信頼関係の構築や当事者の主体性の回復は、伴走者が相互変容過程に身を置き、当事者の「生きにくさ」に耳を傾けていくうちになされていくであろう。この①から⑧までの過程が相互変容過程の全容ということになる。

(2) 信頼の形成過程

ここまでの議論で伴走者から始める相互変容過程の全容が明らかとなった。それは、信頼関係を築くために伴走者はどうすればよいか、について一定の方針を与えてくれるものである。それに加えて、どのようにして信頼関係が築かれていくのか、という点についても、相互変容過程をより理解するために分析しておくことが有用である。そこで、平井秀幸氏によるある女子少年院で行われた矯正教育プログラムにおける少年の変容過程についての分析を参照しよう。

平井氏は、「『当事者』ははじめから『仲間（ピア）』であるわけではなく、（安心して『語る』ことを可能にする）同質性への『共感』と（心を閉ざさずに『聴く』ことのできる）異質性への『信頼』によって、互いに『語り／聴く』ような『感情』面での相互サポートの担い手──『仲間（ピア）』──として意味づけられる」[7]のであると指摘している。そして、その「共感」と「信頼」の醸成は、他のメンバーとの相互作用の中で認識されていくという。「A少年は、自分がメンバーに『共感する』ことを通してメンバーから『共感される』ことを感受できる──『同質性への気づき』→『共感する』→『正直な経験の開示』→『共感される』→…、という──『共感の連鎖』としてこの相互関係を認識してい」[8]く。そして、それにより「『共感』への不安が払しょくされるに従い、残る『信頼』の問題がクローズアップされ、前景化して」[9]いくこととなる。A少年はここでも他の

---

7 平井秀幸『いかにして「当事者」は「仲間（ピア）」になるのか？──少年院における「矯正教育プログラム（薬物非行）」の質的分析──』四天王大学紀要60号（2015年）138頁

8 平井・前掲注7）126頁

9 平井・前掲注7）128頁

第 2 部　協働モデルの理論化

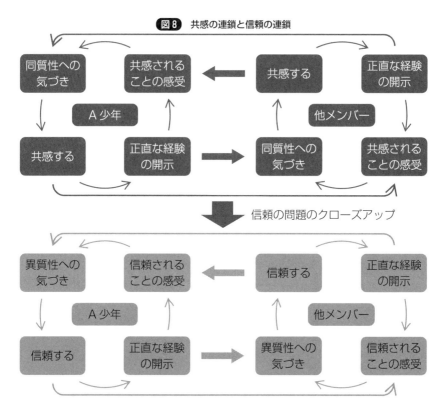

図8　共感の連鎖と信頼の連鎖

メンバーとの相互作用の中で「信頼」を認識していくことになる。そこには「『正直な経験の開示』→『信頼される』→『異質性への気づき』→『信頼する』→…、という『信頼の連鎖』」[10]が存在していたのである。このような「同質性への気づき」を基礎とする「共感の連鎖」と「異質性への気づき」を基礎とする「信頼の連鎖」がA少年の変容過程において見出されたのである（図8）。

　このような共感と信頼の連鎖は、協働モデルの相互変容過程にちょうどあてはまる。伴走者が当事者の声に耳を傾け共感を示すことで、当事者の共感を引き出し、正直な経験を語ってもらえるようになる。このような正直な経験を語り合う関係のなかで、信頼の連鎖の過程に進んでいくのであ

10　平井・前掲注7）130頁

る。平井氏の分析においては、少年院内の少年同士の語りに基づくものであり、互いに薬物使用により少年院に送致されているのであるから、同質性への気づきを得やすかったのかもしれない。これが社会でずっと生活している伴走者との関係であった場合、少年院内のグループワークよりも同質性への気づきが困難になるかもしれない。しかし、伴走者が自分の無知に気づき、相手の話に耳を傾けていくなかで、相手に影響されうることを受け入れるならば、ほんのささいな同質性への気づきから共感の連鎖へと至ることは十分に可能である。犯罪行為が基本財への追求行動なのだとすれば（第3章第3節（62頁以下）参照）、人であれば誰しも基本財を手に入れるために苦労したり悩んだりした経験があるはずなのである。こうした苦労や悩みを共有することで、お互いに同質性に気づくことができるのではないだろうか。そこで正直な経験を開示し合う関係を形成することによって、信頼関係の醸成へとさらに進んでいくのである。もちろん、平井氏の分析は、ある少年の変容過程を分析したもので、他の者の変容過程にも同様に当てはまるかは慎重に吟味されなければならないのである。また、共感や信頼が生じるという結果が重要なのであって、そこに至るプロセスは多様であってよいのであるから、このような「共感の連鎖」と「信頼の連鎖」の過程に拘泥する必要もない。ただ、ここで重要なのは、共感や信頼が人間関係の相互関係のなかで生じていくものであり、共感や信頼の形成過程とは、まさに相互変容過程であるということなのである。ここからまさに、協働モデルが相互変容過程を重視することがより鮮明となるであろう。

　以上の検討によって、伴走者にとっての相互変容過程の全容が明らかとなった。そこで次は当事者にとっての相互変容過程、つまり当事者の立ち直りの過程を明らかにすることとしよう。

2　立ち直りの過程

(1) なぜ問題点の認識が必要なのか

　ここでは、第2章で紹介したインタビュー調査の結果を出発点とする。まず、千葉氏が指摘した自立までの過程を確認しておこう（34頁参照）。

それは以下のようなものであった。

　第1ステップ：住む所と就労の確保
　第2ステップ：自分の問題点を認識すること
　第3ステップ：問題解決
　第4ステップ：自立

　当事者の立ち直りの過程を分析するためには、まず、なぜ犯罪を繰り返してしまうのかについて検討を加えておくことが有意義であるだろう。ここでも山谷での路上生活者支援の経験を参照してみたい。私たちが貧困問題を耳にするとき、なぜ貧困に陥ってしまうのか、なぜ路上生活を続けるのか、という疑問を抱く人も少なくないであろう。著者自身が支援に携わって感じたことは、自らが直面している問題の解決に価値を見出せなくなっている状態なのではないか、ということである。問題解決の方法はないわけではないのに、当の本人が問題を解決しようとしていない、又は、問題を解決できると思っていないという状況に陥ってしまっているのではないだろうか。なんらかのきっかけで貧困状態に陥ることで、社会から偏見の目で見られるようになり、相談できる人が次第に減っていってしまう。そうして孤独になり、前向きな気持ちや問題解決のための情報から遠ざかってしまい、生活の選択肢が狭まっていってしまう。そういう中で生活しているうちに、問題の解決に意義を見いだせなくなってしまうのではないか。これが著者が感じた負のスパイラルである。

　これを犯罪を繰り返してしまう原因に応用してみよう。なんらかのきっかけで生活上に問題を抱えるようになってしまい、それを解決する手段として犯罪をしてしまう。一度犯罪者としてのレッテルを貼られれば、社会からは排除され、次第に相談できる人も減っていってしまう。当初抱えた問題を解決できないまま孤独に陥り、自分の問題や社会のことについて無感覚になっていく。そしてまた、問題を一時的に遠ざけるために犯罪という手段を取ってしまう。ここで重要なのは、自分の問題解決に価値を見いだせなくなってしまうということである。このような状態が続くことで、

第5章　相互変容の過程と回復の過程

負のスパイラルから抜け出せなくなってしまうのではないだろうか（図9参照）。

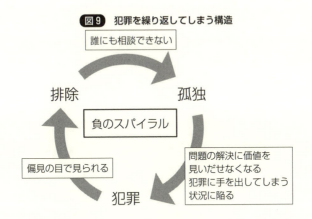

図9　犯罪を繰り返してしまう構造

このような著者の見解は薬物依存に至る過程についての分析によっても補強される。薬物・アルコール依存からの回復を目指すダルク女性ハウスを設立した上岡陽江氏は、薬物使用に至る過程について、幼少期からの辛い経験に対処するために、薬物の使用以前から身体のスイッチを切って、一生懸命痛みを感じないように生きてきたので、薬物と出会うことによって、薬物使用がより簡単に麻痺できることを知るのだと分析している[11]。また、平井秀幸氏は、ある女子少年院における薬物処遇プログラムである矯正教育プログラムにおけるある少年に対する処遇の過程を分析している。

> B少年は、薬物使用や少年院収容に先立つ過去において、いじめや虐待、承認の不充足といった事柄がもたらしたさまざまな「痛み」に対処するために、「痛み」を「自分のせい」だと我慢したり、自分を犠牲にして「人のため」に生きる、「人のせい」ゆえに怒りを直接的に表出する、といった種々の対処ワークを発達させてきた。しかし、それは必ずしも効果的なものとはならず、「痛み」による生きづらさとともに「痛み」にうまく対処できないことによる生きづらさ──「対処ワークの不全状況」──をもたらすことになった。
> ……こうした状況においてB少年は、"「人のため」に自己を犠牲にして抱

11　上岡陽江・大嶋栄子『その後の不自由──「嵐」のあとを生きる人たち』（医学書院、2010年）57-58頁

え込む""「自分のせい」だと我慢する"といった対処ワークに比して相対的に効果的な対処ワークとして薬物使用を見出し、活用していった側面があった。ある対処ワークの不全状況を埋め合わせる別の対処ワークとして薬物使用が選びとられることもあれば、不全状況に際して新たに開発された対処ワークの具体的形態として薬物使用が事後的に意味づけられる場合もあった。いずれにせよ、B少年は自らの薬物使用に対して、「痛み」の自己治療のための対処ワークとしての意味を付与していたのである。(強調は原文による)[12]

　このような平井氏と上岡氏の分析によれば、薬物使用が痛みに対する対処として行われているということがわかる。両氏の分析は、自殺の対人関係理論の枠組みを応用することで、構造化が可能となる。つまり、虐待経験や差別のなかで生活を送ることで「痛み」を抱えた状態に陥ってしまったB少年は（身についた犯罪潜在能力）、他の人に自分のことを話すことができなくなり自分のなかで問題を抱え込もうとし（所属感の減弱）、それに対する対処として「『人のため』に自己を犠牲にして抱え込む」「『自分のせい』だと我慢する」（負担感の知覚）ことを実践しようとしたが、これによりうまく「痛み」に対処できないことによる生きづらさ（さらなる所属感の減弱）をもたらし、これに代わる対処として薬物使用が選ばれたといえる。このような構造は、身についた犯罪潜在能力を持つ者が、所属感の減弱と負担感の知覚の双方を持続的に感じるがゆえに、犯罪行動に至ると整理することができる。さらには、犯罪を行うことにより、社会から排除され、より所属感の減弱を味わうこととなるであろうし、犯罪被害を生み出した罪悪感等から負担感の知覚も深まるであろう。こうして、所属感の減弱と負担感の知覚が深刻化していくという負のスパイラルに陥ってしまうのである。

　このような分析は、Maruna氏の分析にも沿うものである。Maruna氏の研究に参加した者の多くが、危険又は劣悪な地域で育った、10代のころの友人が日常的に法を破っていた、少なくとも週に1回は犯罪をしてい

12　平井秀幸「『自分のせい』と『人のため』から、『クスリのせい』と『自分のため』へ――少年院における『矯正教育プログラム（薬物非行）の質的分析』」四天王寺大学紀要第61号（2016年）21-22頁

た、薬物を習慣的に使用していた、と語っていた[13]。このような状況は、犯罪を継続しているか離脱しているかによって大きな差はなかった。しかし、離脱した者には、自分の将来に対する楽観的な認識や社会にお返しをしたいという気持ちなどがあり、これらは犯罪を継続している者にはない特徴であった。離脱した者は、地域のグループやボランティア組織、家族において役割を見つけることができていた[14]。それはつまり、劣悪な成育環境、習慣的な犯罪という身についた犯罪潜在能力があったとしても、コミュニティにおいて役割を見出し（所属感の醸成）、社会にお返しをしようとする（負担感の減少）者は、犯罪から離脱していることを意味している。

　このように犯罪行動への動因を構造化すれば、問題の解決に取り組む中で感じられ得る負担感の知覚と所属感の減弱に対処することが重要であることを見出すことができる。そして、協働モデルによれば、その具体的方法とは、伴走者とともに関係性の構築に取組み（所属感の醸成）、人から必要とされる経験を積むことによって（負担感の減少）、問題解決への意欲を取り戻していくことであるといえる。

　では、協働モデルによってどのように問題解決の道しるべを見つけることができるようになるのか、検討を進めていこう。

(2) 自立の意義

　まず、立ち直りは住む所と就労の確保から始まる。五十嵐氏も、「住む所と生活費が確保できないといけない。それができれば、そのあとなんとかなっていく。だから、出所後は必要であれば生活保護を受給して生活を立て直すことを最優先にすべきだと思う」と述べていた。生活が立ち行かなければ、自分の問題点を解決する余裕もなくなってしまうであろう。したがって、まずは住居と生活費を確保することが必要となる。

　問題はその後どうするか、である。ここから立ち直りまでの過程を明らかにするうえでは、千葉氏が指摘した４つのステップとの関係において反

13　Shadd Maruna　津富宏・河野荘子監訳『犯罪からの離脱と「人生のやり直し」－元犯罪者のナラティブから学ぶ』（明石書店、2013年）84-93頁

14　Maruna・前掲注13）168頁

省をどの段階に位置づけるか、また、当事者が自分の問題点を認識するためにはどうすればよいかを検討する必要があろう。本節ではこれらの点を検討していく。ただし、これらを扱う前に確認しておきたいのは、最終ステップである自立の意味である。自立をどのように捉えるかによって、それまでの過程が変わってくるからである。

　自立の内容をどのように捉えるかによってそこに至る過程が変わる、とはどういうことなのかと思う方もいるかもしれない。著者がこのような問題意識をもっているのは、自立とは、誰にも依存せず一人で生きていけることではないと考えるからである。結論から言えば、自立とは、その真逆の状態、つまり、より多くの人に依存できている状態であると考えている。このようなパラダイムシフトのきっかけは、当事者研究の研究者である熊谷晋一郎氏のインタビュー記事に出会ったことであった。熊谷氏は、新生児仮死の後遺症により脳性まひの障害をもち、車いすで生活している。

　　一般的に「自立」の反対語は「依存」だと勘違いされていますが、人間は物であったり人であったり、さまざまなものに依存しないと生きていけないんですよ。
　　東日本大震災のとき、私は職場である5階の研究室から逃げ遅れてしまいました。なぜかというと簡単で、エレベーターが止まってしまったからです。そのとき、逃げるということを可能にする"依存先"が、自分には少なかったことを知りました。エレベーターが止まっても、他の人は階段やはしごで逃げられます。5階から逃げるという行為に対して三つも依存先があります。ところが私にはエレベーターしかなかった。
　　これが障害の本質だと思うんです。つまり、"障害者"というのは、「依存先が限られてしまっている人たち」のこと。健常者は何にも頼らずに自立していて、障害者はいろいろなものに頼らないと生きていけない人だと勘違いされている。けれども真実は逆で、健常者はさまざまなものに依存できていて、障害者は限られたものにしか依存できていない。依存先を増やして、一つひとつへの依存度を浅くすると、何にも依存してないかのように錯覚できます。"健常者である"というのはまさにそういうことなのです。世の中のほとんどのものが健常者向けにデザインされていて、その便利さに依存していることを忘れているわけです。

実は膨大なものに依存しているのに、「私は何にも依存していない」と感じられる状態こそが、"自立"といわれる状態なのだろうと思います。だから、自立を目指すなら、むしろ依存先を増やさないといけない。障害者の多くは親か施設しか頼るものがなく、依存先が集中している状態です。だから、障害者の自立生活運動は「依存先を親や施設以外に広げる運動」だと言い換えることができると思います[15]。

　ここで熊谷氏は、自立を「実は膨大なものに依存しているのに、『私は何にも依存していない』と感じられる状態」と定義している。この定義は、これまでの路上生活者支援やフィールドワークの経験に照らすと、すんなりと腑に落ちるものであった。貧困問題に取り組むソーシャルワーカーである藤田孝典氏も同趣旨のことを述べている。

　そして何よりも、個人のプライドを捨てて、目に見えない制約から自由になることが必要だ。人さまの世話にならないことが美徳だと思っている方は、その意識を変えてほしい。
　社会福祉では、一般的に自立を「経済的にひとり立ちしていること」とは考えない。そんな一面的な狭い範囲で自立を語らない。
　そもそも、すべての人々が何かに依存し、それゆえに生活を維持できている。その「依存する部分がどこか」によって議論になったりならなかったりしているだけで、その内容は人それぞれだ。……依存せずに自立することなどあり得ない。依存しなければ社会生活などできるわけがない。
　だから、「自立していないことが恥ずかしい」と考えること自体が、ある意味で傲慢であり、その意識が問題を複雑化してしまう。あなたも、わたしも、誰も自立している人などいないし、すべての人々が環境に依存して生きていることに、無自覚であるべきではないと思う[16]。

　このような自立観は、五十嵐氏の立ち直りのストーリーにも色濃く表れ

---

[15] 公益財団法人 東京都人権啓発センターホームページ http://www.tokyo-jinken.or.jp/jyoho/56/jyoho56_interview.htm
[16] 藤田孝典『下流老人　一億総老後崩壊の衝撃』（朝日新聞出版、2015年）187-188頁

ている。当初五十嵐氏にとって社会との唯一の接点が佐々木氏であった。そこから、佐々木氏が教会の集会などに五十嵐氏を連れていくことで、五十嵐氏は次第に活動範囲を広げていき、人間関係を築いていった。このような過程は、まさに自立への過程であったといえるであろう。このことは伴走者にとっても、当事者にとっても重要なことになる。伴走者と当事者がこの自立観を共有しなければ、人間関係の改善や問題解決に取り組むことは困難となるであろう。依存先を増やすことが人間関係の改善であり、問題解決は依存先が多い状態でなければ困難だからである。

LB指標の刑務所（犯罪傾向が進んでいて、かつ、10年以上の刑期の者を収容する刑務所）で篤志面接委員を務めた岡本茂樹氏は、罪を犯す人の多くに「人に頼らない態度」が見られると指摘している。

> 人に頼らないで弱音を吐かず1人で頑張ることを人は賞賛しがちですが、実は犯罪者のなかには人に頼らない生き方をしてきた結果、自分に無理をして（強がって）犯罪を起こした者が多くいます。本当は寂しくて苦しいのに、それを言うと「恥ずかしい」とか「格好悪い」と考えて、逆に強がって生きてきたのです。犯罪者になる人は、強い自分を見せることで、人に承認されていると考えます。したがって、弱い自分を出すことは「絶対に許されない」と思い込んでいます。そして、弱い自分を出すことで、人が離れていくと考えています。彼らの心の奥底には、人が自分から離れていくという恐怖感が常にあるのです。孤独になること、言いかえれば、愛されなくなることを最も恐れるのです[17]。

岡本氏の指摘に従えば、依存しないことが自立であることを前提とした自立支援は、当事者を再び犯罪へと導きかねないのである。伴走者のみならず、我々社会が、人に頼ることが格好悪いという価値観を見直し、依存先を増やすことが人間的な生活を送るために必要であることを再認識する必要がある。こうして、立ち直りのためには、依存先を増やすことが必要であることが明らかとなった。その過程を図にまとめておこう。

---

[17] 岡本茂樹『反省させると犯罪者になります』（新潮社、2013年）154-155頁

第5章 相互変容の過程と回復の過程

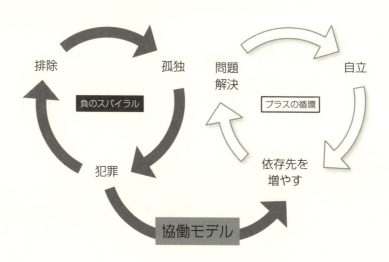

図10 協働モデルが自立を促す過程

したがって、以下では自立への道のりは依存先を増やすことという自立観を前提として論じていくこととする。

(3) 自立ができてこそ反省ができる

我々が目指すべき自立の意義が明確となったところで、次に反省の位置づけを明らかにしておきたい。反省があって自立があるのか、それとも自立があって反省があるのか。この点は第2章のインタビュー調査からすでに明らかとなっているといえるであろう。

高坂氏は非行少年の支援に関わるようになってから自身の過去に対する捉え方や被害者に対する気持ちにも変化が生じたと述べていた。「時間が経つにつれて自分の過去に対する捉え方が変わっていった。自分が幸せになればなるほど、被害者のことを考えるようになった。生き直しの途中では自分のことでいっぱいいっぱいで被害者のことを考える余裕もなかった。」というのである。それが今では、「過去をなかったことにはできない。でも、過去を生かして犯罪の減少に貢献したいと考えている。一生かけてそのための活動をしていきたい。」と述べている。このような変化は、被

害に対する理解や被害者に対する贖罪の気持ちが生じたことを示しているのではないか。また、五十嵐氏も、「キリスト教と出会ったからこそ今の活動ができている」と述べている。「被害者の身体や心を一度傷つけてしまったら、元の状態に戻すことはできない。しかし、自分を変えることはできる。」と言えるようになったのは、キリスト教と出会い、人間関係を広げていくことができたからであろう。さらに、千葉氏も「自立できていても罪のことを反省できている人は少ない」「反省できていなくても、再犯のない生活を送ることはできる」と述べていた。このようなインタビュー調査の結果に照らせば、被害者に対する贖罪の気持ちや被害に対する理解をも含めた反省は、自立の後にできるものであるということがわかるであろう。そうすると、自立もできていない状態の当事者に反省を迫ることは慎重にならなければならない。岡本氏も次のように述べている。

　　反省させるだけだと、なぜ自分が問題を起こしたのかを考えることになりません。言い換えれば、反省は、自分の内面と向き合う機会（チャンス）を奪っているのです。問題を起こすに至るには、必ずその人なりの「理由」があります。その理由にじっくり耳を傾けることによって、その人は次第に自分の内面の問題に気付くことになるのです。この場合の「内面の問題に気付く」ための方法は、「相手のことを考えること」ではありません。……問題行動を起こしたときこそ、自分のことを考えるチャンスを与えるべきです。周囲の迷惑を考えさせて反省させる方法は、そのチャンスを奪います。それだけではありません。寂しさやストレスといった否定的感情が外に出ないと、その「しんどさ」はさらに抑圧されていき、最後に爆発、すなわち犯罪行為に至るのです[18]。

では、なぜ自立をすると反省できるようになるのだろうか。高坂氏が「生き直しの途中では自分のことでいっぱいいっぱいで被害者のことを考える余裕もなかった」と述べていたように、自立することで相手のことを考える余裕ができてくるということもあるであろう。また、より積極的には、依存先が増え人間関係が充実していく過程で、人から大切にされる経験をすることで、自分も他者を大切にできるようになるということもある

---

18 岡本・前掲注17) 76頁

であろう。岡本氏も「彼らが更生するためには、人とつながって『幸せ』にならなければならないと私は考えます。むしろ『幸せ』になることは彼らの『責務』であるとも言えます。……人とつながって『幸せ』になることは、『人』の存在の大切さを感じることになるからです」[19]と指摘している。

　このような反省の概念は、インタビュー調査の結果からも賛同できるものである。すなわち、高坂氏も五十嵐氏も自身の幸せをかみしめながらも、変えられない過去を背負い、自らの使命として更生支援に関わっているからである。

　このように、反省とは、自立ができたからこそなしうるものであると考える。それは、二度と罪を犯さないという決意にとどまらず、自分を大切にし、さらに他者を大切にし、被害者に対してした自らの行為を悔いながらも、前に進んでいく姿勢である。

(4) 問題の解決に取り組むには
a　自分の心の痛みと直面する

　以上のような反省と自立との関係についての検討から示唆されるのは、犯罪行動の原因と向き合うためには、伴走者と共に依存先を増やしていくことが必要になるということであろう。この点については、五十嵐氏が、「立ち直りのためには、『自分を変えたい』という強い意志が必要であるが、そのためにはまず自分と出会うこと、つまり、犯罪に至った原因と向き合うことが不可欠となる。そのためには、そばに話を聞いてくれる人がいるかどうか、共に居る人がいるかどうかが重要となる」と指摘していた。また「自分の弱さに向き合い、それに立ち向かうために新しい出会いを求められるかが重要」であり、「そのためには過去と和解することが必要である。ただし、それは過去を切り捨てることではない。過去があったからこそ、痛みを知ることができるはずなのだ。過去の自分との和解ができたときに、そこから自分がこれからどのように生きていくかを考えることがで

19　岡本・前掲注17) 135-136頁

きるようになる」とも述べていた。

　五十嵐氏のいう「自分と出会うこと」、「過去の自分との和解」とは何であろうか。128 頁の引用部分で、岡本氏は、問題を起こすに至った理由に耳を傾けることによって、当事者が自分の内面の問題に気付くようになる、寂しさやストレスといった否定的感情を外に出すことが内面の問題と向き合うためには必要であると指摘していた。つまり、否定的感情を吐き出すことにより、過去の自分の「心の痛み」と直面することになるのである[20]。ここから得られる重要な示唆は、否定的感情を吐き出す過程において過去の自分の心の痛みを向き合うことになるということである。それを乗り越えることで、被害者の心情にも想い至るようになる。五十嵐氏が「過去があったからこそ、痛みを知ることができるはず」と言ったのも、このような意味であったのだと理解できる。つまり、「自分と出会うこと」や「過去の自分との和解」とは、否定的感情を吐き出すことから始まる過去の自分の心の痛みと直面することであるといえるだろう。

　では、なぜ否定的感情を吐き出すことが、問題解決への取組みを促すのだろうか。

　ここでは、「痛み」への対処ワークとして薬物を使用したと語ったＢ少年（121 頁参照）が、少年院という薬物使用の対処ワークを用いることができない環境においてどのように「痛み」に対処していったかを概観していこう。そうすることで、問題解決への取組みにどのように至っていくのかの手がかりを得ることができる。

　Ｂ少年は、薬物使用という対処ワークを用いることができなくなったことにより、社会内でも実践していた、「『人のため』に自己を犠牲にして抱え込む」、「『人のせい』だから怒りを表出する」、「『自分のせい』だと我慢する」という対処ワークを試みていくが、それは効果的なものとはならず、「対処ワークの不全状況」を生み出した[21]。このような状況に対して、Ｂ少年は、その対処ワークを、「『クスリのせい』だから怒りへの対処方法を考える」、「『自分のため』に正直な感情を吐露する」というものへと変化

20　岡本・前掲注 17）132 頁
21　平井・前掲注 12）21 頁

させていった。その変化の過程をここで簡単にまとめるとすれば、B少年の対処ワークは、「『自分のせい』だと我慢する」→「『クスリのせい』だから薬物を使用する」→「『クスリのせい』だから怒りへの対処方法を考える」と変化していき、また、「『人のため』に自己を犠牲にして抱え込む」→「『人のため』に正直な感情を吐露する」→「『自分のため』に正直な感情を吐露する」と変化していった。このように対処ワークにおける実践内容の変化（薬物使用→怒りへの対処、自己犠牲→正直な感情の吐露）や状況定義の変化（自分のせい→クスリのせい、人のために→自分のために）が起きていたのである。このような変化のきっかけを分析すると、B少年が母親に対する怒りの感情や職員と喧嘩する新入生を見て腹が立った経験を語っており、これはまさに否定的感情の吐露であるといえる。B少年は、否定的感情を吐露することによって自身の感情への対処を変化させていくことができたといえる。

　このような否定的感情の吐露がなぜ「自分のせい」→「クスリのせい」、「人のために」→「自分のために」という状況定義の変化をもたらすのであろうか。それは意外と単純なメカニズムなのかもしれない。上岡氏は次のように説明している[22]。当事者が長年積み重なってきた問題を相談しようとしても、その本人が問題に圧倒されてしまい、何が問題かわからなくなってしまっている。そして、相談したとしても、解決してほしいことと相手から言われることのズレが大きいために、相談しても解決しないから、もう相談するのをやめる、ということになってしまう。そこで、日常的な小さな不満（＝グチ）をつくることで、「思いっきり自分を正当化していい」「自分を中心に話していい」「他人のせいにしていい」ことを学んでいくことが重要となる。そうすることで、「前は全部痛くて『具合悪い』としかいえなかったけれど、今はどこが痛いか、何に困っているのかがわかるようになってきた」というようになっていき、少しずつ大問題がほどけていくのだという[23]。さらに、このようなグチを言える相手がいることを感じることで、「緩やかに人とつながっている感覚」をもつようになり

22　上岡・大嶋・前掲注11) 74-111頁
23　上岡・大嶋・前掲注11) 108-109頁

「信頼感をためていく」ことになる[24]。

　このような上岡氏の説明になぞらえれば、B少年は、日常的な小さな不満（＝グチ）をつくることで、「思いっきり自分を正当化していい」「自分を中心に話していい」「他人のせいにしていい」ことを学んでいったということができるであろう。それは、不満を打ち明けると同時に自分を正当化するというグチの両義性によって引き起こされたものであると思われる。当事者にとって、グチを話すことは、当初は不満を言うという一方の側面のみが認識されているのかもしれないが、グチを言い続けることによって、自分を正当化するというもう一つの側面が自分に潜在的に働きかけるのであろう。このようなグチの両義性の効果はそれにとどまらず、自分を正当化することにより、自己の否定的感情と向き合えることになるという点にもあるのではないか。そうすることで、「今はどこが痛いか、何に困っているのかがわかるようになって」いくのであろう。これらのグチの効用をまとめれば、グチの自己正当化効果により、「自分のせい」だとして抱え込んでいた問題を、自分は悪くないんだと思えるようになるとともに、それと並行して、自分の「痛み」に気づくことができるようになっていくのである。

b　引責と免責の境界線を引き直す

　こうして、当事者が直面している問題解決のためには、まず当事者の否定的感情を吐き出すところから始める必要があり、その時点から否定的感情の聴き手となる伴走者の存在が必要となるのである。このような観点から、協働モデルが伴走者と当事者が「互いの『無力さ』や『弱さ』を受け入れて」実践されるものであることの意義が理解できるであろう。元々このような「弱さの集合体」のアイディアは、当事者研究を参考にしたものであった（75頁以下参照）。そこで、ここでも当事者研究に関する研究を参照することで、当事者が否定的感情の吐露によって自分の内面の問題と向き合うようになる過程についての言語化を試みたい。

　当事者研究をもう一度紹介すると、それは精神障害者による実践から生

---

[24]　上岡・大嶋・前掲注11）111頁

まれたものであり、「地域で暮らすなかで当事者が直面せざるをえない幻覚や妄想などの症状、感情の爆発や暴力、薬や金銭の自己管理、家族や職場の対人関係の困難などといった切羽詰まった状況を、仲間と一緒に連携しながら『研究』という視点から捉え、生きていくための知や技術を当事者自身が生み出していこうとする取り組み」[25]である。脳性まひの障害をもち車いすで生活している熊谷善一郎氏と自閉症スペクトラム障害（ASD）の診断を受けた綾屋紗月氏の共同論文は、「社会的排除の問題に取り組んでいるグループや社会学的専門家との協働による『社会的要因の分析……』と……、当事者の自己再記述を目指す『当事者研究』の2つ」により、「個人と社会双方の『変えられる部分・変えられない部分』についての認識を踏まえた、一方にのみ無理を強い過ぎない歩み寄りが可能になる」と指摘している[26]。同論文は、当事者研究により綾屋氏に3つの変化が起きたと指摘している。

1つ目は、「自分の身体がどのようなパターンを持っているかという永続的な特徴のレベルや、一回性のエピソードをどのようにまとめ上げるかという自分史のレベルで、『自己』というものの輪郭がはっきりした」[27]という。人と会うたびに相手の身体動作のイメージが脳裏に貼りついて何度も反芻されたり、他者のイメージが自分を乗っ取るかのように自己の行動の有力な選択肢として想起されるため、自分のパターンが乱されたりしていたものが、他者と自分とのパターンの区別がつきやすくなったというのである。さらには、これにより、「自分と他人との違いが判別できるようになるだけでなく、抽象的もしくは部分的なレベルでの自分と他者の類似点にも感度が上がり、『違うのに同じ』という感慨を、他者との間に取り持てる機会が増えてきた」[28]そうである。

2つ目は、「自分のパターンのうち、変わらない部分（impairment）と変

---

[25] 熊谷晋一郎「当事者研究について」現代思想41巻1号212頁
[26] 熊谷晋一郎・綾屋紗月「共同研究・生き延びるための研究」三田社会学19号8頁
[27] 熊谷・綾屋・前掲注26）9頁
[28] 熊谷・綾屋・前掲注26）9頁

わる部分の区別が以前よりも付きやすくなったという点」[29]である。人は、自分の変えられる部分に関しては、反省や学びの形で責任を引き受けることができるが、自分の変えられない部分に関しては、別の選択肢はあり得ないのであるから、責任を引き受けることはできない。つまり、「『変えられる／変えられない』の境界線は、引責／免責の境界線」であり、しかも、少数派と多数派ではその境界線の引かれる場所が異なっているのにもかかわらず、少数派は「多数派の境界線を自分自身にも適応してしまい、免責されるべき領域を引責しようとして果てしない自責の回路に陥」ってしまいがちである[30]と共同論文は指摘している。当事者研究により、綾屋氏は「『変えられる／変えられない』の境界線」＝「引責／免責の境界線」を引き直すことで、引き受ける必要のない責任から解放されることになったのである。このような作業は、自分が変えられないと認識している部分を増やすことになるから、一見、社会との摩擦を新たに生み出すようにも思える。ところが、それはむしろ逆で、「変えられない部分としてのキャラを周囲と共有することで、分業による助け合い関係が生まれ、自由度が飛躍的に大きくなる……。変えられない部分を認めることで変えられる部分が減ってしまうという単純な保存則は成り立たず、むしろ、暫定的にであっても変えられない部分に関して周囲と情報を共有することで、変えられる部分が増えることもある」[31]のである。

　3つ目は、「変わりにくいImpairmentを、以前よりも、より明確に把握できるようになることによって、Disabilityが消失する条件についての見通しを得やすくなった」[32]という点である。ImpairmentとDisabilityは、共に障害の概念であるが、前者が個体側の特性としての障害、後者が個体側の特性と環境側の特性との齟齬によって生じる障害を示している[33]。共

29　熊谷・綾屋・前掲注26）9頁
30　熊谷・綾屋・前掲注26）9頁
31　綾屋紗月・熊谷晋一郎『つながりの作法　同じでもなく違うでもなく』（NHK出版、2010年）170頁
32　熊谷・綾屋・前掲注26）10頁
33　綾屋紗月「当事者研究で言葉をつくる　回帰する個人能力主義に抗して」現代思想41巻1号203頁参照。

第 5 章　相互変容の過程と回復の過程

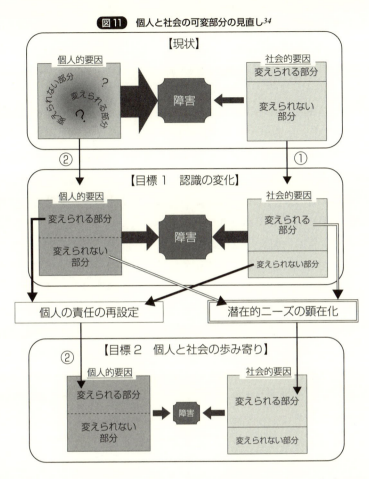

図11　個人と社会の可変部分の見直し[34]

　同論文は、変えられる部分と変えられない部分があいまいなままでは、具体的にどのような選択をして環境側に変化を働きかければ現在の困難が緩和するのかについて見通しを得にくいが、「時間や状況を超えて比較的永続している自分のImpairmentを特定することで、『だとすればこのような選択やこのような環境があれば、Disabilityは緩和するはずだ』という見通しが得やすくなる」[35]と指摘している（以上について図11を参照）。
　このような３つの変化を著者なりの理解にひきつけて再記述するならば、

34　熊谷・綾屋・前掲注26）8頁
35　熊谷・綾屋・前掲注26）10頁

135

1つ目の変化は自己認識力の向上とそれに伴う他者と自分との異同への感度の向上であり、それに伴って、他者との同質性と異質性への気づきを得られるようになる。自己認識力の向上は、「痛み」に気づくことでもあるといえるだろう。また、当事者研究が他者との同質性と異質性への気づきを促すという知見によって、平井氏の女子少年院における少年の変容過程（117頁以下参照）において、少年たちによるグループワークがなぜ共感の連鎖と信頼の連鎖を導いたのかを説明することができる。自己の経験を語り、研究することによって、自己認識力が向上し、それに伴い他者との異同についての感度が向上し、他人との異同に対する気づきが共感と信頼を引き出したということであろう。

2つ目の変化は、引責／免責の境界線を引き直すことで変えられないと認識する部分を増やすことである。多数派の境界線を引き受けてしまうことによる過剰な引責を修正し、自分に合った境界線を引き受けることで、変わりにくいImpairmentを無理に変えようとしないで済むようになる。これにより、自分の変わりにくい部分を自分のキャラとして周囲と共有することによって、むしろ変えられる部分が増えていくという好循環が生まれていく。これはつまり、変わりにくいImpairmentを変えようとするのではなく、社会的構造との摩擦によって生じるDisabilityを、環境側の特性を修正することによって減らしていこうとする取組みを生み出すのである。これはまさに3つ目の変化に通ずることになる。

3つ目は問題解決方法の発見ということができるであろう。変えられる部分と変えられない部分の区別がつくことによって、何を変えればよいのかがわかってくる。個体側の特性と環境側の特性との乖離がどこにあるのかを発見し、環境側にどのように働きかけることによって現在抱えている困難を解決することができるかを発見していくことができるようになる。

このように当事者研究が当事者の抱える困難を緩和する過程に着目すると、B少年が少年院におけるグループワークによって自分が抱える困難に対する対処ワークを変化させた理由も明らかにできる。B少年は、グループワークにおいて、「自分のせい」→「クスリのせい」、「人のために」→「自分のために」という状況定義の変化と「我慢する」→「薬物を使用す

第5章　相互変容の過程と回復の過程

る」→「怒りへの対処方法を考える」、「自己を犠牲にして抱え込む」→「正直な感情を吐露する」という実践内容の変化を経たのであった。このような変化は、引責／免責の境界線の引き直しとDisability解消のための環境側への働きかけという上記の第2、第3の変化と同じである。つまり、「自分のせい」→「クスリのせい」、「人のため」→「自分のため」という状況定義の変化は、「自分のせい」「人のため」である思うことによる過剰な引責状態から、「クスリのせい」「自分のため」と思うことで、引責と免責の境界線を引き直すことに成功し、その結果、自責の回路から解放されたのである。そうすることによって、変わりにくい部分と変えられる部分との区別が明確になり、変えられる部分を変えるために環境側に働きかけるという対処ワークを身につけていったのである。「我慢する」→「薬物を使用する」→「怒りへの対処方法を考える」、「自己を犠牲にして抱え込む」→「正直な感情を吐露する」という対処ワークの変化は、変えられる部分を変えるために個体側の特性と環境側の特性との齟齬を減らしていこうとする取組みであったと評価することができる。

　さらに、平井氏による女子刑務所における「指導」の分析も、当事者研究による知見と整合する。平井氏は、グループワークの参加者が、個人の犯罪行動に影響を与えた社会環境や社会構造（社会的不平等や権力諸関係）、文化環境等の「社会的なもの」の自己コントロールを要請するがゆえに、逆説的にこれらのリスク回避不可能性に直面することを発見したのであった。このような状況は、多数派の引責／免責の境界線を受け入れようとすることによって、自責の回路に陥ってしまっていると説明できる。それは、平井氏が指摘しているように、女子刑務所で行われた「指導」が、「教育者‐被教育者の『階層性』と『正統知』を明確に有するもの」[36]であったからである。つまり、「指導」は、教育者にとっての「正解」を当事者に受け入れさせることが予定されていたのである。このような枠組の下において、「指導」は、受講者に対して薬物依存者という病人役割として病気からの回復責任を要請しつつも、一方で、「『犯罪であるので、過去の薬物

---

[36] 平井秀幸『刑務所処遇の社会学――認知行動療法・新自由主義的規律・統治性』（世織書房、2015年）184頁

使用責任を問わないわけにはいかないが、過去の使用に対する反省は、未来の薬物使用のリスクを回避する責任を引き受ける身振りとして"表明"されるべきである』という犯罪者役割」を要請していた[37]。こうした責任帰属の枠組において行われた「指導」は、当事者にリスク回避的ライフスタイルの自己コントロール責任を要請し、当事者はそれを引き受けようとするがゆえにその責任を引き受ける困難性に直面することになったのである。これは、まさに後述するような「既存の境界線の再生産」に他ならないであろう。責任帰属の枠組で語られることで、多数派の境界線の押し付けになってしまうのである。平井氏は、「指導」において当事者が直面する困難性を解消するために、「『あらゆるリスクを自己コントロールによって回避することは不可能であり、どのようなリスクは自己コントロールできないのか、見きわめよう』『そうした自己コントロール不可能なリスクに関しては、無理な自己コントロールが要求されているとは考えないようにしよう』という教育的メッセージ」[38]を含むプログラムを「指導」に組み込むことを提案している。これは、当事者研究における引責／免責の境界線を引き直そうとするものであるといえるであろう。

　このように、当事者研究の知見と少年院や女子刑務所における取組みを比べれば明らかなように、当事者が伴走者とともに自己の過去と向き合い犯罪に至った原因を探求する作業は、まさに「切羽詰まった状況を、仲間と一緒に連携しながら『研究』という視点から捉え、生きていくための知や技術を当事者自身が生み出していこうとする」という当事者研究の方法論に他ならない。犯罪者というレッテルを一度貼られると社会においてレッテルをもとに境界線を引き受けてしまい、全人格的に否定されたかのような評価を受ける現状に鑑みれば、引責／免責の境界線を引き直す作業が、自閉症スペクトラム障害の当事者のみならず罪を犯した当事者にも必要であることは明らかであろう。このように考えるならば、「かりいほ」での「自分語り」も「自分の言葉で自分の人生を語」ることを通して引責／免責の境界線を引き直す作業であったと理解することができるし、岡本氏が

37　平井・前掲注35）223頁
38　平井・前掲注35）303頁

第5章 相互変容の過程と回復の過程

「反省は、自分の内面と向き合う機会（チャンス）を奪っている」と警告したのも、当事者が「多数派の境界線を自分自身にも適応してしまい、免責されるべき領域を引責しようと果てしない自責の回路に陥る」ことに対する危機感の表れであったと理解することができる。薬物使用からの離脱に関しては、仲間と共に自分自身を研究することで、自分の身体の声を聞き、身体の反応や変化の規則性を発見し、薬物以外の方法で生きていく方法を模索していくという当事者研究の方法論を用いることで薬物からの回復に繋がっていくことが指摘されている[39]。このように、犯罪からの立ち直りの過程も、障害をもっていることで生じる困難を乗り越える過程も、引責・免責の境界線の引き直しという共通の作業を要するのである。

　これを協働モデルにおける相互変容の必要性に引きつけて理解するならば、当事者がまず変わることを求める支援では、支援者の引責と免責との境界線を当事者にも適用することを求めることになりかねない。協働モデルが伴走者から変わることを実践することを求めるのは、伴走者が自らが問題の一部であることを認めて自ら変わろうとすることで、当事者にとっての最適な引責と免責の境界線を探し出すことが可能となるからである。犯罪が個体側の特性に帰責されがちであるという特徴を強く有している以上、引責と免責の境界線を引き直すことによって、個体側の特性と環境側の特性の乖離が存在することを浮き彫りにすることの必要性が特に高い。そして、伴走者が自ら変わろうとすることは、人間関係も環境側の特性である以上、個体側の特性と環境側の特性との乖離によって生じている困難を、環境側が自ら変わろうとすることで緩和してくことを意味するのである。すなわち、協働モデルは、当事者が困難を解消するために変えられる部分を変えようとして環境側に働きかけるのを待つのではなく、環境側が、個体側の特性との乖離を先に発見し、環境側がまず先に自らを変えていく実践なのである。

　ただし、犯罪の原因を過去の経験を語る際に気をつけなければならないことがある。それは、「困難の原因を自分や他人の責任問題に帰属させて、

---

39 熊谷晋一郎「当事者研究の理論・方法・意義」障害者研究10号68頁

説明しよう」とするがゆえに、「安易に社会通念上常識なものとして採用されている多数派の境界線を持ち込んで、責任帰属を急ぐことは、既存の境界線の再生産を行ってしまう」[40]点である。責任帰属の枠組みを用いて物事を説明することは我々が普段から行っていることであり、当事者もそうした説明方法を身につけているのである。こうした事態を避けるためには、「まずは、トラブルを責任の問題で解釈するのではなく、何がどのような順序で生じたのかという、価値中立的な記述をなるべく具体的に行い、その経緯の中でどの部分が容易に変えることのできないメカニズム・構造なのかを、仲間とともに慎重に同定していく作業を優先させる必要がある」[41]のである。

このように考えれば、境界線を引き直すプログラムを組み込むだけでは問題は解決されず、責任帰属の問題として語ること自体をやめなければならないであろう。したがって、否定的感情の吐露も、誰かの責任問題としてなされるのではなく、価値中立的な記述がなされなければならないのである。このようにして引責／免責の境界線が引き直せたからこそ、自分の変えられる部分に真摯に向き合えるようになるのではないだろうか。

3　立ち直りと相互変容過程

ここまで検討してきた立ち直りの過程について整理しておこう。これまで検討してきたところによれば、立ち直りの過程は次のように整理できる。

①住居と生活費の確保。
②犯罪の原因や過去の経験を価値中立的に語る（＝グチを話す）。
③自己認識力の向上／自分の「痛み」に気づく。
④引責／免責の境界線を引き直すことで、むしろ変えられる部分が増える。
⑤「痛み」に対処するために自分の変えられる部分と向き合う。
⑥そのなかで生活や人間関係上の問題を認識する。

40　熊谷・綾屋・前掲注26) 13頁
41　熊谷・綾屋・前掲注26) 13頁

⑦生活状況や人間関係を改善していく中で問題を解決していく。
⑧自立。
⑨反省。
⑩過去の経験を社会に生かす。

　このように①から⑩まで段階的に進むこともあると思われるが、これらの段階を厳密に区別することは難しいであろうし、これらの要素が相互に影響し合い同時並行的に進んでいくこともあるであろう。ただ、これらの要素は当事者が立ち直る上で必要なものであると言うことはできる。ここで問題なのは、これらの過程のうち、どこからが「立ち直った」といえるのかである。これは非常に難しい問いであるが、ここで重要なのは、上記の過程で犯罪に再び手を染めないことである。すなわち、犯罪のない生活を維持することが立ち直るということなのであって、一定時点から立ち直りを定義することは困難であろう。Shadd Maruna 氏も、「犯罪からの離脱は、かつて犯罪に持続的に関わっていた人びとが、犯罪を長時間自制することと定義したほうが、より生産的かもしれない」として、犯罪からの離脱を「維持過程」として捉えている[42]。このように考えると、上記の過程を通じて、当事者は伴走者と共に犯罪をしない生活を維持することを目指すべきであろう。ただ、上記の過程を進む時間は人によって差があるであろうし、その過程を進む前に再犯に至ってしまう場合もあるであろう。それでも焦らず段階を少しずつ進んでいけばよい。立ち直りの過程を進んでいくうえで、犯罪をしてしまいながらも、少しずつ犯罪から遠ざかっていけばよいのではないだろうか。このような意識を伴走者がもたなければ、当事者が否定的感情を吐露し、自分自身と向き合うことは難しいのではないだろうか。第1章で紹介した更生保護施設雲仙・虹の施設長である前田康弘氏も、「再犯をゼロにするためには、まずは刑務所と刑務所との間の期間を長くしていくことが第1歩。刑務所と刑務所のスパンが広がることによって社会生活が長くなることは本人の利益でもある」と述べていた。

---

[42] Maruna・前掲注13) 42頁

このように、再犯までの期間を少しずつ延ばしていく支援論がいま必要とされているのではないだろうか。そうでなければ、当事者の「生きにくさ」に耳を傾けることも困難になり、相互変容の芽を摘み取ってしまいかねないのではないだろうか。このような支援論は、犯罪から少しずつ遠ざかっていく過程を見守り、その過程において再犯があることをあらかじめ許容しているという意味で、緩やかな支援論と呼ぶことができるであろう。これに対し、従来の再犯防止を目指す、すなわち、一度たりとも再犯を許さない支援を厳格な支援論と呼ぶことができる。

　では、このような立ち直りの過程において、相互変容過程はどのように影響していくのであろうか。まず確認しておきたいのは、協働モデルの1つめと2つめのセオリーである、伴走者がいることと人間関係の改善は、主に自立までの過程で重視されるということである。なぜなら、自立とは依存先が増えることなのであるから、依存先が増えれば伴走者の役割は相対的に減少するであろうし、依存先が増えているということは、人間関係もある程度は改善されてきているといえるからである。そうすると、第1セオリーと第2セオリーと密接に関連する第3のセオリーの相互変容過程も、自立のあとは相対的に役割が減ることとなろう。もちろん自立の後もこれらのセオリーは一切不要となるわけではないだろうが、これらのセオリーが中心的役割を担うことになると思われる自立までの過程について検討していくことにしたい。

　相互変容過程と立ち直りの過程との関係性を検討するにあたっては、両者の過程を見比べることから始めたい。両者の過程を表12にまとめたので参照していただきたい。相互変容過程は、当事者を支援するために伴走者がどうすべきなのか、という視点から描かれたものであり、立ち直りの過程は、当事者がどのような過程を経て立ち直っていくかを描いたものである。したがって、両者を照らし合わせることで初めて伴走者と当事者の相互変容のプロセスが明らかとなる。

　こうして見比べてみると、相互変容過程と立ち直りの過程とが一定時点から対応していることに気付く。伴走者が当事者の「生きにくさ」に耳を傾けることで、当事者は過去の経験を語ることができるようになる。そし

第5章 相互変容の過程と回復の過程

表12 相互変容の過程と立ち直りの過程の関係性

相互変容の過程（伴走者）		立ち直りの過程（当事者）
①伴走者が自分や当事者の無知に気付く。	＝	住居と生活費の確保。
②当事者との対話を通して、真の問題点や互いのことを知りあう必要が生じる。		
③当事者から「生きにくさ」を正直に語ってもらうために、信頼関係の構築と当事者の主体性の回復の必要性が生じる。		
④伴走者は当事者との関係性の中で自分が相手に影響されうることを受け入れる。		
⑤伴走者は互いのコミュニケーション過程に着目しながら、相手の「生きにくさ」に耳を傾ける。	＝	犯罪の原因や過去の経験を価値中立的に語る（＝グチを話す）。 自己認識力の向上／自分の「痛み」に気づく
⑥問題の一部は自分自身であることを認める。	＝	引責／免責の境界線を引き直すことで、むしろ変えられる部分が増える
⑦自分から変わる必要性が生じる。	＝	「痛み」に対処するために自分の変えられる部分と向き合う。
⑧この自らの変容をきっかけとして、当事者やその家族などの周りの人々の変容をもたらしていく。	＝	そのなかで生活や人間関係上の問題を認識する。 生活状況や人間関係を改善していく中で問題を解決していく。 自立

て、伴走者が当事者の「生きにくさ」や否定的感情を受入れ、理解しようとする。それにより、当事者は伴走者との対話の中で引責／免責の境界線を引き直していき、伴走者も問題の一部は自分自身であることを認識していく。この作業は、伴走者と当事者双方にとって引責／免責の境界線の引き直しである。当事者にとっては、免責の回路に陥ることなく、自分の責任を引き受けるべき領域を明確にし、自分の変えられる部分を認識する作業となる。そうしたなかで、伴走者は「自分から変わる」必要が生じ、一方、当事者は「痛み」に対処するために自分の変えられる部分と向き合うようになる。こうした過程を通じて、当事者の主体性が回復していく。伴走者の「自分から変わる」姿勢が当事者にも作用し、当事者の「自分を変えたい」気持ちが前に進んでいく。それと同時に、伴走者の「自分から変わる」取組みを通じて、当事者や第三者も「自分から変わる」実践を行っていくことで、人間関係の改善がなされていく。伴走者、当事者、第三者

の「自分から変わる」取組みが相互に作用して、それぞれが抱えている問題の解決へと向かう。これらはまさに相互変容が進んでいく過程であるといえるであろう。

　こうして、相互変容過程の全貌が明らかとなった。ただ、もう一点だけ説明しておくべきことが残っている。それは協働モデルが精神病者等に対する支援の実践から導かれたものであることから、障害をもつ者に対する支援論が罪を犯した当事者に対しても同様に当てはまるのか、という問いである。当事者研究の知見を参考にした際にも述べたように、障害をもつ者に生じている困難を乗り越える過程は、犯罪から立ち直る過程とほとんど変わらないのである。自分の過去の経験を語ることで、引責／免責の境界線を引き直し、抱える問題の解決策を模索していくという作業はどちらにも共通する。したがって、協働モデルは障害をもつ者であっても罪を犯した者であっても適用されるべきものなのである。ただ、罪を犯した者の場合、罪を犯したことに対する非難を社会から受けることになるから、Schein氏が指摘したような伴走者と当事者との立場の不均衡はより鮮明化しやすいといえるであろう。しかも、五十嵐氏のインタビューにもあったように、当事者は自分に対して相手がどのような態度でいるかということに特に敏感であり、相手との立場関係にも敏感に反応するはずである。そうすると不均衡が顕在化しやすい上に、それを取り除く必要性がより高いといえるのではないであろうか。また、人間関係の改善の必要性もより高いということができる。罪を犯した者に特有なのは、悪友との関係を断つ必要がある点であろう。また、罪を犯すに至った者には、家族からの愛情を受けられなかった者や居場所がなかった経験をもっている者も多い。しかも罪を犯し社会的な非難を浴び社会から拒絶されることで、社会との関係性も乏しくなってしまう。さらに刑務所に入ることとなれば、社会からほとんど断絶されてしまう。そのような中で犯罪からの立ち直りを果たすためには、ゼロからでも人間関係を築きあげていく必要があるのである。このような人間関係の改善の必要性が高いという点も、特徴として挙げられる。すなわち、協働モデルは困難を抱える人すべてに適用できる支援モデルではあるが、その直面している困難の特性に従ってその適用の仕方に

差が出てくるのである。その柔軟性が、「正解」ではなく「成解」を求める協働モデルの特徴なのである。

　これが協働モデルの到達点である。そこで、次なる問題関心は、この相互変容の過程を具体的にどのように実現していくかという点に移る。そこで第3部では、現実にどのようにして協働モデルを実践していくことができるかを検討していこう。

第 3 部

協働モデルの実現

第6章

刑事司法の現状

　第3部では、協働モデルを実現するための方策を探っていく。ただ、協働モデルの実現を目指すためには、現在の刑事司法がどのような状態にあるかを把握しておかなければならないだろう。そこで本章では、著者の経験を基にして、インタビュー調査等から見えてきた現在の刑事司法の姿を明らかにしたい。

1　更生支援に対する法曹の無力感

　本章では、これまでの研究とは異なる観点から考察を試みたい。これまでの研究の主な焦点は、司法と福祉の連携や刑事司法制度の在り方などの制度的な観点であったように思われる。本章では、制度の在り方という視点を離れ、制度を担う人という視点から考察を進める。

　ここでも、考察を進めるにあたっては、先行研究に触れながらも、著者が行ったこれまでのフィールドワークの結果が中心になる。本章では、法テラス長崎法律事務所の弁護士である佐田英二氏をはじめとする弁護士の方々や長崎でお世話になった方々の話に基づいて法曹の意識の現状把握を行い、その分析を行っていく（したがって、2014年時点でのインタビューに基づく分析となる）。

　今回の調査で明らかとなったのは、法曹（裁判官、検察官、弁護士）における更生保護への関心の低さや無力感である。これらの原因となっているのは、更生支援における法曹の不適格性である。本章では、こうした問題点をインタビュー調査から炙り出す。

　このような問題意識を著者が持ったのは、自分自身の過去の経験からに他ならない。それは、かつて著者が弁護士に対して、罪を犯した人の社会復帰支援がしたいと言った時の弁護士の反応である。「犯罪者を支援したって何も変わらない。彼らは生まれつき罪を犯すような人間なのだ。罪を

犯した人の支援をしたいという理想には賛同するが、それは弁護士にはできない。」と言われたこともある。またある弁護士には、「刑事弁護はやめて渉外法務をやったほうがいいのではないか。事務所を維持するための費用を稼ぐだけでも大変だ。せめて刑事事件は1割くらいにしておいたほうがいいだろう」とも言われた。確かに、著者にそのようなアドバイスをくださった方々は、きっとご自身の刑事弁護の経験を基に語ってくださっているのだと思う。多くの弁護士が刑事裁判を経験して行くたびに、弁護士には何もできない、結果は変わらない、と思うようになり、刑事弁護から遠ざかっていくのだとも言われている[1]。こうした自身の経験から、更生支援の真の問題点は、制度そのものよりも、法曹の意識にあるのではないかと考えるようになったのである。

そこで、以下では、第1章で紹介した長崎モデルをめぐる、長崎県内の法曹の意識を出発点として、現在の刑事司法の姿を描き出したい。

2　長崎モデルに対する法曹の認識

第1章で紹介したような積極的な取組みがなされている長崎県において、著者は何名かの弁護士から話を伺うことができた。このような取組みが行われている長崎県では法曹の更生支援への意識は高いのだろうと考えていた著者にとって、その結果は驚くべきものとなった。

ある弁護士は、「南高愛隣会の活動について知っている弁護士は長崎県内でも1～2割なのではないか」と話す。法テラス長崎法律事務所の弁護士である佐田英二氏によれば、「更生保護の仕組みを理解している弁護士は決して多くないと思う。定着センターのことを知っている弁護士も一部にとどまるのではないか」とのことだ。その結果、弁護士は定着センターへの相談を躊躇してしまっているのではないかと思われる。

そのほか、いろいろな方から話を伺っていくと、長崎モデルに対して周囲は一定の距離を置いているという感想を抱かざるを得ない。寄り添い弁護士として長崎モデルに関わる黒岩英一氏が言うように、「南高愛隣会が

---

[1] 浦崎寛泰「更生に寄り添う弁護」法セ718号29頁

突き抜けてしまっていて、周りがついていけていない」というのが現状なのであろう。「長崎モデルに対する弁護士の知識が足りていない。弁護士会による周知も足りておらず、福祉的支援につなげられるかどうかは、制度を知っている弁護士に出会えるかという運にかかってしまう」と黒岩氏は言う。「本来的な定着センターの役割は出口支援であって、入口支援は厚生労働省のモデル事業として南高愛隣会が行っているというのが現状。しかし、多くの弁護士は定着センターの本来的役割が出口支援なのか入口支援なのか混同しているのではないか」と佐田氏が言うように、そもそも制度に対する理解が進んでいないという現状もある。さらに、「周知をしても制度の有効性に疑問がある人もいるだろう」という。

このように、インタビュー調査を行っていくと、法曹一般の長崎モデルに対する意識は決して高いとはいえないということがわかってくる。積極的な取組みをしている南高愛隣会がある長崎県でさえそうなのであるから、他の都道府県での状況は想像に難くない。

このような結果は、被告人の社会復帰までが弁護士の役割であると考えている弁護士は25％にとどまるという調査結果[2]（図13）とも整合的である。その背景には、「弁護士が更生を意識すること自体を理解しようとせず拒否する反応があり、法曹が更生という視点を持つことが容易でない」[3]ことがあると考えられる。実際に、弁護士に対して行ったアンケート調査では、刑罰の最も重要な目的を応報であると考える弁護士が最も多かったという結果がでている[4]。

---

[2] 浜井浩一「知的障がい者と刑事弁護　反省ではなく更生を意識した刑事弁護とは」季刊刑事弁護77号168-169頁。図13はこのデータをもとに作成した。

[3] 浜井浩一「法務と福祉の接点である更生保護に関する研究」田島良昭研究代表『触法・被疑者となった高齢・障害者への支援の研究』（厚生労働科学研究）66頁

[4] 松村良之、木下麻奈子、太田勝造、山田裕子「裁判員制度と刑事司法に対する弁護士の意識」北大法学論集61巻1号520頁

図13 刑事司法における弁護士の役割／関与はどこまでであるべきか

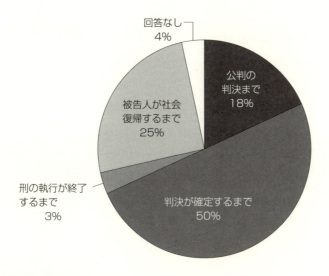

3　法社会学的分析

(1)　法曹の意識

　以上のような現状認識を前提として、このような状況がなぜ生じているのかを検討していく。冒頭に述べたように、法曹の更生支援への意識という観点から考察を行っていきたい。

　著者がこれまで多くの方から話を伺ってきて感じるのは、弁護士の権力に対する反発心の存在である。これはまさに弁護士という職業そのものに内在する問題であると考えられる。もちろん、権力だからという理由だけで国家機関等との連携を拒む弁護士ばかりではない。しかし、一部にはそういった考えが根強いことは確かであるように思われる。ある調査[5]では、「『在野法曹』としての自覚は、弁護士にとって重要である」と考える弁護士が約85％にも上るという結果（図14）が示されており、反権力の思想の現れであるといえる。弁護士という権力と闘うべき立場に居続けることによって、反権力という視点が強調されてくるのではないか。このように

5　松村他・前掲注4）522頁。図14はこのデータをもとに作成した。

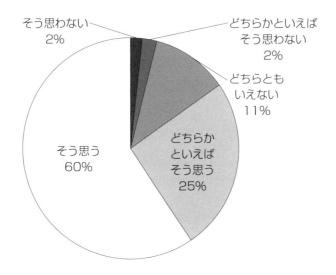

図14 「在野法曹」としての自覚は、弁護士にとって重要である

考えると、罪を犯した人の再犯防止のために国家による関与が増えるとしたら、それはまさに反権力の思想に反することになってしまう。弁護士の力のみで再犯防止が実現できれば話は別であるが、現状では国家機関による関与は不可欠であろう。そうすると、罪を犯した人々の権利を守ることを重視するあまり、国家が彼らの生活に介入することに対する抵抗感が生じているということができる。それは、治安という言葉や厳罰化に対する無条件での拒絶感につながっているものと思われる。このような状況では、議論が進まないだけでなく、議論のテーブルにすらついていないということになる。制度をつくる人間による議論も重要であるが、現場でその制度に関わる人間による議論がなければ、制度の効果的運用・改善は不可能であろう。今日の司法はまさにそのような状況にあるのではないか。

　長崎モデルに関しても、最高検が関わっていることから、弁護士という立場上距離を置いている人もいるのではないかと想像される。この弁護士の立場性は、従来、権力によって人権を侵害された国民を守るために機能してきた。しかし、その在り方が誇張され、固定化されていくにつれて、不要な軋轢を招いているように思われる。反権力という立場は、国家組織

等の行動等を批判的に検討することで実現できるはずであるが、このような反権力性への誤解が、更生支援への弁護士の関与をより遠ざけているといえる。

(2) 更生支援における法曹の役割の不明確性

さらに、弁護士が再犯防止について何ができて何ができないのかも不明確である。弁護士は法律のエキスパートであるが、更生に関することについては必ずしも知識を有しているというわけではない。また、法曹が更生支援に関わる制度的基盤も弱い。法テラス長崎スタッフ弁護士の佐田氏が言うように、「刑事裁判においては、被告人の更生を考える弁護士は多い。しかし、裁判が終わってしまえば、弁護士は罪を犯した人と関わる土台を失ってしまう」。そこからあえて更生のために関わり続ける弁護士は多くはないのだろう。もちろん民事上の依頼等があれば関わるだろうが、弁護士費用が払えない人に対して、更生のためだからといって支援する弁護士は少ないのではないかと思われる。更生支援においてどのような役割を担うことができるかがあいまいであるという状況は、司法と福祉の連携を進めようとしているなかで、福祉職についても言える。つまり、更生という分野は、弁護士にとっても福祉にとっても新しい領域なのである。

そもそも、これまで更生を担ってきたのは、保護観察所を中心として組織された、保護観察官と保護司である。しかし、通常第一審事件の終局総人員のうち保護観察付執行猶予判決を受けた者は約5.6％にすぎず[6]、仮釈放された者の保護観察期間は、その約80％が6か月以内であり[7]、保護観察は、ごく一部の者に対してごく短期間行われているにすぎない。ここ10年間、保護観察開始人員は減少し続けている[8]。それにもかかわらず、保護観察官や保護司は常に人員不足に悩まされている。これまで著者が話

6　法務省法務総合研究所編『平成28年版犯罪白書——再犯の現状と対策のいま——』http://hakusyo1.moj.go.jp/jp/63/nfm/n63_2_2_3_2_1.html より算出。

7　法務省法務総合研究所・前掲注6）http://hakusyo1.moj.go.jp/jp/63/nfm/n63_2_2_5_2_1.html

8　法務省法務総合研究所・前掲注6）http://hakusyo1.moj.go.jp/jp/63/nfm/n63_2_2_5_2_1.html

を伺った保護観察官、保護司、刑務官、定着センター職員のほぼすべてが人員不足の問題を口にしていた。このような更生保護のシステムの不足が指摘され、南高愛隣会と最高検を中心として新たな取り組みが開始されて数年経つが、弁護士が更生のエキスパートではないという状況は大きくは変わっていないだろう。

そうした現状において、果たしてどこまでの更生支援を法曹に期待して良いのだろうか。

裁判官や検察官が被告人と関わることができるのは、刑の確定までであって、それ以降は被告人と関わる制度的基盤を失う。では、現行の更生保護制度ではカバーしきれない範囲について、弁護士が関与すべきなのだろうか。はたまた、更生を福祉に任せるべきなのであろうか。

著者は、司法や福祉による更生支援には限界があることをはっきりと明言すべきであると考える。できないことはできないと言わなければ、いつまでも達成不可能なことを現場に押し付けることになりかねない。弁護士は刑事弁護はできても、それは必ずしも更生とイコールであるわけではない。福祉も、福祉的支援はできても、更生支援は別の話だろう。そうした境界をあいまいにすることは、ただただ現場に無理を押しつけているだけだと思われる。これから必要な姿勢は、司法と福祉と更生との境界をあいまいにすることではなく、むしろ、その境界を探ることであろう。司法と福祉がそれぞれできることを各自の手段によって解決していくことが、もっとも更生支援として成熟した形態なのではないか。

そう考えると、問題は、本来の司法と福祉の分野でできることを行うことにより、更生支援が十分になされるといえるか、である。司法の本来的役割は、行為責任の重さを考慮した上で、さらに、特別予防の観点も加味して刑罰を決めることである。その中で、弁護士は、更生支援計画を立てたり、生い立ちを明らかにすることによって、適切な刑罰を導くことである。一方、福祉ができることは、執行猶予となった者や刑務所を出所した者に福祉サービスを提供することである。それでは更生のために十分でないことはすでに指摘されているとおりであり、現在様々な試行が行われている。現在の取組みは、評価すべき部分を含むものであるが、本来の司法

と福祉の役割の境界をあいまいにする点、司法と福祉の本来の存在意義との矛盾を含んでいる点で賛成できない。定着センターは司法と福祉とをつなぐ役割を有するものとして、不可欠の存在であるとは考えられるが、司法と福祉ができない部分をすべて埋めるものではない。また、罪を犯す人のすべてが福祉的支援を必要としているわけではないだろう。司法と福祉の連携が効果を発する場面は、決して少なくないが、それでも、まだ不十分である。

　このように考えると、更生支援が司法と福祉で完全に網羅できる分野ではない以上、更生支援の分野における担当者が明確に定められるべきである。その上で司法は司法としてできることを、福祉は福祉としてできることをやっていくという以外に道はないように思われる。

(3)　司法と福祉の連携
　こうして、司法と福祉がそれぞれのできることをやっていくということになると、司法と福祉が相互に橋渡しを行うことが重要となってくる。では、司法と福祉の連携はうまくいっているのだろうか。長崎での経験をここで振り返ってみたい。

a　福祉の司法に対する近づき難さ
　著者は長崎でフィールドワークを行うにあたって、司法と福祉は互いに過剰な期待をしてしまっているのではないか、その結果、相手ができないことまで押しつけてしまっているのではないか、したがって、司法と福祉には何ができて何ができないのかを明らかにする必要があるのではないか、という仮説を立てていた。しかし、長崎で感じたのはその逆であった。

　「司法（特に弁護士）と福祉の関係は過剰な期待をしているどころか、連携していいのかをためらっている。どの問題を弁護士に依頼したらいいかを福祉側が把握していないこともある」と法テラス長崎法律事務所のスタッフ弁護士である佐田英二氏は話す。このような関係性は、司法と福祉のよって立つ視点が異なることから生じているという。つまり、「福祉職の人間は事柄を関係性の枠で捉えるのに対し、弁護士は依頼者との関係で物事をとらえる」ということだ。また、法テラス千葉法律事務所の元スタッ

フ弁護士である遠藤直也氏は、「そもそも、司法側と福祉側では、出所者に対する関心が根本的に違います。司法側としては、"再犯防止"、福祉側としては、"人生のやり直し"という部分に主眼が置かれています。」[9]と語っている。そこでも「弁護士は一時の関わりだが、我々は引き受けたら一生の関わりなんだ。」という福祉側の言葉が紹介されているように、物事を"点"として捉える司法と、"線"として捉える福祉の視点の違いがギクシャクした関係を生んでいるものと思われた。さらにこのような違いは、近い将来に司法と福祉の距離が縮まったときにより大きな問題を引き起こす可能性もある。当事者と一時的なかかわりしかない司法が、長期的なかかわりを前提とする福祉に橋渡しすることは、司法から福祉に対する責任の押し付けにはならないのだろうか。司法で担うべき支援を福祉に担わせることとなれば、その橋渡しは"他人任せ"ということに他ならないであろう。このようなことから福祉側の拒否感が生じれば、司法と福祉の連携の在り方は見直しを迫られることになるであろう。

　また、司法と福祉が連携しようとしても両者が距離を縮めることを阻害していたもう一つの理由を地域ケア推進研修会に同席したときに感じた。その研修会は身寄りのない高齢者の方を福祉や周辺住民がどのように支えていくかをロールプレイングをしながら考えるものだったが、福祉職の方々とのディスカッションでは、その高齢者をどうやって福祉と地域とが支えていけばよいかが主に話し合われた。その後、佐田氏が法的観点からの事案の整理を求められたとき、佐田氏は、契約は意思と意思との合致があれば原則として成立し、契約書等の書面は不要であるということを説明した。その時、福祉職の方々が「そうだったのか。」という顔をされた後、ペンを一斉に動かし始めたのを覚えている。法律を学んだことがある者にとっては当然であることも、そうでない人にとっては当然ではないのだと、著者が法律を学び始めた時の感想がよみがえってきた瞬間だった。「法律家の使う言葉はもはや外国語と同じ。福祉の人が使う言葉と法律家の使う言葉は違う。協働するためにはまず共通の言語を獲得するところから始め

9　法テラスホームページ http://www.houterasu.or.jp/houteraspirits/article01_01.html

ないといけない。」ということを長崎でお世話になったある方から聞いたとき、ここで改めて相手が法律のことを理解しているつもりになってはいけないな、と感じた。法律家として自分の使っている言葉が相手にとっては外国語同然であるという意識の欠如が、司法と福祉の距離感を生じさせた理由の一つであるのかもしれない。司法と福祉の距離感の原因は、司法の福祉に対する距離感よりも、福祉の司法に対する距離感・近づき難さの方が大きいのかもしれない。そうした福祉側の感覚を変えるためには、法律家が、自らの用いる言葉の難しさを意識するところから始めないといけないのだろう。そして、相手の理解度に合わせて話をすることができる能力を磨く必要がある。「相手の顔を見ながら相手がどこまで理解しているかを判断して話すことが重要。こういう相手の顔を見て話すことを繰り返していくことでだんだん相手がどこまでわかっているかが判断できるようになってくる」と佐田氏は言う。

　その佐田氏は弁護士会の事業として弁護士と福祉職の勉強会を行っている。その勉強会での福祉職の方の感想を読ませていただいたところ、多くに弁護士に対するイメージが変わったということが書かれていた。これまで雲の上の存在で何をしているかわからなかった弁護士が、実はこんなにも近く感じられる存在だとは思わなかった、今度何かあったら相談してみようと思う、という内容だったかと思う。佐田氏は、「福祉職の方々に、弁護士の存在によって日々抱えている問題を解決するカードが増えたと感じてもらいたい。福祉のネットワークにも弁護士を入れてもらえたら」と話す。福祉はついつい自分たちで問題を抱え込んでしまいがちとのことだが、法律についてすべて理解してもらわずとも、こういう問題は弁護士に相談すればいいのだとわかってもらえれば、問題解決はよりスムーズにいくようになるのであろう。

b　司法の福祉に対する近づき難さ

　これまで福祉の弁護士に対する近づき難さについて記述してきたが、弁護士の福祉に対する距離感もあるようだ。既に紹介したが、「更生保護の仕組みを理解している弁護士は決して多くないと思う。定着センターのことを知っている弁護士も一部にとどまるのではないか」という佐田氏の発

言や、「南高愛隣会の活動について知っている弁護士は長崎県内でも1～2割なのではないか」というある弁護士の発言からは、弁護士の更生保護、社会復帰に対する関心の低さが伺われる。弁護士は定着センターへの相談を躊躇している印象があり、弁護士が福祉に対して相談・働きかけを行うということは決して多くはないようであった。それは、論理的説明を重視する司法からみると、福祉は感覚的・感情的な世界であるとの印象を受ける法律家が多いことや、また、法律家が、福祉がどのような問題解決手段を持っているかを網羅的に把握するのも容易でないこと、さらには、被告人の判決後には法律家が被告人と関わる素地が無くなってしまうといったことが原因であるように思われる。このような状態が福祉の弁護士に対する近づき難さを生んでいるように思われる。

c　連携の本質とは何か

　さらに佐田氏の活動から学んだのは、連携とはあくまで人と人との関係性の中でしか生まれないということだ。上述した司法と福祉の勉強会での福祉職の方の感想を読んでいると、その勉強会を通して弁護士が身近に感じられた、今度は弁護士に相談してみようと思う、という感想の中に書かれているその弁護士は佐田氏なのである。つまり、弁護士一般に対するイメージも変わったのかもしれないが、いざとなった時に相談できるのは、自分が実際に会って話したことのある弁護士であるということだ。弁護士であればだれでも相談しようというのではない。個人的な信頼関係というものが連携におけるもっとも基本的な部分にあるということがわかる。そうだとすれば、連携において最も重要なのは、お互いがこれまでどれだけ信頼関係を築いてこられたか、交流をどれだけしてきたかということになる。佐田氏はこのような観点から、勉強会の後には必ず懇親会を行うようにしており、インタビュー当時の2014年になってからは懇親会を毎回行えるようになったという。ただ「最終的に目指すのは組織と組織との連携です」と佐田氏が話すように、人的関係性を基礎として組織間における連携にまで広がっていくことが望まれる。

d　アウトリーチの重要性

　また、司法と福祉の関係について、山谷での経験と今回の長崎での経験

が強く結びついたことがあった。それは、「弁護士によるアウトリーチ」という言葉を読んだ時だった。アウトリーチとは、待っているだけでは問題は解決できない、自分から周りの人にアプローチしていくことで問題を発見し解決していくということだと著者は理解している。著者がアウトリーチに初めて出会ったのは、山谷で路上生活者支援のボランティアを行っていた時だ。そこでは週に数回アウトリーチとして弁当を持って、路上生活者のテントが多く並ぶ河川敷まで行き、弁当を届けながら健康状態の確認等を行っていく。弁当はいつもある場所で配っているのだが、人間関係や健康上の理由からそこに来ることができない人に対してこのような活動を行っている。この活動の重要な点は、食事を届けるということに加え、そこにいる人が今日一日を生きていけるのかを確認すること、さらに、当事者との関係性を築くことにあると考えている。以下は山谷でのアウトリーチを紹介する文章の一部である。

> アウトリーチは、＜アグレッシブ・ケースワーク＞の具体的な方法であり、山友会に来ることが出来ない多くの人々、あるいは山友会の活動をまだ知らない路上生活者に対して、こちらから積極的に出かけて訪問することで、生活上の様々な相談に応ずることが可能となります。私たちはアウトリーチという支援活動を通じて生まれた信頼関係を大切にしています。
> 　相談内容は様々ですが、私たちが常に心がけていることは「相談者のニーズに耳を傾け、相談者自身の決定を尊重し、明日以降の生活に希望を持って自ら歩んでいただく」ということです。そのために、山友クリニックや相談室と連携して継続的なケアを行っています[10]。

もちろんこのアウトリーチによってすべての人を救うことができるわけではない。著者がアウトリーチに参加したとき、元気があまりなく、食欲がないという方がいた。著者たちは彼を心配し、大丈夫ですか、と声をかけたのだが、大丈夫だとの返事。その時はパンを2袋置いてその場を後にした。しかしその数日後、その方が亡くなったと他の方から聞き、あの時

---

[10] 特定非営利活動法人山友会ホームページ http://sanyukai.or.jp/outreach.html

病院に連れて行ってあげていればと悔やむこともあった。しかし、そういうことがあるからこそ、アウトリーチはやはり重要なものだと感じるのである。アウトリーチをしなければそういう人がいることさえ知ることができないのだ。

　このようなことは司法と福祉の連携においても違いはないのではないかと思う。弁護士に相談したくてもできない人、弁護士に相談すべきことであると気づいていない人がきっと多いであろうということは、司法と福祉の連携について長崎で勉強させていただいたところから想像できる。これまではそうした人たちを福祉がなんとかして支えようとしてきたのではないだろうか。しかしこれからは弁護士がそうした人たちに対して積極的にアプローチしていくことによって、法的に解決すべき問題を弁護士と共に解決していけるようにしていくべきである。ただし、弁護士と福祉の連携が山谷におけるアウトリーチと異なるのは、弁護士が依頼者となりそうな人に直接アプローチをかけるということは現実的に難しく、弁護士によるアウトリーチのためには福祉職の援助が必要不可欠だという点である。そこで、上述したような福祉職の弁護士に対する近づき難さを何とかして解消していく必要があるのだと考える。佐田弁護士が行っている活動はまさにそのための活動なのだ。

　以上のように、司法と福祉の連携は決してうまくいっているというわけではないように思われる。また、弁護士によるアウトリーチの試みはまだ始まったばかりであり、依然として、事務所に事件が来るのを待っているというスタイルが多いのではないか。司法と福祉がそれぞれできることをしようとしても、連携がうまくいかないことにより、その試みはとん挫しかねないような状況にあるのではないかと思われる。

(4) 支援の実践からみた法曹

　そして、協働モデルの観点からも、法曹が更生支援に関わるのには大きな壁があるといえる。

　刑事裁判という場は、明らかに権力関係に基づいている。裁判官、検察官、弁護士のどの法曹でも、被疑者・被告人との関係は権力関係にある。

被疑者・被告人と裁判官・検察官とは、国民対国家の関係であり、必然的に権力的上下関係を内在する。弁護人との間には、国家権力的上下関係はないものの、社会的な権力関係が存在する。それは決して協働という関係性にはない。制度上協働ということは予定されていないのである。

　それはなぜだろうか。協働モデルを刑事裁判に直接当てはめようとすればその答えは簡単に出る。もし裁判官や検察官、弁護士が被疑者・被告人と協働するパートナーであろうとしたらどうなるか想像していただきたい。刑事裁判において、法曹が「問題の一部は自分自身」という意識を持ち続けようとしたら、刑事裁判は混乱をきたすのではないか。つまり、誰も被告人を裁けなくなるのではないか。

　ある弁護士が著者に話してくれた、その人が司法修習を経て弁護士になった理由は、その本質をついているように思う。

　司法修習中に、窃盗容疑の被疑者を取り調べる機会があった。被疑者は暴力団に所属していたので、なぜ暴力団に入ったのかを聴くことになった。その被疑者は両親に見捨てられ、妹と2人で町を歩いていたという。大人は誰も助けてくれなかった。その時、若い男性がご飯を買ってくれた。その男性が暴力団のメンバーだったのである。その被疑者は妹と自分が生きるために暴力団に入った。そして、窃盗を行ったのだという。

　その話を聴いた当時司法修習生だったその弁護士は、検察官や裁判官にはならないと決心したのだという。もし自分がその被疑者のような境遇で育っていたら、自分も罪を犯していただろう。自分はたまたま良い環境に育ち、こうして司法試験にも受かったが、それはほんの偶然にすぎない。自分も少し環境が違えば、罪を犯していたかもしれない。そう考えた時、その弁護士は、被疑者を責める気にはなれなかったのだという。被疑者が罪を犯したのは被疑者が悪いのか。自分は正義であり、被疑者は悪だと本当に言えるのか。その時、弁護士になることを決めたのだそうだ。

　この弁護士が司法修習中に経験したことは、まさに「グレーな領域で互いの立ち位置を手探りでたしかめている状態」[11]だったのではないだろう

11　佐々木俊尚『「当事者」の時代』（光文社、2012年）360頁

か。このような状態で、誰が被告人を裁けるのだろうか。

　しかし、このような疑問は弁護士には当てはまらない、というわけではない。弁護士が被告人を弁護する際に持ち出す被告人の「無力さ」や「弱さ」は、決して前向きなものとは限らず、情状を少しでも良くしようという動機が多くを占めるように思われる。弁護士は、被告人を弁護するのであり、「問題の一部は自分自身」であることは、弁護士が被告人の弁護の場で自分自身を弁護するということになりかねない。被告人を弁護する際にそのような意識を持っている弁護士は極めて少ないだろうし、それを要求するのはいささか酷であろう。

　本来、刑事手続における法律家の役割は、被疑者・被告人が行った行為の責任を評価し、各自の立場からその評価を正当化する法的理論を構成することである。そして、法律家が評価の対象とする行為は、もちろん犯罪行為である。つまり、常々法律家は犯罪行為という社会的に非難されるべきものと向き合っている。それと同時に、犯罪行為を行った被告人という社会的に非難されるべき人間と向き合っている。このような関係性の下で、当事者との対話を繰り返し、「弱さの集合体」を形成していくことは困難であると考えられる。

　そうすると、協働モデルにおけるすべての実践を法曹に任せることは困難であるということになる。ただ、協働モデルにおける実践の一部を法曹が担っていくことは十分に考えられる。実際に、更生支援に取り組んでいる法曹もいるのだと思う。しかし、現在の制度の下では、彼らの想いがどれほど実現できているのだろうか。彼らが感じているのは、更生支援に関わる人の少なさや無力感なのではないか。更生支援に関わる法曹のこうした努力を無駄にしないためにも更生に資する制度の構築が目指されなければならない。

(5)　**更生支援における法曹の不適格性**

　このように検討してくると、法曹の更生支援に対する意識が低い理由は、法曹は更生支援の分野においては、役には立てないだろうという無力感にあるのではないだろうか。それは、現在の刑事司法制度と更生支援に関わ

ろうとする法曹の意識に齟齬が生じている状態であるということができる。長崎の調査支援委員会をめぐってもこうした齟齬は生じている。

ある弁護士は、弁護人を務めることとなった事件で、調査支援委員会に審査を依頼した。軽度の知的障害がある被告人による下着泥棒の事件で、定着センターには被告人の義姉がその弁護士よりも先に相談していた。義姉の相談に基づき定着センターは被疑者と面会をするが、本人は福祉に行くことを拒否する。何度か定着センターが説得するが本人の意思は変わらなかった。義姉の定着センターへの積極的な働きかけによって、定着センターが主導的に動いて調査支援委員会での審査をすることになる。そして、委員会の報告書には、被告人の行為がエスカレートしていたという被告人が認めていない事実や再犯可能性が極めて高いこと等が書かれていた。弁護人としての立場と相容れないことから、その弁護士は報告書を証拠調べ申請することはなかった。結局、執行猶予判決後、定着センターの説得により福祉施設に入所することとなった。

このような定着センターの被告人本人の意思を十分に反映していない活動や報告書での不適切な言及があったことから、その弁護士は調査支援委員会について改善すべき点があるのではないかという。まず、「調査支援委員会が再犯可能性まで判断できるのか。再犯可能性の判断は裁判所が行うものであって、委員会にその判断を行うことができるのだろうか」という点である。つまり、調査委員会の作成する報告書の専門的裏付けの問題である。これについては、かねてより報告書が刑事裁判の処分についても言及することがあることについて強い批判があったところである[12]。調査委員会の役割が広がれば広がるほど、司法との緊張関係が生じやすくなる。

第二に、「本人が認めていない事実を報告書に記載されてしまった。報告書は、捜査機関側の資料に基づいて作成されるため、それのみをもとに事実を認定することには問題がある」という。調査支援委員会は弁護人を通して報告書が裁判に提出される前提であるのに、捜査機関の資料のみを前提とし、中立的立場を謳う点で現在の制度と整合性が取れていない感が

---

12 松井洋「刑事判例研究」警察学論集 66 巻 11 号 189 頁以下

否めない。このような制度設計は、弁護人の役割に対する意識の相違に起因するものと思われ、被告人にとって不利なことを弁護人が述べることは弁護人の役割に反する可能性が高いことを前提とした制度設計が求められるであろう。

　そして第三に、「今回は福祉施設に入所させることが前提に動かれてしまった。本人の意思に沿って福祉施設ではなく自宅でがんばるという調整の仕方がなかったのだろうか」ということである。これには、福祉的支援について弁護士がどこまで手を出すことが弁護人としての役割なのかということに対する各弁護士の意識の差と、本人が福祉施設に行くことを拒否しているのに、施設に行くように説得するのは弁護人の立場からはできない、という２点が含まれているように思われる。前者については、福祉的支援を受けることが量刑上あまり考慮されていないという指摘もあり[13]、弁護士が福祉的支援に力点を置くことが弁護士の役割としてふさわしいかについては議論の余地があるかもしれない。弁護士が福祉的支援に力を入れても、当事者が福祉的支援を拒否するかもしれない。そういった場合に、本人、弁護士、福祉関係者、及びその他の関係者が本人の意思を尊重しより豊かな生活ができるように本人との対話を続けていく時間は、あまりないであろう。このように、調査支援委員会は弁護人にとって使いやすい制度とならない場合がある。

　ここから理解されるのは、再犯の原因は、更生支援における法曹の努力や想いが実現されない制度であるところにある。さらに言えば、法曹に対する過剰な期待でもある。それに加え、福祉も更生支援において十分な手段を持ち合わせていないことや、更生保護システムの機能不全等、これまで検討してきたところからすれば、再犯が減っていかないのは当然であるといえるだろう。これまでの取組みは、更生支援において誰が責任をもつべきかという点があいまいにされ、その結果、誰も責任をもたないという事態を招いてきたように思われる。保護観察の対象とならず、又はごく短期間しか保護観察とならなかった者にとって、刑事司法は無責任な国家的

---

[13] 我藤諭＝浜井浩一「被疑者・被告人となった高齢者・障害者への弁護活動と弁護士の意識調査」龍谷大学矯正・保護総合センター研究年報 No.3（2013年）111頁

放置にすぎない。これが再犯の最も重大で、責められるべき原因であると考える。

4 更生支援の担い手

　以上検討してきたところにより、再犯の原因は更生支援の責任の所在が不明確であることに求められる。それは、各分野における本来の役割が軽視され、直面する問題に振り回されてしまった結果であろう。現在進む司法制度改革においては、このような本来の役割と能力という視点が忘れられてはならない。

　問題の所在として提示した、法曹の更生支援に対する意識の低さについては、その問題は制度の方にあり、非難すべきことではないのかもしれない。しかし、そのままでは再犯の問題は解決しない以上、更生支援に対して責任を負う者を明確にし、その者と法曹との協働を目指していく必要がある。

　こうした制度の不具合を意識することなく議論が進んできてしまったために、法曹に対する更生支援への過剰な期待が生まれたのではないか。その結果、現場は葛藤を重ね、打開案を模索するも、何をすればよいのか、何ができるのかがわからず解決に向かっていないのだといえる。このような焦燥感や無力感が、法曹の更生支援に対する無関心を引き起こしているのではないかと考えられる。その結果、刑事裁判へ更生の視点が反映されず、支援が不十分なまま被告人は社会に戻り、再び罪を犯すのではないか。このような負のスパイラルから脱却しない限りは、効果的な更生支援は実現できないのではないだろうか。負のスパイラルから脱却するためには、上述した視点からの抜本的な制度改革が必要であるように思われる。

第 7 章

更生エキスパート構想

1 更生のエキスパート

　前章における刑事司法の現状分析により、罪を犯した当事者の立ち直りを考えている法曹の努力が反映されない制度ゆえに、法曹の無力感が存在することが明らかとなった。そして、現状においては罪を犯した当事者に対する更生支援について包括的に責任を負う機関が存在せず、司法や福祉が本来の役割でない更生支援についても期待をされるという事態になっているということでもあった。このような現状で司法と福祉が連携しようとしても、それは司法から福祉への責任の押し付けになりかねない。一時的な関わり合いしかない司法が、継続的な関わり合いを前提とする福祉に対して罪を犯した当事者の受入れを求めることは、福祉の立場からすれば、司法から更生支援の責任を押し付けられていると感じる場合もあるであろう。これらの要因が、法曹を含めた司法関係者や福祉関係者の無力感や葛藤を生んでいたものと思われる。このような現状を打破するためには、更生支援の責任機関を創設し、そこと関係者が協働するようなシステムを構築している必要があるのである。

　このような抜本的な制度改革の必要性に対して本書が提案するのが更生エキスパート構想である。更生エキスパートは、刑事手続全体にわたって、当事者の立ち直りを支援する更生の専門担当官である。

　また、協働モデルの観点からも、逮捕から出所後まで継続して更生に関わる担当官が必要となる。これまで述べてきたように、伴走者が当事者の「生きにくさ」に耳を傾けるためには一定の信頼関係の構築が前提となっている。そして、そこで吐露された「生きにくさ」や否定的感情と向き合うことが伴走者と当事者を相互変容へと導くのである。このように、相互変容過程は、伴走者と当事者との個人的信頼関係を基礎としている。そう

である以上、手続が進むごとにまた新たな信頼関係を築かなければならないような現行制度には限界がある。また、相互変容は、刑事手続が終わった後も必要なものであり、相互変容のための十分な対話の時間を確保することが重要となる。刑事手続の段階により当事者と関わる人が変わったりいなくなったりしてしまうようなことは避けるべきである。

　このように、刑事手続全体を通じて当事者と関わる更生のエキスパートが刑事裁判や福祉サービスを受ける際に一貫して支援していく必要があるだろう。それは、司法と福祉と更生の協働である。現在地域生活定着支援センターが担っている役割も、更生のエキスパートが担うべきであろう。これまで欠けていたのは、一貫した継続的支援であり、特に司法は、刑事手続の後のことを考える視点であった[1]。現行の制度において、裁判官や検察官、弁護士に、自分が関わらないところまでをも考えて判断しろというのは、無理があるのではないか。知っていることと理解していることは別であり、さらに、理解しても共感がなければ行動には移せない。更生支援の現場を実感していなければ、共感は困難なのではないか。更生の現場を知り、その困難を知る更生のエキスパートとの協働があってこそ、更生の視点が真の意味で刑事手続に反映されるのだと思う。

　このように考えると、既存の様々な制度や取組みがこの更生のエキスパートのなすべきこととして一本化できるようになる。調査支援委員会や地域生活定着支援センターがこれまで担ってきた入口支援、出口支援も一つの機関が行うようになる。また社会内訓練事業や福祉的支援協力事業所協議会の中心となり、多機関の連携も促進していくことができる。このように、これまで、各制度が問題点ごとに存在していたことにより、死角となっていた部分を、更生のエキスパートを幹とした一貫した制度を構築することによって、全体に行き渡った支援を行うことができるはずである。これまでの、支援が足りない部分を対処療法的に補おうとしてきた、いわば空いた穴を塞ぐ制度設計から、根本治療を行う、穴が空かないようにする制度設計へと転換していく必要がある。更生のエキスパート構想はまさに

---

[1] 浜井浩一「厳罰から司法と福祉の連携による再犯防止へ——地域生活定着センターの誕生と課題」季刊刑事弁護79号196頁

こうした制度設計への試みである。

　協働モデルという視点から、更生のエキスパートを考察してみる。まず、更生のエキスパートは、被疑者・被告人と向き合い、対話を繰り返すことによって、本人の本音を聴くことが望まれる。更生のエキスパートからみれば、被疑者・被告人は、処罰の対象ではなく、「自分から変わる」ためのパートナーである。そして、刑事手続を通して対話し、多くの被疑者・被告人と向き合うことにより、協働により本人と共に相互変容していくことについてはどの法律家・福祉職よりも長けた存在となるであろう。地域との共生という観点でいえば、福祉施設に入れるという発想ではなく、本人の能力が生かせる場所を探すことに重点を置く更生のエキスパートにより、本人が必要とされる場所へと帰住先調整等を行うことが期待できる。偏見や差別という点では、何人もの被疑者・被告人と向き合い、対話を繰り返してきた更生のエキスパートであれば、偏見や差別を抱くということはないのではないか。偏見や差別というものは、本人と接し、声に耳を傾け続けることによってなくなっていく。それは山谷で著者が体験したことであり、当事者と接していくことによって、路上生活者や生活保護受給者に対する恐れのような感情は消滅していった。

　また、協働モデルを基盤とする更生エキスパートは再犯防止を目指すものではなく（85頁以下）、さらに、立ち直りの過程において再犯があることも許容する（142頁）。これは、国家の刑事政策として実施される更生保護制度と決定的に異なる点であろう。執行猶予取消しという心理的強制の下で、遵守事項に沿った生活を求められ、再犯防止を目指す更生保護制度の一員としての保護観察官や保護司の指示に従うよう求められる更生保護制度とは異なるのである。そうでなければ、相互変容を核とする協働モデルの理念は実現できない。

　そして、更生のエキスパートがもし全員国家公務員であるとしたら、国民対国家という権力関係は残り続ける。真の協働を目指すのであれば、少なくとも、更生のエキスパートの一部は、民間人が担当するべきである。さらに言えば、以前罪を犯したことのある人も担当すべきであると考えている。もちろんその適性については慎重に判断する必要があるが、協働や

互助という観点からいえば、支援者と被支援者の互換性をここで実現することができる。罪を犯し、そこから更生を果たしたものであるからこそできることがあるのではないか。権力関係に基づく支配の関係ではなく、協働の関係を築いていくためには、この方法が有効であろう。これはまさに「傷ついた癒し手」の発想である。

そして、更生のエキスパートは、罪を犯した人の中から更生のエキスパートとしての資質を見抜き、エキスパートへのリクルートを行う。そして、更生のエキスパートとなった人は、そこに役割を与えられ、罪を犯した人と向き合っていく。そうしたなかで自らも学び、成長し、更生を果たしていき、他人の更生をも支援していく。こうした好循環がそこには生まれてくる。社会からの差別や排除により、負のスパイラルへと陥り犯罪を繰り返していた状況から、このような好循環へと導くことができる。それは、能力を発見し、伸ばすことを本人との協働で行っていくからこそできることなのである。これはまさに、序章で述べた、「悪循環サイクルに囚われた枠組みからの離脱は、異なる循環サイクルへの移行によって成し遂げられる、という人間の成長ステップ」[2]そのものなのではないだろうか。

2　他の機関の立ち位置

このように更生のエキスパートが社会復帰まで当事者と協働を続けていくというモデルにおいては、他の機関にはどのような機能が要請されるか。

これまで述べてきたように、法曹が協働モデルの実践を行っていくのは困難である。そうすると、法曹に求められるのは、協働モデルの実践というよりも、むしろ、協働モデルへの橋渡しであるといえよう。更生のエキスパートと法曹三者との関係性はそれぞれ異なる。

まず、裁判官は、刑事裁判を通じてどのような判決をなすことが被告人の更生にとって有効であるかを更生のエキスパートと相談し、検討していくのみではなく、勾留の可否の判断等でも更生のエキスパートとの協働が要請される。検察官は、取調べ時の更生のエキスパートの立ち会いや、起

---

[2] 森さちや「竹端寛『枠組み外しの旅』を読んで考えたこと」ブログ『作曲と思索の愉しみ』http://wood248.blog.fc2.com/blog-entry-12.html

訴不起訴の判断や求刑の判断において更生のエキスパートとの協働が要請される。そして、起訴猶予にする際には、その後の帰住先等の調整が更生のエキスパートの役割となるだろう。現在いくつかの検察庁で行われている社会復帰支援室等の取組みも、第3章（95頁以下）で指摘した問題点を克服した上で更生のエキスパート構想に一元化されることになる。ただ、社会復帰支援室の取組みにおいても問題となっていたように、社会内復帰を期待して起訴猶予とし、帰住先を調整したのに、本人が帰住先に帰住しなかった場合にどうするか、という問題がある。現在の制度の下ではそのまま放置するか、起訴するかの判断を迫られることになる。更生のエキスパート構想においてもそのような状況になることは否定できないが、当事者が帰住先に帰住しなかったということの意味がこちらでは明確になる。それは、きちんとした対話に基づく協働ができていなかったということである。そこで、更生エキスパート構想では、その場合に、もう一度当事者にアプローチすることが許されてよいと考える。すぐに対話ができる関係性ができるわけではないのであるから、長い目で関係性づくりに取り組むことができる環境を整える必要があるからである。それでも、うまくいかない場合、更生エキスパートには反省が求められる。こうした試行錯誤を繰り返す中で、更生のエキスパート自身も「自分から変わる」ことにより、相互変容過程の中に身を置くことになる。さらに、弁護士は、更生エキスパートと協働するなかで、本人の希望をどのように実現していくかを相談し、裁判だけでなく、民事上の問題等について、何を弁護士が行うべきかを探っていくことになるであろう。福祉が関わる場合であっても、本人の要望に沿った支援を行っていくうえで、どのような援助のあり方が望ましいかを更生エキスパートと相談しながら探っていくことになる。

　このように、社会復帰まで更生エキスパートが関わることによって、裁判官、検察官、弁護士、福祉が当事者との協働に向けて変容していくことになる。これにより、当事者との相互変容にとどまらず、刑事司法や福祉を巻き込んだ相互変容過程が始まるのである。こうして刑事司法に少しずつ更生の観点が反映されていくようになる。一時的な研修などでは、更生の視点が定着することは極めて困難であろう。更生のエキスパート構想に

おける協働によって初めて刑事司法に更生という理念がしっかりと根付いていくのである。そうすれば、刑事司法にとっての「正解」を犯罪者に押し付けるということがいかに意味のないことであるかが実感として拡がっていくであろう。また、上述した法曹の無力感も、協働モデルが浸透していくことで、少しずつ更生支援におけるやりがいや役割を獲得していくことで解消されていくのではないだろうか。「かりいほ」での実践のように、「生きにくさ」を抱えた人という視点で捉え、自らも変容して良いのだと法曹が感じられるようになることによって、これまで硬直的であった刑事手続がより柔軟になり、法曹がより更生のことを考えられるようになっていく。協働モデルが浸透していくことで、法曹の更生支援への意識や努力が結果へと反映されていくような制度へと変容していくことが期待される。

　ただ、こうした協働において注意しておくべきことがある。竹端氏は安冨歩氏の議論を引用しながら次のように述べている。

> 　ここには、福祉現場で昨今使い古された感のある「連携」の本質が隠されている。安冨は、「違う人格がそれぞれに把握している『意味』が、相互に一致しているかどうかなど、原理的にわからない」、とはっきり言う。だから、「同じ何かを共有している」というのは、あくまで「思い込み」である、と。では、同じ目標の共有に基づいた多職種連携というのは、原理的に不可能なものなのだろうか。それは、「『同じ何かを共有している』という思い込み」という「同」の状態に陥っていないか、と気づくことから始まる。医師とソーシャルワーカー、行政職員と民生委員など、職種や社会的立場、そして個性も人格も違う人びとが、もともと「同じ何かを共有」している、というのは幻想である。でもそこに集う人々が、「相互に学習過程を作動させて」、相手の「投げかけるメッセージ」を「心から受け止めて自己を変革」しようとするならば、その「メッセージの交換」がその場に集まった人びと全体の中で相互作用化するならば、そこにはお互いの「相違を原動力として進む」「動的な調和」としての「和」が作動する[3]。

3　竹端寛『枠組み外しの旅――「個性化」が変える福祉社会』（青灯社、2012年）58-59頁

竹端氏の主張は、著者が第6章において述べてきたことと重なってくる。それぞれの機関が「同じ何かを共有している」という思い込みに基づいて、相手が役割を担ってくれることを過剰に期待し、期待された側は役割を果たせずに無力感に陥る。裁判官は、また再犯に及ぶかもしれないと思いながら判決を言い渡し、検察官による事件処理の幅も限界があり、弁護士が被告人に対してできることが決して多くはない。刑務所は、秩序管理維持が第一であり、柔軟な更生プログラムの実施には限界があり、出所後福祉につなげられたとしても、福祉が更生という面でできることは多くはない。こうした現状の中で、刑事司法に関わる多くの人が無力感に陥り、何をすればよいのかわからない、という状況になっているのではないか。

　刑事司法や福祉を巻き込んだ相互変容を起こすことによって、こうした無力感を少しずつ解消することができるはずである。そのためには、やはり、相互の対話により「メッセージの交換」を行い、「相違を原動力として進」もうとすることが必要なのである。これも協働モデルのプロセスそのものである。

第8章

更生エキスパート構想再論

1 更生のエキスパート構想再論

　第7章では、刑事手続において協働モデルを実現するための制度案として、更生のエキスパート構想を提示した。それは、逮捕時から刑務所出所後まで継続して更生の担当官が当事者を支援していくというものである。

　ただ、更生エキスパート構想には解決すべき問題も少なくない。更生エキスパート構想を実現するためには、多くの人員と国費を要するであろうし、協働モデルの原理に照らした場合に、より根本的な問題も存在する。そこで、本章では、協働モデルの制度化に必要な要素を分析し、その観点から更生エキスパート構想を再検討していきたい。

　ここでの議論の出発点として、ここまでの協働モデルに関する議論をまとめておこう。協働モデルは、支援者と当事者との関係性の変化に着目するものであり、支援者の価値観や常識の押し付けではなく、当事者の意思に基づく選択と周りの人々との対話によって、当事者が抱えている問題の解決を図るという考え方である。その背景にあるのは、支援関係に内在する立場の非対称性が、その関係を支配関係へと変容させてしまうことによって、当事者の価値観や選択が無視されてしまうということである。さらにその前提を掘り下げれば、伴走者と当事者の価値観は違うかもしれないということであり、さらにいえば、この社会には多様な価値観をもった人々が存在しているということである。この多様性は現代社会において耳にしない日がないほど議論されるようになってきているものであるが、そこには、我々の多様性は尊重し、罪を犯した人の多様性は尊重する必要はないというダブルスタンダードが存在していたように思われる。協働モデルは、このダブルスタンダードに対抗するものであり、当事者の多様性と当事者の意思に基づく選択を促進していこうとするものでもある。

したがって、協働モデルの制度化に必要な要素は、当事者の多様性と当事者の意思に基づく選択を促進するために必要な要素を含むことになる。当事者の多様性を確保するためには、そのコミュニティの構成員を多様化すればよい。構成員が多様であれば多様であるほど、価値観が多様化し、お互いの対話に基づく相互理解が促進され、さらには人間関係にも変化を及ぼすからである。また、当事者の意思に基づく選択を促進するためには、当事者を支配関係から解放し、選択肢を多様化すればよい。これまでも指摘したとおり、支援関係は非対称的な関係を内在するものであり、協働モデルはこの非対称性を解消しようとするものであるが、この試みがすべての場合に成功するとは限らない。そうであるからこそ、特定の伴走者との関係を終了させ、新たな伴走者を選ぶことが保証されるべきなのである。より一般化された表現を借りれば、「あらゆる『非対称的な関係』におけるニーズ把握は、いかにそれが相互的・双方向的にあとづけられたものだったとしても、被介入者にとって当該関係が『支配的』(開放的でない)と感受される可能性をゼロにすることは決してできない」からこそ、「『退出』によって当該ケア関係を逃れることの重要性は際立つものとなる」[1]。さらには、ここでの選択肢の多様化には、伴走者の選択のみならず、人間関係等幅広い生活の要素を含むライフスタイルの選択も念頭に置くことができる。伴走者の選択とライフスタイルの選択との関係は、伴走者との相互変容によって、ライフスタイルを選択していくことが促進されていくと整理することができる。そういう意味では、構成員の多様化も伴走者の選択肢や人間関係の選択肢の多様化をもたらすものであり、選択肢の多様化に含めて考えることもできるであろう。これを平井氏の議論になぞらえれば、「移行の自由化」に他ならない。

こうして、構成員の多様化と選択肢の多様化という要素が抽出されることになる。

念のために注記すれば、選択肢の多様化は当事者が主体的にライフスタイルを選択することができるようにするための手段であり、それ自体が目

---

[1] 平井秀幸『刑務所処遇の社会学——認知行動療法・新自由主義的規律・統治性』(世織書房、2015年) 362頁註7

図15 相互変容による選択肢の多様化

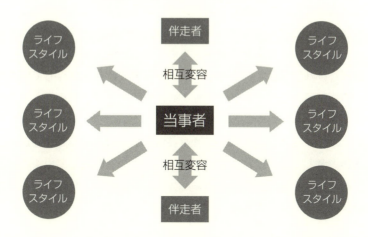

的なのではない。選択肢を増やすこと自体が目的化し、選択肢を並べて見せただけで自由な選択が行われたと納得することは支援者の傲慢であり、かえって当事者の選択の自由を制限しかねない。構成員の多様化についても同様である。絶えず当事者と対話をして、当事者がどのようなライフスタイルを望んでいるのか、どのように選択することを望んでいるのか（自分の選択に誰にも口出ししてほしくないのか、誰かの意見を聞きながら選びたいのか等）に耳を傾け、協働の在り方を絶えず見直していく必要があろう。

　このような観点から更生エキスパート構想を再検討すると、更生エキスパートが公務員であるということは、構成員の多様性も選択肢の多様性も限定されることになる。公務員であるからには、公務員としての品位が求められるであろうし、人員を雇用する予算も限られている。このような公務員の性質上、構成員や選択肢は限定されたものにならざるを得ないであろう。このように考えれば、国の予算管理や人事管理から解放されてこそ、構成員と選択肢の多様性を確保できるように思われる。

　したがって、更生のエキスパートは、協働モデルの原理に照らした場合に、その役割は民間が担うべきことが当然の帰結となる。多様なバックグラウンドをもつ団体が多く関われば関わるほど、構成員の多様性と伴走者の選択肢は多様化するであろうし、それによりライフスタイルの選択肢も

多様化するであろう。また、第3章において指摘したように、検察庁における入口支援には、捜査機関である検察庁が再犯防止に取り組むことから生じる問題点が存在していた（95頁以下）。このような問題を解決するためには、捜査機関とは別の機関が、当事者を福祉的支援等へとつなげる役目を担わなければならない。そして、当事者の任意性を確保していくためには、契約原理に基づく世界に基盤を置く機関がそれを担うべきであり、それは民間であるということになる。

そこで、以下では、民間の支援者が各刑事手続において誰と協働しどのように伴走者としての役割を果たしていくべきかを検討していくこととしよう。この検討を通して、更生のエキスパート構想の実現可能性やその有用性をも検討していこうと思う。

2　ドイツにおける「更生エキスパート」

民間団体が国の更生支援に関わる方法としては、国から事業を委託するという方法が考えられる。ドイツにおける連邦州の1つであるBaden-Württemberg州では、州の委託を受けて、NEUSTART gemeinnützige GMbH[2]が保護観察や裁判上の援助に関して必要な判断や支援を行っている。2016年10月に閲覧した同サイトによれば、470人のスタッフと650人のボランティアが従事し、年間で約19,000人の保護観察対象者に対する支援や、裁判段階における裁判官や検察官の法的判断に必要な調査を3800件行い、さらに、1,800件の加害者・被害者間の調停を行っている。このドイツ版更生エキスパートでは、裁判段階及び出所後の保護観察を民間の支援者が担うことになり、継続的に民間の支援者が当事者と関わることとなる。ただ、それでも刑務所内での処遇に関与するわけでもないし、逮捕後すぐに支援が始まるわけでもない。そうすると、やはり当初の更生エキスパート構想を実現するには至っていないのである。

このようにみてくると、刑事手続の一部を民間の支援者が代替するとい

---

[2] NEUSTARTホームページ http：//www.neustart.org/de/en/ 参照。なお、NEUSTARTの存在は慶應義塾大学大学院法務研究科教授の小池信太郎氏に教えていただいた。この場を借りて御礼申し上げる。

う発想自体に限界があるのだろうということに思い至る。そこで、民間の支援者が各機関と協力することによって、逮捕の段階から継続して当事者と関わる方法を探るという戦略が採用される。

3　民間協力者と更生エキスパート

　高坂朝人氏が理事長を務める NPO 法人再非行防止サポートセンター愛知では、逮捕から社会復帰後までの一貫したサポートを実施している[3]。鑑別所段階では、付添人として非行経験のあるスタッフが少年と面会を行う。少年院段階では、スタッフが面会や手紙の交換を行う。出院後すぐに「おかえり合宿」を行い、社会でのサポートプランを策定する。その後、就労・就学のサポートや自立準備ホームの入居調整を行っていく。そして月 1 回の再非行防止勉強会を開催している。このような継続したサポートの必要性は高く、現行制度の下においてはこのようなサポートの在り方が適切であると思われるが、身柄拘束時や施設内処遇時においては、民間の支援者が当事者と関わる時間はあまりにも少ない。これらの段階において民間の支援者が関わる余地はないのであろうか。

　その契機はすでに訪れている。検察庁における入口支援を中心に、民間の機関との連携の強化が叫ばれるようになってきているし、また、刑務所においても、PFI 刑務所が設置され民間企業が刑務所運営に関わるようになっていたり、刑務所で篤志面接委員を務めた岡本茂樹氏（125 頁参照）のように民間の協力者が篤志面接委員として受刑者と面会することもある。さらにアメリカでは、元受刑者が受刑者を支援する取組みも行われている。アリゾナ州を拠点とするアミティという団体（Amity）が刑務所内で TC（Therapeutic Community〔回復共同体〕）を行っている。TC は、同じ問題や症状を共有する人々が語り合うという手法を用いている[4]。この TC は日

---

[3]　NPO 法人再非行防止サポートセンターホームページ http://saihikouboushi-aichi.jimdo.com/。以下の説明は、2016 年 10 月時点での同ホームページに基づく。

[4]　アミティの活動については、坂上香『ライファーズ　罪に向き合う』（みすず書房、2012 年）を参照。

本の刑務所でも取り入れ始めている[5]。このように、一見民間の支援者が入り込む余地がないと思われるところであっても、近年かなり状況が変わってきているのである。また裁判段階では弁護士と協力することもあり得るであろう。このように、手続ごとに各機関と協力すれば、逮捕段階から継続的に民間の支援者が当事者と関わる可能性は少なからずある。ここに更生エキスパート構想実現の望みは残っているのである。

　ただ、いますぐにこの構想が実現できるわけではない。しかし、更生エキスパートの助けを必要としている人は今ここにいるのである。そこで、今すぐにでも実現可能でありながらも、将来的に更生エキスパート構想にも発展し得る事業にも着手する必要がある。それがピア・コンサルティングである。そこで、第9章でピア・コンサルティングについて紹介し、その可能性と問題点について検討していくこととしよう。

---

[5]　島根あさひ社会復帰促進センターホームページ参照。http：//www. shimaneasahi-rpc. go. jp/torikumi/index. html

第9章

ピア・コンサルティング

1　ピア・コンサルティング

　第8章において、協働モデルの制度化を実現するためには、更生エキスパート構想は、構成員の多様性とライフスタイルの選択肢の多様性を確保した制度にすべきであり、それを実現するためには民間の支援者が各刑事手続において各機関と協働していくことが最良の選択肢なのではないかと論じた。第9章では、前章における分析を受けて、構成員の多様性とライフスタイルの選択肢の多様性を確保した民間の支援団体であるピア・コンサルティングについて紹介していこう。

　ピア・コンサルティングは、罪を犯した人を労働者として企業に派遣することによって就労支援を図る事業である。ピア（peer）とは、同輩や仲間という意味であり、同じような立場にある者同士ということである。すなわち、罪を犯してしまった者同士が、立ち直りのために互いに相談し、意見を出し合うという意味である。ピア・コンサルティングは、立ち直りの第1段階である住居・就労の確保の段階から自立まで継続して支援を行う。なぜ労働者派遣なのか、労働者派遣企業がなぜ自立までサポートし続けられるのかについて説明していこう。

2　なぜ労働者派遣なのか

　更生支援においては、従来から就労支援の重要性が認識されてきた。無職者の再犯率が有職者のそれと比べて約5倍という著しく高い状況にあることが指摘され（図16)[1]、「刑務所出所者等の再犯については、仕事や住居や相談相手がない状況で引き起こされているケースが多く、不安定な就

---

[1]　法務省法務総合研究所編『平成24年版犯罪白書――刑務所出所者等の社会復帰支援――』http://hakusyo1.moj.go.jp/jp/59/nfm/n_59_2_7_2_1_2.html

労や居住状況が再犯リスクとなる」と認識されている[2]。

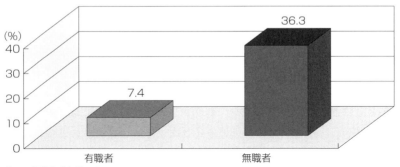

図16 保護観察対象者の再犯率（就労状況別）[3]

（平成14年～23年の累計）

注1 保護統計年報による。
 2 「無職者」は，定収入のある無職者，学生・生徒及び家事従事者を除く。
 3 「再犯率」は，有職者及び無職者に対する保護処分の取消し，仮釈放の取消し，刑執行猶予の取消し，戻し収容及び身柄拘束のまま保護観察が終了となった者の比率である。
 4 職業不詳及び交通短期保護観察を除く。

　このような状況を受けて近年では、刑務所出所者等に対する社会復帰支援における重要課題として就労支援が位置づけられ、刑務所出所者等総合的就労支援対策や更生保護就労支援モデル事業等が行われてきた。しかし、「就職しても早期に退職したり、職場に定着できずに転職を繰り返したりする者も少なくない。就労形態も臨時や日雇い等の不安定雇用が多く、就労先の業種にも偏りがあるなど、刑務所出所者等の就労確保と就労継続は、依然として極めて厳しい状況にある」[4]というのが現状のようである。また、民間の協力による就労支援も行われているが、「犯罪・非行の前歴等のために定職に就くことが容易でない保護観察又は更生緊急保護の対象者を、その事情を理解した上で雇用し、改善更生に協力する民間の事業主」である協力雇用主の数は、平成28年段階で16,330であるのにもかかわらず、

---

 2 法務省法務総合研究所・前掲注1) http://hakusyo1.moj.go.jp/jp/59/nfm/n_59_2_7_1_0_0.html
 3 法務省法務総合研究所・前掲注1) http://hakusyo1.moj.go.jp/jp/59/nfm/n_59_2_7_2_1_2.html
 4 法務省法務総合研究所・前掲注1) http://hakusyo1.moj.go.jp/jp/59/nfm/n_59_2_7_2_1_2.html

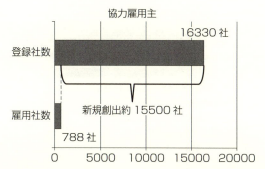

図17　雇い手がいない

実際に雇用しているのは788にとどまっており、全体の5%にも満たない[5]。つまり、協力雇用主のうち95%は、刑務所出所者等を雇用する意思があるのにもかかわらず何らかの理由により実際に雇用するには至っていないということになる。このことからすれば、出所者等を雇用しようとする意思と、実際には雇用できないという現実とのギャップを埋めることができれば、新たに約15500もの雇用主が創出されることになるのである。

では、どのような手当てを行えばよいのであろうか。これを考えるにあたっては、いくつかのアンケート調査が参考になる。まず、協力雇用主として登録している企業及び全国の刑事施設と刑務作業契約を締結している企業に対するアンケート調査である。

「刑務所出所者等を雇用する際、必ず必要とする条件」では、「社会人としての自覚」、「社会常識」が上位にきている。また、「刑務所等を出所するまでに身に付けておいてほしい知識・能力」では、「社会常識」が非常に高く、「資格・免許」や「ビジネスマナー」を大きく引き離す結果となっている。「刑務所等出所後に、国においてどのような支援があれば刑務所出所者を雇用することができるか」では、「出所者の身元保証」、「住居の確保」及び「出所者への相談・助言（生活指導等）」が上位を占めている。

5 　法務省法務総合研究所編『平成28年版犯罪白書——再犯の現状と対策のいま——』http://hakusyo1.moj.go.jp/jp/63/nfm/n63_2_2_5_5_4.html

6 　法務省法務総合研究所・前掲注1）http://hakusyo1.moj.go.jp/jp/59/nfm/n_59_2_7_2_1_3.html

図18 協力雇用主・刑務作業契約企業が求めるニーズ[6]

① 刑務所出所者等を雇用する際の必要条件

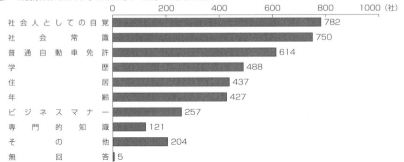

② 身に付けておいてほしい知識・能力

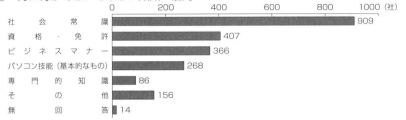

③ 刑務所等で実施してほしい就労対策

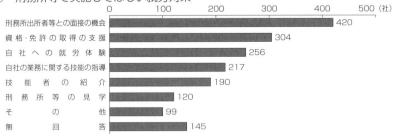

④ どのような国の支援策があれば雇用可能か

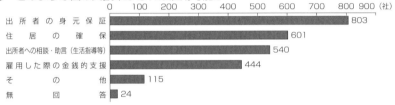

注1 法務省矯正局の資料による。
 2 重複回答による。

このような結果からは、出所者等を雇用してもらうためには、それらの者に対して、社会常識や社会人としての自覚を得られるよう指導するとともに、安定した居住環境の下で生活指導を行い、さらに身元保証をすることが必要であるということになる。身元保証については、「就労時に身元保証人がいない支援対象者について、雇用主に業務上の損害を与えた場合等に累計で200万円を上限とする見舞金が支払われる身元保証制度」[7]があるにもかかわらず、このようにして身元保証の必要性が最上位にあるのは、200万円では損害の回復には不十分であることを示すものといえるであろう。

さらに保護司に対するアンケート調査の結果も参照しよう。まず1つ目の調査である「就労が安定しない原因課題項目の該当率（成人・少年別）」（表19）では、「保護司から見て、成人・少年とも、就労が安定しない原因として、職業観、粘り強さ・対人関係能力、規則正しい生活習慣といった本人の資質や態度に問題があるとした項目に『当てはまる者が多い』とした回答が多く、少年については、これらの項目の該当率が特に高い上、『社会人としてのマナー・勤務姿勢』に問題があるとした項目についても、『当てはまる者が多い』とした回答が多かった」と総括されている[8]。このような結果を、上記の協力雇用主及び刑務作業契約を締結している企業に対するアンケート調査と併せて参照すれば、雇用主が求める「社会常識」や「社会人としての自覚」とは、具体的には、職業観や粘り強さ・対人関係能力、規則正しい生活習慣を示すものということができるであろう。

ただ、採用の項目においては、「技能・能力」、「資格・学歴」が課題として高い選択率を得ている。確かにこれらの資質があった方が就労には有利になるであろうが、著者が企業経営者等に話を聞いた限りでは、人手不足の業界においては資格・学歴がなくても人材が欲しい状況であるということであるし、特別な技能や資格を必要としない職業も十分にある。そう

---

7 法務省法務総合研究所・前掲注1）http://hakusyo1.moj.go.jp/jp/59/nfm/n_59_2_7_2_1_2.html
8 法務省法務総合研究所・前掲注1）http://hakusyo1.moj.go.jp/jp/59/nfm/n_59_2_7_2_1_3.html

だとすると、「技能・能力」、「資格・学歴」は就労が安定しない原因とまではいえないのではないだろうか。やはり重要なのは、上述したような職業観や対人関係能力等なのであろう。

保護司に対する2つ目のアンケート調査は、就労安定のための支援として特に必要と保護司が考えるものが挙げられている（表20）。成人、少年のいずれにおいても「家族や保護者の監督・協力や支え・励まし」と「保護観察対象者を雇用し、又は一緒に働くことに対する、雇用主や同僚等の理解」が上位にきている。この両者はまさに、出所者等が社会復帰を果たす上で人間関係の充実が不可欠であることを示すものであろう。また、相談支援や情報提供もその重要性が指摘されている。

こうしていくつかの調査を概観してみると、就労支援においてなすべきことがみえてくる。すなわち、職業観、社会人としての自覚といった職に就く上での意識を向上させ、粘り強さ・対人関係能力を基礎として人間関係を充実させていくこと、安定した居住環境と規則正しい生活習慣の獲得、さらには、身元保証、つまりは出所者等が損害を生じさせた場合の金銭的な保障をすることが必要となってくる。これらの点を包括的に行うことができるシステムを考案する必要がある。

さらには、すでに紹介したように、「就職しても早期に退職したり、職場に定着できずに転職を繰り返したりする者も少なくない」[9]という状況を前提とすれば、一度離職してしまったとしても、また新たな職場で就労の機会を得られるようにできることが重要である。

以上のような要請を満たす就労支援の在り方を考えたときに、労働者派遣という仕組みがもっとも上記の要請を満たすことができるのではないだろうか。つまり、長期雇用が難しい出所者だからこそ、労働者派遣によって、離職してしまった後もまた新たな職場で継続的に就労を確保していく

---

[9] 法務省法務総合研究所・前掲注1) http://hakusyo1.moj.go.jp/jp/59/nfm/n_59_2_7_2_1_3.html

[10] 法務省法務総合研究所・前掲注1) http://hakusyo1.moj.go.jp/jp/59/nfm/n_59_2_7_2_1_3.html

[11] 法務省法務総合研究所・前掲注1) http://hakusyo1.moj.go.jp/jp/59/nfm/n_59_2_7_2_1_2.html

第9章 ピア・コンサルティング

表19 就労が安定しない原因 課題項目の該当率（成人・少年別）[10]

① 該当率（全体）

場面		課題項目			成人	少年
仕事探し	ア	就職しようという意欲がない、又は乏しい	(1,770)	〔1,842〕	23.7	31.7
	イ	求人・雇用情報や自分の問題に合った公的支援を見つけることができない	(1,750)	〔1,825〕	41.9	51.6
	ウ	楽な仕事、割の良い仕事を求めるなど、職業観に問題がある	(1,760)	〔1,835〕	40.5	51.5
	エ	家庭の事情（例 親の介護）がある、又は家庭に問題があるために、仕事を落ち着いて探すことができない	(1,775)	〔1,845〕	13.9	19.2
	オ	年齢や病気等、やむを得ない事情のために働き口がない	(1,762)	〔1,826〕	27.2	13.2
	カ	職業紹介を受けるための行動に出ない	(1,756)	〔1,816〕	29.7	40.3
採用	キ	職能・能力不足のために採用されない	(1,765)	〔1,845〕	35.1	41.2
	ク	資格・学歴不足のために採用されない	(1,766)	〔1,842〕	32.4	40.6
	ケ	社会人としてのマナーや勤務姿勢に問題があり採用されない	(1,777)	〔1,848〕	30.2	43.7
	コ	前科や非行歴のために採用されない	(1,766)	〔1,839〕	31.2	21.3
	サ	身元保証人がいないために採用されない	(1,752)	〔1,825〕	19.0	12.4
	シ	経営難等、雇用主側の理由で採用されない	(1,757)	〔1,827〕	31.6	28.1
就労継続	ス	前科や非行歴のために、同僚や職場の理解が得られず就労を継続できない	(1,747)	〔1,822〕	18.7	17.2
	セ	粘り強さや対人関係能力等、資質に問題があり就労を継続できない	(1,753)	〔1,833〕	47.5	59.4
	ソ	規則正しい生活ができず、就労を継続できない	(1,759)	〔1,835〕	33.5	53.8
	タ	経営難等、雇用主側の理由で雇用を継続できない	(1,762)	〔1,830〕	19.0	16.9

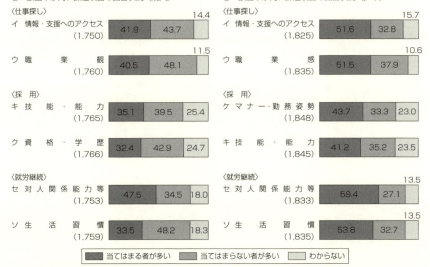

注1 法務総合研究所の調査による。
2 重複回答及び無回答の者を除く。
3 「該当率」は、「当てはまる者が多い」との回答比率である。
4 成人又は少年の保護観察事件の担当経験がある保護司に、それぞれ、成人又は少年に関する回答を求めた。
5 ①の（ ）内は、成人の保護観察対象者について、〔 〕内は、少年の保護観察対象者についての回答数である。
6 ②，③の（ ）内は、各保護観察対象者についての回答数である。

表20 就労安定のための支援『特に必要』の選択率（成人・少年別）[11]

① 「特に必要」の選択率（全体）

項目			成人	少年
ア	保護観察終了者や満期出所者も受けられる公的機関による相談等の支援	(2,237)(2,270)	56.8	57.4
イ	高校等の卒業認定資格や、就労に関連した技能、資格・免許の取得支援	(2,233)(2,276)	38.0	56.8
ウ	社会人としてのマナーや勤務姿勢の指導	(2,248)(2,286)	38.8	58.2
エ	仕事や就労支援に関する情報の提供	(2,244)(2,282)	52.7	51.7
オ	職場体験や身元保証等の公的支援制度	(2,235)(2,280)	36.1	39.6
カ	ジョブコーチ制度等、就労初期段階における職場適応のための支援	(2,203)(2,245)	24.0	33.6
キ	起業（例 職人としての独り立ち、新規就農）の際の経済的支援	(2,227)(2,263)	20.8	16.3
ク	雇用主に対する経済的な補助・支援（例 補助金、税制優遇）	(2,235)(2,269)	38.2	38.9
ケ	保護観察対象者等を雇用し、又は一緒に働くことに対する、雇用主や同僚等の理解	(2,242)(2,274)	58.6	63.8
コ	家族や保護者の監督・協力や支え・励まし	(2,245)(2,283)	63.3	80.6

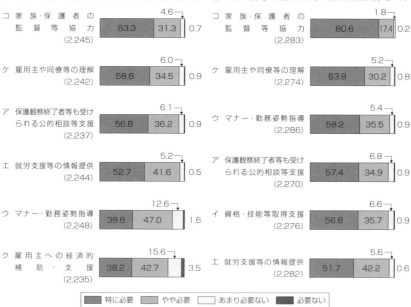

② 「特に必要」の選択率が高い項目の回答状況（成人）　③ 「特に必要」の選択率が高い項目の回答状況（少年）

注1　法務総合研究所の調査による。
　2　重複回答及び無回答の者を除く。
　3　①の（　）内は，成人の保護観察対象者等について，〔　〕内は，少年の保護観察対象者等についての回答数である。
　4　②，③の（　）内は，各保護観察対象者等についての回答数である。

ことができるのである。また、労働契約を派遣元が締結することにより、種々の労務管理を包括して行うことが可能となる。そこで、職に対する意識の向上のための研修や生活指導、相談支援等を行うことができるようになる。さらには、身元保証に関する問題も、直接的には派遣元における問題となるため、派遣先の企業の心配も軽減されるであろう。

こうして、労働者派遣という形式が選ばれたのである。

3 初期コンセプト

ここから事業内容について詳しく紹介していく。現在の事業内容は初期の段階から変更が加えられているが、どのフェーズでどのアイディアを検討していたのかを明確にするために、初期の事業内容から紹介していくこととする。この初期のアイディアは、慶應義塾大学大学院経営管理研究科 (Keio Business School) での「新事業創造体験」という授業の中で、チームで考案したものである[12]。なお、この当時は平成27年の労働者派遣法改正前であったため、旧法を前提として検討していた。

初期コンセプトにおいては、ピア・コンサルティングはNPO法人として事業を行うものとしていた。営利事業として利益をあげ続けていくことは困難なのではないかとの見方が強かったためである。ピア・コンサルティングにはコンサルタントが常駐し、労働者に対して仕事や生活に関する相談支援を行うとともに、職場になじめるようサポートを行っていく。また、派遣先企業に対しては、当事者を雇用するためのアドバイスを行い、企業が当事者を就労させるハードルを下げていく。このような当事者、派遣先企業の双方に対するサポート体制を充実させることで、当事者の企業での就労を可能にしていこうというものである。ピア・コンサルティングで行う労働者派遣は、派遣先での直接雇用を目指すものではあるが、紹介予定派遣ではなく、一般的な派遣を予定している。紹介予定派遣では、就

---

[12] 「新事業創造体験」は法務研究科の学生も履修できた。授業では、著者が事業の原案をプレゼンし、これに共感してくれた3名の方とチームとして事業内容のブラッシュアップを行った。彼らの協力がなければ第一歩となる初期コンセプトは完成しなかったであろう。この場を借りて御礼申し上げる。

業開始前の面接が可能であるというメリットがあるが、派遣期間が6か月に限定されてしまう。特に出所者の場合は、労働環境に慣れるまで時間を要することもあるであろうし、派遣先としても6か月では直接雇用してよいか判断しかねる場合もあるかもしれない。一方で、紹介予定派遣でなくとも、雇用安定措置が努力義務とされ、派遣先での直接雇用（労働者派遣事業の適正な運営の確保及び派遣労働者の保護等に関する法律〔以下、「労働者派遣法」という。〕30条1項1号）や派遣元での無期雇用化（同条項2号）を促進している。これらの仕組みを活用して直接雇用を目指していくことができる。ただ、労働者の希望や状況に応じて紹介予定派遣を利用することを否定する必要もないであろう。6か月という派遣期間でも直接雇用が可能であると見込める場合には、紹介予定派遣を利用することもありえよう。

　この事業モデルにおいては、企業は前科・前歴のある派遣労働者を受け入れてくれるのだろうか、という点が大きな問題となるため、企業経営者に対するインタビュー調査も行った。その結果は予想よりも良好な反応で、中小企業は人手不足に悩んでいるところも多いことから受入先はあるのではないかということであった。さらに、著者がインタビューをした方は、前科・前歴の有無は雇用するに際してあまり気にしないとのことであった。ただし、罪歴に応じて、任せる職務内容も変えざるを得ないということであった。例えば、傷害の前科がある者に、工具を扱う仕事をいきなり任せることはできないし、金銭管理の仕事は窃盗の前科がある者には任せるのは難しいということである。つまり、罪歴に応じて犯罪をしにくい環境づくりを行うことができれば、企業の出所者等の受入のハードルを下げることができるということである。

　以上の仕組みをまとめると図21のようになる。

4　現在のコンセプト

　「新事業創造体験」において考案したものは以上のモデルであったが、その後、投資家の方や労働者派遣企業で就業する方等からのアドバイスを受けながら、事業モデルを練り上げていった。その間に、労働者派遣法の平成27年改正が行われ、キャリアアップ措置が導入されるに至った。ま

図21 事業の全体像（1）

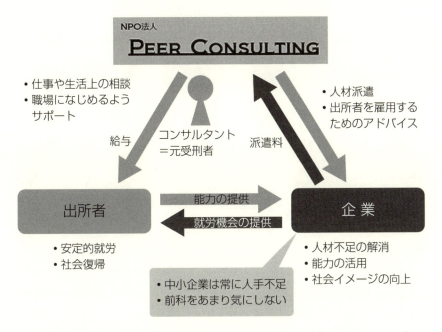

た、著者の事業モデルに共感し、力を貸してくださる方も現れた。こうした数々の幸運が重なって、現在のモデルができあがっていった。

(1) **経営と支援の分離**

　従来のモデルとの大きな違いの一つは、経営と支援の分離である。つまり、従来のモデルのようにNPO法人が一切を引き受けるのではなく、経営は営利法人が、労務管理や派遣労働者に対する具体的支援は非営利法人が行うというものである。派遣元企業が労務管理を非営利法人に委託するということになる。このようにすることで、具体的支援を行う非営利法人は、労働者派遣のために必要な範囲にとどまらず、幅広く当事者の支援をすることが可能となる。そうすれば、労働者の派遣が終了し、企業に直接雇用されることになったとしても、支援を継続することができるのである。また、相互変容を担保するためには、第8章でも述べたとおり多様な人材及び制度を確保すべきであるから、派遣事業の労働者を前科のある者に限

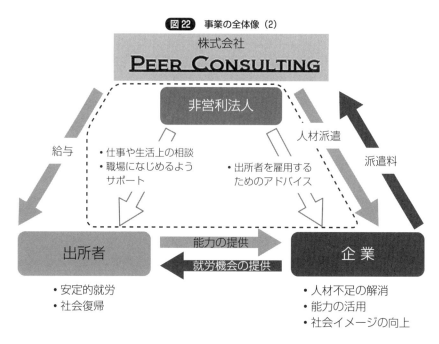

図22 事業の全体像（2）

定すべきではなく、多様な労働者を受入れ、相互交流を図っていくべきである。その意味でも、派遣事業自体が犯罪からの立ち直り支援に特化するのではなく、派遣事業と当事者が抱えている問題に応じた支援の枠組みとを区別し、問題ごとに他の団体の協力を築いていくべきであろう。このモデルの方が、多様な人材交流や知識交流が可能となり、事業と社会との多面的な関わりを確保していくことができる結果、労働者に対してより多面的な支援を行えるようになるであろう。したがって、次頁の図22にある「非営利法人」は、犯罪からの立ち直り支援を行う団体であることはもちろんのこと、労働者の抱えている問題によっては、困窮者支援団体であったり、自殺防止支援団体である可能性もあるのである。

　Peer Consultingの営利法人化は多くの方から指摘をいただいていたことであった。これからの社会的企業は、社会に対するインパクトを大きくするだけでなく、ビジネスとしても成功していく使命を負っているはずである。

(2) キャリアアップ措置の利用

また、労働者派遣法の改正により、キャリアアップ措置が導入された。同法30条の2第1項は、「派遣元事業主は、その雇用する派遣労働者が段階的かつ体系的に派遣就業に必要な技能及び知識を習得することができるように教育訓練を実施しなければならない。この場合において、当該派遣労働者が無期雇用派遣労働者（期間を定めないで雇用される派遣労働者をいう…。）であるときは、当該無期雇用派遣労働者がその職業生活の全期間を通じてその有する能力を有効に発揮できるように配慮しなければならない。」と規定し、第2項は、「派遣元事業主は、その雇用する派遣労働者の求めに応じ、当該派遣労働者の職業生活の設計に関し、相談の機会の確保その他の援助を行わなければならない。」と規定し、希望者に対するキャリア・コンサルティングを義務付ける。これらの措置は私法上の義務ではないが、キャリア形成支援制度を有することが事業の許可要件とされている（同法第7条第1項第2号、労働者派遣法施行規則第1条の4第1号、労働者派遣事業の適正な運営の確保及び派遣労働者の保護等に関する法律施行規則第1条の4第1号の規定に基づき厚生労働大臣が定める基準）ことから、キャリアアップ措置を行わなければ派遣事業を行うことができないようになっている。

第1項においては、教育訓練計画の策定が求められ、その内容は、「①実施する教育訓練がその雇用する全ての派遣労働者を対象としたものであること。②実施する教育訓練が有給かつ無償で行われるものであること。…③実施する教育訓練が派遣労働者のキャリアアップに資する内容のものであること。…④派遣労働者として雇用するに当たり実施する教育訓練（入職時の教育訓練）が含まれたものであること。⑤無期雇用派遣労働者に対して実施する教育訓練は、長期的なキャリア形成を念頭に置いた内容のものであること。」[13]が求められる。ピア・コンサルティングの事業プラン

---

[13] 厚生労働省・都道府県労働局「平成27年労働者派遣法改正法の概要」3頁 http://www.mhlw.go.jp/file/06-Seisakujouhou-11650000-Shokugyouanteikyokuhakenyukiroudoutaisakubu/0000098917.pdf. なおこれについての詳細は、「労働者派遣事業関係業務取扱要領」（http://www.mhlw.go.jp/general/seido/anteikyoku/

において想定していたサポート体制は、まさに上記のような教育訓練と一致する。出所者等の就労支援を行う以上、①③は当然のこととして、④も、職に就く前に職に対する意識を向上させるために不可欠なものと位置づけることができる。出所者の多くは、犯罪時に有していた価値観や行動様式から抜け出すことができずに再犯に至ることが多いということに目を向ければ、職に就く前、できれば刑務所等から社会に戻ってきてすぐの段階で行う必要性が高い[14]。また、罪歴に応じた研修も必要となる。その者の行動様式や価値観を分析し、必要な研修を行う必要があるであろう。その際には、刑務所等において取得した資格や学んだことを社会でも生かすことができるように支援体制を充実させなければならない。少しでもこれまでの経験が生きるような職業、本人が希望する職業を提供する企業に派遣することが、出所者等のモチベーションの向上にもつながり、継続的な就労を可能とするように思う。

　⑤も、ピア・コンサルティングの事業が、当事者の安定的な就労を目指すものである以上、長期的キャリアを念頭に置くことは望ましい。したがって、ピア・コンサルティングでの雇用も無期労働契約を想定している。ただし、上述したように、当事者は継続的な就労が困難である場合も少なくないため、初めから長期的キャリアを前提とするのではなく、その者の就労状態に応じて柔軟なキャリアプランを組み立てる必要が高い。さらには、経験を積むことにより賃金アップ、希望の職場に派遣する仕組みを導入することが望ましいであろう。出所直後でも就業できる企業はそう多くはないというのが現実であろう。そうであるからこそ、就業経験を積み、社会からの信頼を勝ち得ていくなかで、より重要な責任を負う職や、本人の希望する職へとステップアップできるようにしておかなければならない。こうしたステップアップへの期待を持ち続けられるような仕組みのなかで

---

jukyu/haken/youryou_h24/）163 頁以下を参照。

[14]　ある支援者は、出所・出院後 48 時間以内に集中的に行動様式の改善等を行う必要性が高いと主張する。約 1 週間は刑務所等で身につけた行動が続くが、その後は刑務所に入る前の行動に戻ってしまい、そうするとほとんどの場合は再犯に至るという。

働くことは、モチベーションの向上、ひいては、継続的な就労の実現にもつながるであろう。

　第2項のキャリア・コンサルティングについても、当初から想定していた相談支援と軌を一にするものである。これもピア・コンサルティングの事業内容の一部が改正法に取り込まれたものにすぎない。

　このように、ピア・コンサルティングの事業内容には、改正法が義務付けるキャリアアップ措置よりも手厚い内容が既に含まれている。むしろ、改正法が求めているのは継続的な就労のために最低限のものにすぎないと考えるべきであろう。ここでもキャリア・コンサルタントは、受刑経験をもつ者から弁護士まで、様々な過去をもつ人々が多様な視点から相談支援を行うことが必要であろう。コンサルタントや労働者の多様性が効果的な相互変容を担保するからである。

　なお、著者が聞く限りでは、キャリアアップ措置の導入への対応に苦労していた事業者もあったようである。キャリアアップ措置の具体的な内容が明らかでないという印象が強いようである。これに対して、ピア・コンサルティングの事業は、出所者等の就労支援という一貫したコンセプトがあるため、そのために行うべきキャリアアップ措置も明確に捉えやすい。このようなピア・コンサルティングの実践がキャリアアップ措置のモデルケースとなりうるのではないかと考えている。

　ただ、キャリアアップ措置とピア・コンサルティングが行う相談支援の違いについて何点か指摘しておくべきであろう。第一に、キャリアアップ措置は、本来派遣元事業者が行うべきものであるが、「派遣労働者については、流動性が高いことから、教育訓練を受けても離職し、別の派遣元事業主に雇用されることも多く、教育訓練をするインセンティブに乏しい」ことから必要な教育訓練が行われてこなかった[15]という問題点を克服するために導入されたものである。また、教育訓練については、労働者は「通常は派遣先で就業していることから、派遣元事業主の都合で業務を中断して教育訓練を実施しにくい」ことや、「派遣先の業務のニーズに応じて必

---

15 厚生労働省編「今後の労働者派遣制度の在り方に関する研究会 報告書」10頁 http://www.mhlw.go.jp/houdou/2008/07/h0728-1.html

要な教育訓練を行うべきところ、実施すべき教育訓練の内容の把握が派遣元では難しい」ことなどの難点があったが[16]、改正後はOJT（On-the-job Training、日常業務の中で行う教育訓練のこと）を行うことでそれらの難点にも対応し得るようになった。このように、キャリアアップ措置は派遣元・派遣先双方に教育訓練のインセンティブが乏しく、さらに教育訓練を行うには派遣元と派遣先との協力の必要性が高いことに対応しようとするものである。一方で、ピア・コンサルティングの行う支援は、就業前に教育訓練を施すことが出所者等を派遣先企業に受け入れてもらうために必要不可欠なのであり、派遣元による教育訓練のインセンティブが強い。また、出所者等が職場に定着し、職業能力を向上させ発揮することができるようになれば、派遣先の事業にとっても有益なのであるから、派遣先の教育訓練に対するインセンティブも高まると思われる。このように、ピア・コンサルティングの支援は、教育訓練のインセンティブが乏しいことに対する義務付けではなく、出所者等が職場に定着するためになくてはならないものであり、派遣元・派遣先双方にとってそのインセンティブは高いと考えられる。

　第二に、キャリアアップ支援の内容についてである。すでに触れたように、キャリアアップ支援は、労働者のキャリアアップに資する内容であることが要求され、就業に必要な知識や技術の獲得が想定されている。これに対し、出所者等については、上記の協力雇用主等や保護司に対するアンケートからもわかるとおり、職業観、社会人としての自覚といった職に就く上での意識を向上させることや、粘り強さ・対人関係能力を基礎として人間関係を充実させていくことといった、より基本的な意識改善・対人関係の改善が求められている。ピア・コンサルティングの支援はこのような基本的な社会生活における能力にも及ぶ。このような意味において、改正労働者派遣法30条の2第2項のキャリアアップ措置とはその内容を異にする。もちろん、キャリアアップに必要な支援も行うが、それに尽きるわけではないのである。

16　厚生労働省編・前掲注15）10頁

さらには、同じく2015年改正で派遣元の努力義務とされた雇用安定化措置（30条各号）についても、ピア・コンサルティングのコンセプトからは当然に行うべきことである。特に、新たな派遣先の提供（同条2号）は、継続的な就労が困難な出所者等にとって必要な措置となる。この措置が実質的に確保できなければ、ピア・コンサルティングのコンセプトの実現は困難となる。また、この事業はあくまで職場への定着を図るものであるから、派遣先に対して派遣労働者を直接雇用するよう依頼すること（同条1号）も欠かせないものである。

　なお、ピア・コンサルティングが行うキャリアアップ支援は、労働者に限らないことを想定している。すなわち、ピア・コンサルティングで働いたことがない者も、ピア・コンサルティングでの派遣労働から直接雇用に移行した者もいつでも支援対象として受け入れる。それは、ピア・コンサルティングが当事者の立ち直りをサポートするための事業であることからして当然のことである。こうしてピア・コンサルティングは、生涯学習機関としても機能し、継続的なキャリアアップ支援の拠点となるのである。このような企業としての在り方は、これからの社会の変化に伴う新しい働き方を見据えたものとなっている。今も進んでいる技術革新により、「2035年の企業は、極端にいえば、ミッションや目的が明確なプロジェクトの塊となり、多くの人は、プロジェクト期間内はその企業に所属するが、プロジェクトが終了するとともに、別の企業に所属するという形で、人が事業内容の変化に合わせて、柔軟に企業の内外を移動する形になっていく」[17]ことが予想されている。それに伴い、人々は自由に働き方を選ぶようになっていくため、正規・非正規の区別やフルタイム・パートタイムの区別が意味をなさなくなっていき、さらには、兼業や副業も当たり前のこととなっていく[18]。こうした働き方の変化に伴い、職業教育の主体は企業から労働者個人に移っていく。ピア・コンサルティングは、そうした個人の職業訓練の場を提供する役割も有しているのである。こうした職業教育

17　「『働き方の未来2035：一人ひとりが輝くために』懇談会　報告書」9頁 http://www.mhlw.go.jp/stf/shingi2/0000132314.html

18　前掲注17）10頁

の拠点としてのピア・コンサルティングは、罪を犯した人や「一度職を失った人が、単に生活できるというセーフティネットだけではなく、自分自身が望む、より良い働き方ができるようにするためのセーフティネット」[19]として機能していくのである。

(3) 新たな仕組み
a 段階的な就労

さらに、就労の継続を可能とする仕組みや企業の受入れのハードルを下げる仕組みも新たにした。

まずは、いきなり派遣するというのではなく、社内研修を経てから派遣する仕組みである。例えば、現在出所者等を雇用している企業と提携することによって、一定期間そこで研修を積んでから派遣先へと派遣することが可能となる。派遣先にとっては、一定期間企業で就労していたという事実は、出所者等を雇用する上での不安感を相当程度減少させるものと思われる。また、労働者派遣ではなく、まずは出所者に対する指揮命令をピア・コンサルティングが行う業務請負の形式をとることも可能であろう。すなわち、自社雇用から業務請負、派遣、派遣先での雇用というように、次第に支援者のもとから離れていくことができるようになれば、派遣先や雇用主は、それまでの経験や働きぶりを見たうえで受け入れるかどうかを判断することができるようになり、単に犯罪者であるからという理由で受入れを拒否することも少なくなるように思われる。さらには、最初の派遣期間を短期にし、働きぶりを見てもらったうえで長期の派遣へと移行するという仕組みも可能である。このようにするのは、やはりその人そのものを見てほしいからである。犯罪者というレッテルを剝がすためには、直接本人に会ってもらうほかはない。本人と直接会うことで、出所者というレッテルから罪を犯した人という本人の素質に着目できるようになる。このように当事者に対する偏見やレッテルを剝がすことにより当事者の就労の機会も広がっていくのだと考えている。

---

[19] 前掲注17) 21頁

b　ガイドラインの作成

　さらには、受入企業のガイドラインを作成することも有効であろう。犯罪を行いにくい環境づくりの方法や、出所者等が抱えている問題への対処方法などを予め受入企業に提示しておくことは、受入側の心理的なハードルを下げる効果があるであろう。実際に問題が起きれば、ピア・コンサルティングも対応するが、労働者派遣の場合には、指揮命令権を派遣先が有している以上は、派遣先に第一次的な対処方法を伝授しておくことが重要となろう。もちろん、企業に対するコンサルティングも行っていく。普段から相談窓口を開設し、派遣先からの相談に対応することができるようにしておきたい。

c　協力雇用主制度

　ピア・コンサルティングも刑務所出所者等を雇用する事業であるから、協力雇用主制度の対象となりうる。実際に協力雇用主となるかは審査を経ないとわからないのであるが、協力雇用主になることには大きなメリットがある。

　まず、協力雇用主となることで、より多くの出所者等を支援できるようになりうる。協力雇用主と刑務所出所者等のコーディネートは、ハローワークや都道府県の就労支援事業者機構が行うものと思われるが、これらの機関との連携ができるようになれば、またさらにピア・コンサルティングの可能性は広がっていくであろう。

　金銭的な手当てもある。労働者派遣事業の利益率が低いことに加え、出所者等に対する手厚い支援を行うためには、金銭的な支援はあるに越したことはない。協力雇用主に対する刑務所出所者等就労奨励金制度では、就労・職場定着奨励金と就労継続奨励金とあわせて年間最大 72 万円が支給される[20]。他に、試行的に雇用した場合のトライアル雇用制度もある。また、出所者等により損害を被った場合、最大 200 万円の見舞金が支給される身元保証制度もある。ただ、身元保証制度ではカバーされない損害もあるであろうし、金額としても 200 万では損害を填補しきれない場合もある

20　法務省ホームページ http://www.moj.go.jp/content/001146724.pdf 及び http://www.moj.go.jp/content/001146723.pdf

(4) 残る問題点

以上が事業の全体像である。何人もの協力によって、事業プランの改善を重ねてきた。しかし、残る問題もある。

a 安全配慮義務

まずは、労務管理の問題である。労働者派遣事業は、決して利益率が高いとはいえない。そうしたなかでどこまで労務管理に手間をさくことができるか。非営利として行なうのであれば別であるが、営利企業として行う以上は、これは重要な問題となる。派遣元も派遣先に対して安全配慮義務を負う以上は、もし派遣労働者が派遣先に損害を与えた場合、損害賠償責任を負う可能性があり、また使用者責任を問われる可能性がある。派遣企業としてそれではリスクが高すぎるというのが、これまでピア・コンサルティングのような事業が存在しなかった理由であろう。そこで、労働者に対する安全配慮義務と派遣先に対する安全配慮義務についてここで検討しておくことにする。

安全配慮義務とは、「ある法律関係に基づいて特別な社会的接触の関係に入った当事者間において、当該法律関係の付随義務として当事者の一方又は双方が相手方に対して信義則上負う義務」[21]であり、使用者は、「労働者が労務提供のため設置する場所、設備もしくは器具等を使用し又は使用者の指示のもとに労務を提供する過程において、労働者の生命及び身体等を危険から保護するよう配慮すべき義務」[22]を負うとされている。このような義務は労働契約法5条に立法化されている。したがって、派遣元が派遣先に対して負う義務は、安全配慮義務というよりも、一定の社会的接触関係に入った当事者間における相手方に対する信義則上の保護義務といった方が適切かもしれない。

① 労働者に対する安全配慮義務

派遣元の労働者に対する安全配慮義務については、まず労働者派遣法

---

21 最判昭和50・2・25民集29巻2号143頁
22 最判昭和59・4・10民集38巻6号557頁

45条により労働安全衛生法が適用され、職場における労働者の安全と健康を確保する義務や、国が実施する労働災害の防止に関する施策に協力する義務（同法3条）等を負うこととなる。そして、労働者が出所者等であることにより特別に生じる義務がありうるかが問題となるであろう。ここで一つ思い浮かぶのは、職場環境に対する配慮義務であろう。このような配慮義務を考慮するにあたっては、雇用の分野における男女の均等な機会及び待遇の確保等に関する法律（以下「均等法」という。）11条の配慮義務や障害者の雇用の促進等に関する法律（以下「雇用促進法」という。）36条の2及び3に基づく合理的配慮が参考になるであろう。均等法11条1項は、「事業主は、職場において行われる性的な言動に対するその雇用する労働者の対応により当該労働者がその労働条件につき不利益を受け、又は当該性的な言動により当該労働者の就業環境が害されることのないよう、当該労働者からの相談に応じ、適切に対応するために必要な体制の整備その他の雇用管理上必要な措置を講じなければならない。」と規定している。特に出所者等の場合では、対価型も環境型ハラスメントも問題となりうる。対価型ハラスメントは、「職場において行われる……言動に対する労働者の対応により当該労働者がその労働条件につき不利益を受けるもの」をいい、「事業主が日頃から労働者に係る〔前科・前歴に関する〕事柄について公然と発言していたが、抗議されたため、当該労働者を降格すること」が考えられよう[23]。また、環境型ハラスメントとは、「当該……言動により労働者の就業環境が害されるもの」をいい、「同僚が取引先において労働者に係る〔前科・前歴〕の情報を意図的かつ継続的に流布したため、当該労働者が苦痛に感じて仕事が手につかないこと」が考えられる[24]。さらに、前科を有することに対する偏見により、無視やいじめ等も起こりうる。このような事態の防止策・対応策としては、セクハラの場合と同様、事業主の方針等の明確化及びその周知・啓発、相談体制の整備、ハラスメントに対する迅速かつ適切な対応、そして、ハラスメントの相談に関するプラ

---

[23] 厚生労働省「事業主が職場における性的な言動に起因する問題に関して雇用管理上講ずべき措置についての指針」2(1)、(5)ハを参照。
[24] 厚生労働省・前掲注23) 2(1)、(6)ロを参照。

イバシー保護や相談をしたことによって不利益を受けることがないように徹底すること等が求められるべきであろう[25]。

　さらに雇用促進法における合理的配慮においては、「面接時に、就労支援機関の職員等の同席を認めること」や、「本人のプライバシーに配慮した上で、他の労働者に対し、障害の内容や必要な配慮等を説明すること」が例として挙げられている[26]ことが参考になる。労働者派遣の場合には派遣前の面接は禁止されているから、派遣期間中にコンサルタントが職場に同行することと読み変えるべきであろう。これは、特に職場環境に馴染む前の段階に有効となる。ただ、他の労働者からみれば、なぜコンサルタントが当該労働者に同行するのか不思議に思うであろう。そうした場合に、本人の同意を得た上で前科に関することを他の労働者に対して説明することが合理的配慮として求められる場合があるであろう。また、そうした方が、事前の周知や啓発も行いやすく、当該労働者の職場環境が整いやすいという場合もあるであろう。しかし、そのような場合は少ないかもしれない。多くの人にとって前科・前歴を有する者は恐怖の対象であろうし、偏見もあるだろう。他の労働者が当該労働者の前科・前歴を知ったとたん、事業主に対して当該労働者の派遣を中止するように求めるかもしれない。そうしたリスクを考慮した上で前科・前歴に関する情報を他の労働者に説明するかを決定しなければならない。プライバシー保護の観点からも、前科・前歴というセンシティブ情報の取扱いには細心の注意を要する。労働者が前科・前歴を有するということは、本人に同意を得た上で派遣先の代表者には知らせるものの、他の労働者には知らせないことが多くなるかもしれない。これは本人の意向を確認しながら慎重に判断していくほかない。また、本人の言動等から前科・前歴が他の労働者に知られることもあるかもしれない。そのような場合に、前科・前歴に関する情報が他の労働者に知られたことに事業主に責任がないとしても、その後の迅速・適切な対応

25　厚生労働省・前掲注23) 3(1)、(2)、(3)、(4)を参照。
26　厚生労働省「雇用の分野における障害者と障害者でない者との均等な機会若しくは待遇の確保又は障害者である労働者の有する能力の有効な発揮の支障となっている事情を改善するために事業主が講ずべき措置に関する指針」別表参照。

が求められる。この場合には、正確な情報の周知、啓発、相談支援等が考えられよう。

このように、安全配慮義務の内容は多岐にわたり、かつその内容も具体的な事例に依存するものであるから、事前に一義的に確定させておくことは困難である。ただ、これらの検討からいえることは、労働者のプライバシーの保護を徹底すること、労働者の職場環境の悪化の前兆を早期に発見し、迅速にそれに対応できるように準備しておくことが重要である。そのための相談体制の整備は事前に確立しておくことが求められるであろう。このような事項が事前に整えられていれば、安全配慮義務違反が問われることはほとんどないのではなかろうか。

② 派遣先に対する保護義務

この問題は、労働者が派遣先で不法行為を行った場合に先鋭化するであろう。労働者が派遣先に損害を与えた場合、派遣元は使用者責任（民法715条1項）を問われうることになる。裁判例も、派遣労働者が派遣先で金銭を横領した事例[27]や契約申込書を偽造した事例[28]について、派遣元事業主の使用者責任を肯定している。同条1項ただし書には免責事由が規定されているが、この「免責立証が容れられることによって免責の認められた事例は皆無に近く、同条1項ただし書は空文化——したがって、『事実上の無過失責任化』——しているとの評価が大勢を占めている」[29]というのであるから、派遣先に対する保護義務を尽くしたという抗弁は意味をなさないことになる。結局、派遣元の責任は肯定されつつ、過失相殺等により損害額の調整がなされることになるであろう。

ただ、派遣先に対する保護義務違反として民法709条により責任を負う場合もあるのであるから（この場合、原告が709条の責任を追及するかは疑問であるが）、保護義務の内容について検討しておくことは全く無意味とまではいえないであろうし、派遣先に損害を生じるリスクを避けるという観点から、事前に何をしておくべきか検討しておく意義はある。これまでに

27　東京地判平成8・6・24判時1601号125頁
28　東京地判平成15・10・22労判874号71頁
29　潮見佳男『不法行為法Ⅱ〔第2版〕』（信山社、2011年）43頁

述べてきたように、段階的な就労を図ること、コンサルタントが相談支援等を継続的に行うことにより、労働者が故意によって派遣先に損害を与えるリスクは相当程度減少すると思われる。また、前科・前歴に関する情報を本人の同意を得た上で派遣先と共有し、罪歴に応じて職場環境を整備することが必要となるであろう。例えば、窃盗の前科がある場合には最初から金銭管理は任せないとか、傷害の前科がある場合には、工具を使う仕事やけんかっ早い労働者がいる職場は避けるなどの対応が求められるであろう。このような職場環境の整備は、派遣先に対するコンサルティングとして当初から想定されていたものであるが、その重要性についてここでもう一度強調しておきたい。

b　派遣期間終了時の対応

　また、無期雇用を前提とする場合、派遣が終了した際にどのように就業先を確保するかという問題が生じる。労働者派遣法30条1項2号も新たな派遣先の紹介を努力義務としているが、派遣が終了してすぐに次の派遣先が見つかるとは限らない。そうした場合に、無期雇用である以上は賃金を支払い続けなければならないこととなる。そうすると、次の派遣先が見つかるまでの間は、業務請負等の職に就いてもらわなければ事業の継続は困難となってしまうであろう。派遣事業は決して利益率の高い事業ではなく、派遣先での就業をしていないのにもかかわらず賃金を払い続ける余裕はないはずである。ゆえに、無期雇用を目指すのであれば、派遣期間外でも就業することのできる業務請負等と並行して事業を行う必要があるであろう。

　それでももし就業先が確保できなかった場合、その期間は賃金を支払わないという契約を結んでおくことになるであろうか。少なくとも、働かない期間についてまで賃金を支給することはすべきではないと考えている。そうしてしまうと、労働者のピア・コンサルティングに対する依存度を高めることになり自立を阻害する可能性があるからである。無給の期間については、金銭消費貸借を行うか、生活保護を申請する等の対応をすることになるであろう。

c 前科・前歴に基づく雇用差別の成否

　前科・前歴を有する者のみを雇用することについては、社会的身分に基づく差別とならないかという問題もある。三菱樹脂事件判決（最判昭和48.12.12民集27巻11号1536頁）は、雇入れの段階については労働基準法3条の適用はないとしているが、学説上は判例の立場に反対する立場が有力である[30]。近年の差別に対する意識の高まりを考慮すれば、最高裁判決の判断は見直されるべきであろう。ただし、このような見解を前提としたとしても、ピア・コンサルティングの事業が差別として制限を受けるということはないであろう。この事業は、そもそも差別や偏見の対象である出所者の就労を図るものであるから、差別是正措置としての性質を強く有するものであるし、社会問題解決のために社会的に不利な状況にある者を支援することは合理的区別であるといえるであろう。

　ただ、そうであるとして、前科・前歴の内容によって採否を決定することが差別とならないかという問題もある。ピア・コンサルティングの理念からすれば、前科・前歴の内容から直ちに採否を決することはないと思われるが、職業能力や就業可能性が高く、自立支援が効果を発揮しやすい者を優先的に採用した結果、前科・前歴の内容と採否の結果が相関性を有する場合はあるであろう。そういった意味で、直接差別というよりは間接差別が問題となると思われる。この場合に、障害者雇用や男女間の平等問題と異なるのは、将来の再犯可能性や自立の可能性は、事業者の経験則に照らした将来の事象に対する専門的な判断であるということである。このような事象に対する判断については、事業者の判断を尊重せざるを得ないであろう。明らかに職業能力や再犯可能性等に対する評価が不合理でない限り、差別とはならないのではないかと考えている。

5　ピア・コンサルティングと協働モデル

　これまで就労支援という観点から検討してきたが、ピア・コンサルティングの事業が協働モデルを実現するものであることについても説明してお

30　例えば、荒木尚志『労働法〔第2版〕』（有斐閣、2013年）306頁、水町勇一郎『労働法〔第6版〕』（有斐閣、2016年）128-129頁

きたい。

　第1に、伴走者の存在である。ピア・コンサルティングのコンサルタントは、第一次的には当事者と伴走者とをつなぐコーディネーターとしての役割を有する。そして、伴走者が見つからない場合には、自らが伴走者としての役割を果たすことになる。労働者に対する具体的支援を非営利法人に委託することにより、派遣期間の前後に関わらず、企業に直接雇用された後も継続した支援が可能となる。こうした仕組みにより、コーディネーターとして伴走者と当事者双方との長期的な関わり合いを確保することができ、また、自身が伴走者として長期的に関わることも可能となり、当事者との信頼関係の構築や主体性の回復にじっくり取り組むことができるようになるのである。

　第2に、人間関係の改善である。コンサルタントは、派遣期間中は、派遣先に対して出所者等を雇用するためのアドバイスを行い、また、労働者に対しては派遣先でなじめるようにサポートを行っていく。これにより、当事者は就労先における人間関係の構築を行っていくことになる。それにより、他人から必要とされ、自らも職場の人々を頼るという経験を積み重ねていき、人間関係の大切さを実感していくことができるであろう。また、職場での人間関係を基点として職場以外での人間関係も広げていくことで、より広い範囲での人間関係の構築が可能となる。こうした職場を中心としたコミュニティづくりを行っていくことで、当事者が伴走者を見つけやすくなるであろう。当事者はピア・コンサルティングで働くことで職場を中心とした人間関係を構築していき、自立への道を進んでいくこととなるのである。また、コンサルタントは、労働者の家族関係や友人関係の改善にも取り組むこととなる。

　これにより、第三の、伴走者、当事者、第三者の相互変容の相乗効果が期待できるようになる。コンサルタントは、労働者の就労支援や生活支援等を行うなかで、労働者の「生きにくさ」「働きにくさ」に耳を傾け、自らの在り方を絶えず問い直していく。派遣先は、出所者等を受け入れるために、環境を整備したり指揮命令の方法を見直したりしながら、出所者等に対する偏見が薄れていき、受け入れられるようになっていく。労働者は、

自らが社会に受け入れられるという経験をしながら、直面する問題の解決に挑む。そうしたなかで、人間関係を広げ、居場所を見つけていき、自立していく。さらに家族関係や友人関係の改善を通して、問題解決に継続的に取り組むことができるようになっていくのである。まさにこうした相互変容を実現するのがピア・コンサルティングなのである。

　第5章で検討した立ち直りの過程の観点からもピア・コンサルティングの事業を検討しておこう。ピア・コンサルティングで行う支援では、職業観、社会人としての自覚といった職に就く上での意識を向上させることや、粘り強さ・対人関係能力を基礎として人間関係を充実させていくことといった、より基本的な意識改善・対人関係の改善が重要となってくると指摘した。この支援を立ち直りの過程に照らし合わせると、143頁の表12の相互変容の過程（伴走者）における、伴走者が当事者の「生きにくさ」に耳を傾け、問題の一部は自分自身にあることを認める段階に位置することになる。すなわち、ピア・コンサルティングで行う上記支援は、立ち直りの過程においては終盤戦において行われるべきものであるということである。そうであるということは、それまでの過程をまず済ませておくべきだということになる。いきなり上記のステップから始めるのは無理がある。しかし、ピア・コンサルティングの事業においてその心配は不要と言ってよい。なぜなら、自社雇用から業務請負、派遣、派遣先での雇用というような段階的な就労を想定しているからである。このような段階性は、依存先が増えていく過程とほぼ相関関係にあるであろう。当事者が自立していく過程の中で立ち直りの過程も進めていくことが想定されている。つまり就労の準備段階からコンサルタントが当事者と関わり、立ち直りの過程を進めていくのである。

6　これからの展望

　これまでの検討でピア・コンサルティングの全体像が明らかとなった。そこで、ピア・コンサルティングがもつ将来への可能性について述べておこう。

　ピア・コンサルティングの事業の検討において男女の雇用機会均等や障

害者雇用促進を参考にしたのは、当事者の就労問題も、労働者の人格権保護に含まれると考えているからである。これらの法制が「労働を単に経済的生存の手段とだけみるのではなく、社会的参加と自立の基礎であり人格の形成と発展にとって重要な意味をもつものととらえる考え方」[31]に支えられているように、罪を犯した者にとっての労働も、社会的参加と自立の基礎となっていくのである。罪を犯した当事者にとっての労働の意義は、伴走者との出会いや人間関係の改善、相互変容プロセスに身を置くという立ち直りプロセスそのものということもできる。労働者人格権が「個人の尊重と生命・自由・幸福追求権、さらには生存権、労働権、平等原則の保障から導かれる『労働者の人間に値する生存』の保障を意味する」[32]のだとすれば、こうした立ち直りにおける３つのセオリーは、罪を犯した当事者が犯罪者というスティグマを乗り越え、過去の行為のみによって差別されない人生を生きるという「人間に値する生存」を獲得するために必要なものなのである。この３つのセオリーが労働を通して実現されていくことが求められているのである。このように考えれば、罪を犯した者の人格権は、労働者人格権と同様に、「単に公権力による侵害からの保護にとどまらず、国に立法や行政による必要かつ適切な具体的施策を要請するとともに、一般司法による権利・義務の解釈を通じて司法救済の保護が図られなければならない」[33]のである。このように考えた場合、罪を犯した者のキャリア権という構想が出てくる。キャリア権とは、幸福追求権（憲法 13 条）や職業選択の自由（同 22 条 1 項）や労働権（同 27 条 1 項）、学習権（同 26 条）に基礎を置くものとされ[34]、「働く人 1 人ひとりが自己のキャリアを追求し、展開することを基礎づける権利」[35]と定義される。罪を犯した者のキャリア権をいかに保障していくかがこれから問題となってくるはず

---

31 角田邦重『労働者人格権の法理』（中央大学出版部、2014 年）39 頁

32 角田・前掲注 31）367 頁

33 角田・前掲注 31）367 頁

34 諏訪康雄「キャリア権の構想をめぐる一試論」日本労働研究雑誌 468 号 54 頁以下

35 キャリア権研究会編「キャリア権研究会報告書」8 頁 http://www.career-ken.org/houkoku.pdf

である。キャリア権はいまだ理念的な権利として認められているにとどまるが、ピア・コンサルティングの事業などの民間レベルでの実践を通して、具体化されていくのではないだろうか。いずれは、罪を犯した者のキャリアアップを保障するような法制度の構築が望まれる。

　このような議論に対しては、社会に対して損害を与えた当事者に対してまで人格権を保護していく必要はないという意見もあるかもしれない。しかし、当事者の人格権を保護していかなければ、その結果としてまた新たな被害者を生むことになるかもしれないし、生活保護の受給者数も増えていくかもしれない。そしてそのような社会は、ちょっとした失敗や不注意で社会に対して迷惑をかけたことがあるであろう我々の人格権をも奪っていくのではないだろうか。我々と出所者等の違いは何であろうか。それは犯罪をしたことがあるかどうかではなく、犯罪者というレッテルを貼られているかどうかの違いでしかないのではないだろうか。そのレッテルの有無が人生に及ぼす影響は計り知れない。

　我々の目標は、構成員全員が希望を抱ける社会をつくっていくことではないだろうか。

終章

更生とは何か

　ここまでお読みいただいた方には改めて説明する必要はないかもしれないが、本書が依拠している人生観は、人は人から必要とされることで生きていける、というものである。本書がこうした人生観を基礎として作り上げてきた協働モデルは、本書の問題意識そのものを覆すことになる。つまり、犯罪者の更生や社会復帰のためにどうすればよいか、という問いそのものに疑問を向けるべきことになった。協働モデルには、これまでの「更生」や「社会復帰」という概念はなじまない。第4章でも紹介した障害者支援施設かりいほの「自分語り」の取組みは、改めて「更生」や「社会復帰」という概念そのものの独善性を明らかにしてくれる。

　「自分語り」を通してみえてきたのは、「かりいほ」の利用者は「自分について語られてきたストーリーについて、あるいは自分に付されたイメージについて、納得しきれていないものを抱えているのではないか」[1]ということであった。「"問題のあるあなたに変わってもらわなければ、社会や福祉のなかには居場所はない""更生し、社会適応しなければ福祉の対象にはできない"というメッセージ」[2]では彼らを理解して支援することはできない。すなわち、「語られる主役が、外側から与えられた自分ではなく、あくまでも自分の言葉で語られる自分自身でなくてはならない」[3]のである。

　これに対して、刑事司法はどうだろうか。今の裁判や弁護は「外側から与えられた自分」をどんどん作っていってしまっているのではないか。「"問題のあるあなたに変わってもらわなければ、社会や福祉のなかには居場所はない""更生し、社会適応しなければ福祉の対象にはできない"と

1　佐藤幹夫「続・『かりいほ』の支援論——利用者の『自分語り』に耳を傾ける」そだちの科学22号（2014年）39頁
2　佐藤・前掲注1）40頁
3　佐藤・前掲注1）40頁

いうメッセージ」を発してはいないか。このような裁判の在り方が罪を犯した人々が自己を振り返って生き直しをすることを妨げているのではないか。著者にはそう思えてならないのである。この現状を脱し、「自分の言葉で語られる自分自身」を発見できる場を提供するためには、刑事司法がまず「自分から変わる」必要があるではないだろうか。もちろん、裁判の過程で「自分語り」をすべて行うことはできないから、裁判やそれに引き続く手続は「自分語り」のスタート地点になると考えるべきなのかもしれない。伴走者に対してこれまでの人生を語ることによって、少しずつ「自分の言葉で語られる自分自身」を発見することができるようになる。その結果、彼らの生き直しの支援がより効果的になされるのではないかと期待している。

このような「更生」や「社会復帰」という言葉の背景にある問題についての本書の結論は、支援は多数派の論理の押し付けであってはならない、という著者が山谷で感じ取ったこととまさに一致する。「更生」や「社会復帰」は、社会の多数派の生き方や価値観を押し付けることとは違うはずである。

このように考えると、「更生」や「社会復帰」が必要なのは、罪を犯した当事者だけではないということになってくる。我々社会にも「更生」が求められている。向谷地氏はソーシャルワーカーとして「精神障害者の社会復帰」の仕事に携わるようになったときのことを次のように記している。

> 当時二二歳の私は、しだいに「精神障害者の社会復帰」をはかるというワーカーとしての自分の立場に違和感を抱きはじめていた。なぜならば、統合失調症を病み会社を退職したり、希望の大学に入学したりしたものの、病を得て、深い挫折感を抱きながらこの過疎に悩む町に帰ってきた人たちが抱く、不安や退院後の生活の困難さの中に、私自身が初めて浦河の駅に降り立ち、眼前に建ち並ぶ朽ち果てそうな町並みをみたときに感じたわびしさや不安と同じものを見出したからである。
>
> つまり、「精神障害者の社会復帰」とは、この町や病院という複雑な人間社会の中で、社会人一年目の私がどう生きていくかという切実な「私自身の社会復帰」と同じレベルの課題としてあったのである。……しかも、病気が回復す

るということと、人間が生きていく、ということが密接に関わり合うという実感を通じて、この精神障害者といわれる人たちの体験に学ぶことが、この地域の人たちにとっても有益であるとの思いが私の中に芽生えはじめたのである。それは、回復者の人たちの人生経験に深く学ぶことによって、「健常者」といわれている人たちの人生がより豊かなものになる可能性への気づきでもあった。

　その意味で、この過疎の町で「精神障害者のみの社会復帰」は、きわめて非現実的な課題と感じられたのである。すべての人にとっての社会復帰、いわゆる「地域社会の社会復帰」という目標が、ここに与えられたのである。それは、「地域の人たちや、ドクター、ナース、ワーカーでも社会復帰できる場づくり」への挑戦であった[4]。

　協働モデルが根ざす人生観は、犯罪者のみの問題ではなく、ここに生きる人すべての人に当てはまる。そういう意味で、協働モデルとの出会いを果たした本書の道のりは、「回復者の人たちの人生経験に深く学ぶことによって、『健常者』といわれている人たちの人生がより豊かなものになる可能性への気づき」であったのかもしれない。

　そして、協働モデルが目指すのは、犯罪者のみの社会復帰ではなく、刑事司法や福祉、地域社会の社会復帰である。協働モデルの実践としての更生エキスパート構想やピア・コンサルティングは、裁判官、検察官、弁護士、刑務官等の犯罪者に関わるすべての人びとでも「『社会復帰できる場づくり』への挑戦」である。つまるところ、協働モデルとは、罪を犯した人々を社会に戻そうとするのではなく、彼らが戻りたいと思う社会づくりへの挑戦なのである。私たちが居続けたいと思える社会、それは、希望を持ち続けることのできる社会ではないだろうか。この挑戦は決して容易なことではない。しかし、佐々木氏が言うように、「それでも闘いつづけるしかない。そこに当事者としての立ち位置を取り戻した者がきっと、つぎの時代をつくるのだ。これは負け戦必至だが、負け戦であっても闘うことのみに意味がある」[5]のである。

4　向谷地生良『統合失調症を持つ人への援助論——人とのつながりを取り戻すために』(金剛出版、2009 年) 19-20 頁
5　佐々木俊尚『「当事者」の時代』(光文社新書、2012 年) 463 頁

終章　更生とは何か

熊谷氏は既に紹介したインタビュー記事のなかで次のように語っている。

> 「自立」と「依存」という言葉の関係によく似ていますが、「希望」の反対語は「絶望」ではないと思います。絶望を分かち合うことができた先に、希望があるんです。
> 　先日、当事者研究の集会に参加したときのことです。精神障害や発達障害を持ち、絶望を一人で抱えてきた大勢の人たちに会いました。そのとき感じた感覚はなんとも言葉にしがたかった。さまざまな絶望体験を互いに話し、共有することで、「もう何があっても大丈夫だ」っていう、不思議な勇気というか希望のようなものが生まれる。話や思いを共有できたからといって、実際には問題は何も解決していないのだけど、それで得られる心の変化はとても大きいんです。
> 　私は長い間、失禁の問題を誰にも話せず、心の中に抱え込んでいました。けれどある日のこと、外出先で漏らしてしまって、通りすがりの人にきれいに洗ってもらったことがあったんです。私は一人で抱えていた絶望を見ず知らずの他人と分かち合えたと思いました。このとき「世界はアウェー（敵地）じゃなかった！」という絶大な希望を感じたんです。たった一人で抱えてきたことを他人に話し、分かち合うことができるようになって、「もう大丈夫」と思えるようになったことは、私にとってとても大きかったですね。絶望が、深ければ深いほど、それを共有できたときに生まれる希望は力強いんですよ[6]。

絶望を共有したときに生まれる希望は、立ち直りの過程においても必要なのではないだろうか。このような希望があるからこそ辛いことも乗り越えられる。絶望を分かち合える仲間がいて、希望を持ち続けられる社会をつくっていこうではないか。

---

[6] 公益財団法人 東京都人権啓発センターホームページ http://www.tokyo-jinken.or.jp/jyoho/56/jyoho56_interview.htm

事項索引

C
CBT ……………………………………… 85
CCBTD …………………………………… 85

D
Disability ……………………………… 134

I
Impairment …………………………… 134

N
NPO法人自立支援センターふるさとの会 …… 79

R
RNR …………………………………… 60, 64, 84

あ
アイデンティティ ……………………… 57
アイデンティティ変容 ……… 57, 58, 64, 67
アウトリーチ ………………………… 19, 159

い
医学モデル ……………………………… 9, 10
移行の自由化 ………………………… 89, 91
居場所 …………………………………… 41
入口支援 ………………………………… 13
引責／免責の境界線 ……………… 134, 136

う
雲仙・虹 ……………………………… 15, 78

え
エンパワーメント ……………………… 88

か
かりいほ ………………………………… 78
関係性の支援 ……………………… 106, 110

き
傷ついた癒し手 ……………………… 69, 77
基本財 …………………………………… 62
キャリアアップ ………………………… 9
　——措置 ……………………………… 191

キャリア権 …………………………… 207
キャリア・コンサルティング ……… 191
共感の連鎖 …………………………… 117
協働 ………………………… 20, 21, 53, 61
協働モデル …… 7, 8, 21, 22, 65, 68, 72, 97, 99, 160, 168, 204
協力雇用主 ………………………… 180, 197
　——制度 …………………………… 197

け
刑務所 …………………………………… 6

こ
向社会的役割 ………………………… 56, 77
更生エキスパート構想 ……………… 9, 173
更生のエキスパート ………………… 166
更生保護施設 …………………………… 6
互助 …………………………………… 51, 53
困難性の知識化 ……………………… 91
困難の知識化 ………………………… 89

さ
再犯防止 ……………………… 4, 85, 94, 99
再犯リスク …………………………… 60
山谷 ………………………… 19, 77, 120, 159

し
自己変革機能 ………………………… 73, 75
自殺の対人関係理論 ……………… 83, 122
自助グループ ………………………… 59, 73
支配‐服従の関係性 …………………… 70
自分語り ……………………………… 108
司法と福祉の連携 …………………… 155
司法福祉弁護士 ……………………… 13
社会的相互作用 ……………………… 57
社会的保障 …………………………… 89, 91
社会復帰支援室 ……………………… 95
社会モデル …………………………… 9, 10
就労支援 ……………………… 20, 32, 77, 179
就労支援事業者機構 ………………… 197
所属感の減弱 ………………………… 83
新自由主義的合理性 ………………… 86
新優生思想 …………………………… 92
信頼の連鎖 …………………………… 118

す

スティグマ……57

せ

成解……80
正義の優位……82
制裁モデル……56
セルフ・ナラティブ……64

そ

相互変容……22, 53, 139, 205
——過程……8, 51, 70, 101

た

立ち直り……8, 100

ち

地域生活定着支援センター……6
調査支援委員会……13, 163
長所基盤モデル……8, 56, 65, 68, 92
治療モデル……56

と

当事者研究……74, 132
統制のサーキット……87

な

長崎モデル……12
ナラティブ……65
南高愛隣会……12

に

二項対立的構造……73
二重の無知……104
人間関係の改善……7, 22, 41, 49, 53, 204
認知行動療法……85

は

排除サーキット……87, 91
ハローワーク……197
犯罪対策閣僚会議……4
伴走者……7, 22, 26, 36, 41, 43, 53, 65, 204

ひ

ピア……59
ピア・コンサルティング……9, 179
否定的感情……130

ふ

副次財……62
負担感の知覚……83, 122
フランコ・バザーリア……17
プロセス・コンサルタント……114

ほ

包摂サーキット……87
保護観察所……6
保護司……183

み

身についた自殺潜在能力……83
——犯罪潜在能力……122

や

薬物依存離脱指導……85

よ

良き人生モデル……56, 62, 66
善き生……82

ら

ラベリング……58

り

リスク回避的ライフスタイルの自己コントロール責任……86, 88, 138
リスク管理モデル……56
リスク・ニード・応答性モデル……60

ろ

労働者人格権……206
労働者派遣……9, 179
路上生活者支援……7, 19, 120, 159

わ

枠の支援……106

あとがき

「なぜ弁護人は悪い人を守るのだろう？」

　多くの人がこのような疑問をもったことがあるのではないだろうか。著者自身も小さいころからこの疑問をもっていた。今となっては、多くの法律家が答えるであろう回答も知っているし、著者なりの説明もできる。しかし、法律や刑事手続について何も学んだことがなかった頃の著者には、この疑問の答えは見つかっていなかった。この疑問を解決するヒントは、中学2年生の時に訪れた。通学していた中学校のカリキュラムで弁護士事務所に職場体験に行くことになったのである。その職場体験期間中に傍聴した刑事裁判が、上記の疑問に対する著者なりの回答を見つけるきっかけとなった。

　その裁判の被告人は、薬物使用で以前にも有罪判決を受けたことがあり、今回も再び薬物使用で起訴された人だった。著者がその裁判を傍聴していて印象に残ったのが、その被告人質問でのことである。弁護人は、「あなたが立ち直ろうとする気がないのであれば、私はあなたを弁護することはできませんよ」と言い、それに対して被告人が立ち直ることを誓った。また、裁判長は、傍聴席に座っていた著者のことを取り上げ、「今日は中学生が傍聴に来ているけれども、あなたの息子さんもいずれはこうやって大きくなっていくんです。そのときにあなたには母親としてしっかりしていてほしい」と言ったのである。著者自身が話題に上がったこともあってか、弁護人も裁判長も被告人に対して「ちゃんと立ち直ってほしい」というメッセージを送っていたことが強く記憶に残っている。

　この裁判の傍聴の経験から、刑事裁判に関わる法律家は罪を犯した人が犯罪のない人生を歩み始めるための手助けをする役割があるのではないかと考えるようになった。そして次第に、法律家に限らず、社会全体で罪を犯した人の立ち直りをサポートするためにはどうすればよいかという問題に関心が広がっていった。

　それ以来著者は、罪を犯した人が再び罪を犯さなくてもよいような社会

をつくろうと活動を続けている。「罪を犯した人を社会に戻すのではなく、彼らが戻りたいと思う社会をつくる」、これが著者のミッションである。

　中学生のときの気づきから今まで約10年間、どうしたらそのミッションを達成できるだろうかと考えてきた。そのために、各地の矯正の現場を見学して回ったり、ホームレス支援のボランティアに参加したりしてきた成果をまとめたものが本書である。

　このように、本書の源流は著者の過去の経験からきている。したがって、本書が提示したモデルは、経験的に導き出されたものであり、実証的な研究が十分になされているわけではない。しかし、本書の理論を裏づけることを意図されたものであろうとそうでなかろうと、近年の「立ち直り」への学術的関心の高まりを考えると、本書が提示したモデルに関する実証的研究が進んでいくであろうと予想している。こうした研究に期待しつつ、著者も独自の研究を続けていきたい。

　そして、酒井邦彦氏が推薦文で指摘されているように、著者には本書が投げかけた課題を自ら受け止め、それに答えていかなければならない責務がある。本書の主張は、現在の刑事政策が前提とする原理にまで踏み込んだ問題提起を含んでいる。第一に、行為責任主義を中心とし、被疑者・被告人の権利制約と正義の実現とのバランスの考慮の下に組み立てられている刑事手続において、再犯防止の取組みはどのように位置づけられるのであろうか。第二に、再犯防止を目指さないことが更生支援のあるべき姿なのだとすれば、国の政策として再犯防止を目指すことを続けていてよいのだろうか。第三に実践論としての再犯防止を目指さないという実践に基いた支援の在り方は、刑罰論にも影響を与えうるのではないか等々である。これらの問題提起は、これまでの刑事政策に対して、制度という枠組を前提として支援の在り方を考えてこなかったか、という反省を求めることになるだろう。制度を前提にした支援ではなく、支援論に基づいた制度の議論が必要なのではないだろうか。その議論の主役は、罪を犯した当事者であり、彼らを支える支援者であり、社会の一員である私たちでもある。特に、日々葛藤を抱きながらそれを乗り越えようと支援に関わる方々の実践論が、よりこれからの議論に反映されていくべきである。この瞬間も支援

あとがき

の実践に取り組まれている方々は、本書が指摘した問題点を抱えながら支援に関わっているであろう。支援が内在する支配の危険性を背負いながらも、目の前の助けを必要としている人々と日々向き合っているはずである。こうした葛藤から生まれるアイデアが、支援論をベースにした制度論へとつながっていくのではないかと考えている。

　最後に、推薦文をお寄せくださった、原田國男氏、酒井邦彦氏、太田達也氏、水藤昌彦氏に感謝を申し上げたい。刑事裁判実務や刑事政策、司法福祉の様々な視点から光が当てられることで本書の主張がより多面的に映し出されていると思う。

　本書やそれをきっかけとした取組みによって、私たちがここにいたいと思う社会がつくられていくことを願う。それを実現するのはこの社会の一員である私たちなのである。

吉間　慎一郎

吉間慎一郎（Shiniciro Kichima）

1991年群馬県館林市生まれ。群馬県立太田高等学校卒業、慶應義塾大学法学部法律学科卒業、慶應義塾大学大学院法務研究科（法科大学院）卒業、2016年9月に司法試験合格。2018年1月に検事に任官。

　中学2年生のときに傍聴した裁判がきっかけで更生支援に興味を持つようになり、法曹を志す。大学生のときから継続的に全国各地の刑務所、更生保護施設、民間の支援団体等の参観・見学や、支援者へのインタビューを行っている。また、路上生活者等支援のボランティア（認定NPO法人山友会）に従事し、クラウドファンディングのプロジェクト運営や、編集長として機関誌の発行等に携わってきた。これらの経験をもとに講演等も多数。そのほか、一般社団法人途中塾第一期塾生など、幅広い活動を続ける。

更生支援における「協働モデル」の実現に向けた試論
～再犯防止をやめれば再犯は減る

2017年11月2日　初版第1刷発行
2019年5月20日　初版第2刷発行

著　者　吉間慎一郎
発行者　井田　隆

発行所　LABO（弁護士会館ブックセンター出版部）
　　　　〒100-0013　東京都千代田区霞が関1-1-3　弁護士会館地下1階
　　　　　　　TEL　03-5157-5227　FAX　03-5512-1085

発　売　株式会社大学図書
　　　　〒101-0062　東京都千代田区神田駿河台3-7
　　　　　　　TEL　03-3295-6861　FAX　03-3219-5158

編集担当　渡邊　豊
印刷所　　大日本法令印刷株式会社
カバーデザイン　やぶはなあきお

ISBN978-4-904497-37-1
Ⓒ 2019 Shiniciro Kichima Printed in Japan

乱丁・落丁の節は、当該書籍の確認後、お取替えいたします。
本書の複写は著作権法上の例外を除き禁止されています。本書の電子的複製は私的利用を除き認められておりません。